ERWINBELLMATTHEWCHUCKSMITHJAMESBAKERJON
STEVELINPATRICKELLIOTBLINPAULSPEEDNORAD
ANDYBAIOLANDONROBINSONBILLLOGUIDICELENA
LUKEMCCARTHYASHLEYBLACQUIEREROBERTHYDER
CHRISMEARROSTHOUSEALLANPENDERGASTZOPOKX
SEKTORINCLU SCHULTZMOLLYJAMESON
MYRONMCMIL ONIETTONOVOHEINRICH
JONATHANFI CORBETTSHANEWEGNER
JEFFRIVERA TSBENJAMINJOSEPHJR
KUNIYOSHIWH OPHEROVAKBASILGRANT
STEFANKALCHMATRAHMEDALHUSSAINANALANDANG
NATHANTSUIANTHONYPARISILEEFYOCKMRWAFFLE
DAVIDTURKIEWICZPHILIPMRPHILFRANCOESTEVE
LUDINGTONCHRISTIANREUTERADRIANPURSERBUG
SAMULIJAASKELAINENDANRONDEAUJOEKINGLAKE
CLEVERWINGSKAYSINDRESKOGSETHROBERTKEHOE
TINTINKWOKMANTICORE2050CRISTIANCANTOROX
PETERSMITHKENNETHYOUNGFREDHORVATTHEBART
BENKNIGHTBILLHINKSONDONWATSONJRWYLDBILL
HAKANLARSSONMATTHEWFEARNLEYVESAHAGSTROM
KEVINRANKDANNYGARSIDEMARCUSOLSSONBRUCEP
JENSENRIVERACHRISKOHLERDAVIDBLOOMBINHVU
EDWARDMICHAUDSOURJELLYSTUARTFULCHERJAKE
CLINTBELLANGERROYALKNIGHTMATTWPHILLIPSO
HARRIGRANHOLMKAIKUDOBOBFANTASTICNATHANB
MINIMWATCHCTIMOTHYPEDROERICROUSSEPETEHO
ZACHCOLLIERDANIELPROVENCIOXOSKARRISBERG
ALEECARLTHOMASJOHNAREDERMIKEMURILLOPATB
BILLGALLOPDANIELMUNDAYMATTENGLESAGEROSS
JUSTINMILESCHRISPETESCIAXSTEVEPAYANZECK
CHADSTROLLERCORIEEVEROSEJOHNSONXQUINTEN
ERICKTRYZELAARCOLINDAVISRJERICELLENBERG
CASEYDOHERTYHAYEKESTERLOMIKEBAXTERCHRIS
TOMHUZARSKYDREWNELSONROWANMURPHYMATHIEU
DOUGLASANDREWSLOANJACOBMATHIASZACHHEISE
LIVIUGANEAJUSTINPFIFERWDEANTHRASHERSIHY
KEITHCYPHERSALEXSTINSONPAULSPENCERLESHY
MICHAELDECAROSEANWILLIAMSRICHNEVESCHRIS
LIZARD81288LEEWASAELAINARIVAISSQUIDAMUS
EDWINFIGUEROALUISXMONTALVOXSAMUELGOZLAN
JONATHANBACKERARISAURELLANOJASONHEPPLER
CRISTIANESQUIVIASJUBOODIHENRIKTUFTELIEN
DATASTORMINDUSTRIESCHRISWILCOXJOHNEVANS
DJFUSIONJACOBVOELTZPATHAWKSADRIANROGERS
RICHARDHELMERKATHERINETATTERSALLIRAYONG
MARKJAMESSHANNONCLEMMONSMATTHEWJONCURRY
PETTERMALMEHADPAPIDESIREMOUTOUSTEFRIDER
DANIELQUINTANILLAPATRYKPRZEPIORKOWSKIAJ
DAVIDFRANCISSIMONFRISENDALVINHQUANGTRAN
KB169037

PEDROPABLOMUNOZMIROBRIANNALLEYSHMUELELI
CARSTENSENDIETRICHSETOJUSTINMEADERPENZI
MATTHEWNICKELFLORIANGAMPERAMORYKOCHLEES
MARKDICKHARTBILLJAHNELROCCOBUFFALINOLEO
JORDANJOHNNIEWIADOMYKYLEBOYDMAXBRONFMAN
JONATHONLOWEALANGALLAURESISTEPHENELKINS
CHRISCOPPINERIKMEKHSIANCONNORYOUNGQUIST
LAURENCEGONSALVESTIMOTHYHEYWOODIANSCOTT
TORDRUNNMANDENNISHAARMFREDCOLLINPATERNO
ANSSIKOLEHMAINENARTHURMORTEGADEREKBAKER
BRENDANQUINNJAMIEHOLYOAKECHRISAINSWORTH
RASMUSJENSENEDOUARDLOMBARDMIKEHENDERSON
ANDREWFUNKYVESLUTHERROBERTLEISRYANHEISS
MATTISBODTKERMATHIEUARCHAMBAULTJOHNPRAY
NATHANGREENBRENDENPETRACEKTRISTANPOWELL
DAVEPASQUANTONIOMICHAELSOUCYRICKYROMERO
CHACEBOWMANPAULLONGSHAWKENGAGNEBENMEARS
DOMINIKWAGNERJACKSONPOPEJONATHANQUILTER
SATORUMATSUYANAGISTEPHENSWIFTGRANTHAACK
DENISEHEBERTDANIELLELAVOIEALEXANDERKOPS
ELINIVARSSONRAYBARNHOLTJOHNRADEMANRUBEN
PARISREBLMAURICIOGOMESFERREIRAFILHOPAUL
BENSCHEELEJIMLEONARDLISABROWNCRAIGBROWN
MAGNUSKJELLUMHENRIKGUSTAVSSONTOMASZFINC
ASTRAPLUMARUMGEOFFREYDORSHIMERJONMARTIN
VINICIUSSANTANAMARGARITACARMENGAVINLANE
JANPIOTROWSKIJOACHIMFENKESMATTEOGILEBBI
ANDREWKOZLIKJUSTINSHULLICKADRIAANJANSEN
OLIVIERLEJADEDAMIANGORDONGIULIOBONANOME
JAMESEVERETTJONATHANWIDROALEISTERBURGUN
JASONSPENCERJEANMARCDUONGJONATHANCROSBY
SKEITHYIPJIAHACARSTENORTHBANDTBENBRAINE
SAMSCHLACHTERPATRAFFERTYALEXANDERMANGEL
HARRYPOLISHOOKJAAKKOSALOOJASTEVENJACOBS
TIMSIRMOVICSJOSHMILEWSKIVJZOOCODYWALTON
JOSEPHODRISCOLLTAKESHIKANOTAKAAKIKOMURA
ALEXANDERCALDERONJACKBURTONSELFTANNALIM
CONNORROSINEIANFERGUSONNICKMARCUSOLEGMN
ALEXRASMUSSENHENRIKLINDHEANTHONYSANDERS
FRANKIEVITURELLOCLAYTONSWINDOLLNETSABES
JULIENDORRAJAMESPAPPASBRANDONCHINLUKASM
MATTBUXTONNATECOCHRANEJONJOHNRYANVARLEY
ARAMCOMJEANCONNORFALLONROBERTMONTGOMERY
DAVIDTOBARHERRERAARKADIUSZKAMINSKIETHAN
JAMESAHLSCHWEDECOLINBLOWERALEXCAMILLERI
OLLITIETAVAINENVILLALOBOSITURRIAGANITRA
JETSEGORISKIDDOCABBUSSESJANNISFROESERLM
MAXBAEHRALECWATSONLANERASKEVINPBENNYSUE
METALJESUSROCKSPATCONTRICANDYSUMMERJOHN

게임 콘솔 2.0

Copyright © 2021 by Evan Amos.
Title of English-language original: The Game Console 2.0: A Photographic History from Atari to Xbox,
ISBN 9781718500600, published by No Starch Press.
The Korean-language edition Copyright © 2023 by aCORN Publishing Co.
under license by No Starch Press Inc. All rights reserved.

이 책은 No Starch Press와 에이콘출판(주)가 정식 계약하여 번역한 책이므로
이 책의 일부나 전체 내용을 무단으로 복사, 복제, 전재하는 것은 저작권법에 저촉됩니다.

게임 콘솔 2.0

사진으로 보는 가정용 게임기의 역사

오영욱 옮김 에반 아모스 지음

에이콘

에이콘출판의 기틀을 마련하신 故 정완재 선생님 (1935-2004)

아론에게

Wii U. console deconstructed
Sega Saturn Accessories
Dreamcast
Everdrives, Framemeister, Genesis + SNES
FAMILY COMPUTER
SEGA MARK III
セガ マークIII
家庭用カセット式ビデオゲーム
FAMILY COMPUTER
ファミリー コンピュータ
Nintendo
SUPER Famicom
スーパーファミコン
SG-1000II
SG-1000
Game Boy Advance
Nintendo 3DS
Game Boy, Pocket, Color + Game + Watch
PROTEUS CORE
Modern Accessories
Sega Genesis Parts, Controllers + Power Supplies
Atari Lynx
HYPER SCAN
Random Handhelds
PlayStation 2 console + accessories
PS3 + Vita
Nintendo GameCube
SONY
PS2
NINTENDO DS XL
SONY
PS2
SONY
エポック社のTVゲーム
スーパーカセットビジョン
SUPER CASSETTE VISION
INTERACTIVE VISION
The Two-Way Television System that makes you a part of the show!
COMPUTER VIDEO GAME SYSTEM...BY MAGNAVOX
CHANNEL F SYSTEM II
Fairchild Video Entertainment Computer
SHARP
NUON
保証書在中
SONY
PS4
V.SMILE
Turn Game Time into Brain Time!
vtech
V.FLASH
vtech
VIDEO COM
SOCRATES
EDUCATIONAL VIDEO SYSTEM
Stimulates children's minds, builds confidence and helps them become better students.
ODYSSEY
PROFESSIONAL
ARCADE

PSP
SUPER
A'can
VIRTUAL BOY
XBOX ONE
SCPH-1000
COMMODORE 64
SANYO
IMP-21J
INTERACTIVE MULTIPLAYER UNIT
SNK
NEO GEO CD
MADE IN JAPAN
THE WALKING DEAD
SONY
PS VITA
SONY
PLAYSTATION 3
60GB
PS4
ATARI
COMMODORE
64C
PERSONAL COMPUTER
N64
NEC
PHILIPS
SPECIAL OFFER
Compton's Interactive Encyclopedia
ODYSSEY
HOME VIDEO GAME
MAGNAVOX
the originator of
HOME VIDEO GAMES
CHANNEL F
FAIRCHILD VIDEO ENTERTAINMENT SYSTEM
SNK
NEO GEO X
GOLD
LIMITED EDITION
MARIO & LUIGI
DELUXE SET
Wii U
XaviX Port
Atari Jaguar
Nintendo DS
SONY
PS3
PlayStation 3
Magnavox Odyssey + Pong Consoles Stuff
Tiger R-Zone + Game.com
RCA Studio II
Intellivision II
+ Vectrex, Nuon
game.com
ColecoVision
playdia
INTELLIVISION
Intelligent Television
GEMINI
VIDEO GAME SYSTEM
ATARI 2600 VCS
COLECO
ATARI
SUPERSYSTEM

차례

서문

나는 게임시장 대 붕괴 때 태어났다. 시간이 흘러 게임을 할 수 있을 만큼 충분히 나이가 먹었을 때는 미국 게임 시장은 다시 활기를 띠었고, NES 같은 일본 게임기 덕분에 새로운 시대로 들어섰다. 지저분한 13인치 텔레비전에 연결했던 수수해 보이는 회색과 검정색으로 된 상자인 NES가 내 비디오 게임의 진짜 시작이었다. NES는 나를 게임의 세계로 이끌었고, 유년기의 대부분을 게임을 하거나 게임에 관한 것을 읽거나 이야기하며 보냈다. 플레이스테이션부터 Xbox 360과 그 이후까지 비디오 게임의 즐거움은 내 인생을 따라다녔다. 비디오 게임은 내 안에서 흥미와 공감을 일으켰고, 게임 역사의 중요한 아카이브 중 하나를 만들게 했다.

비디오 게임 보존에 대한 내 작업은 즉흥적으로, 거의 우연히 시작됐다. 몇 년 전 누구나 수정할 수 있는 온라인 백과사전인 위키백과에서 오래되고 잘 알려지지 않은 게임기에 대한 글을 읽다가 이 작업을 시작했다. 위키백과를 보다 보면 사이트의 사진에 문제가 있다는 걸 알아챌 수 있다. 저작권에 문제가 없는 사진을 사용해야 하고, 대다수의 위키백과 편집자들이 사진가가 아닌 필자이기 때문에 문서의 사진들은 좋지 못하거나 존재하지 않는다. 이런 옛날 게임기들에 대한 문서들을 읽으면서, 사진을 업로드할 수 있는 모든 권리를 포기해서라도 기여를 하고 싶었다. 그래서 카메라 장비와 게임기 몇 대를 구해 위키백과 문서를 위한 사진을 찍었다.

나는 이 프로젝트에 몰두했다. 수백 장의 사진을 찍어 문서들을 사진으로 채워 나갔다. 얼마 지나지 않아 내 사진들이 위키백과를 넘어 다른 곳에도 퍼진 것을 알게 됐다. 그 사진들은 책, 잡지, 뉴스, 유튜브 비디오, 심지어 박물관 전시회에도 보였다. 몰랐지만 존재하던 공간들을 사진이 채워줬다. 이제는 많은 팬과 창작자, 그리고 전문가들이 교육과 보고서, 작품에 사용할 수 있는 고품질의 사진들에 언제나 쉽게 접근할 수 있다. 이 충격은 내 작업을 확장하게 했고, 사진을 위한 게임기를 구입할 수 있도록 킥스타터를 시작했다. 모금 캠페인은 성공적이었고, 반응은 책 판매로 이어졌다. 이 책이 그 결과물이다.

이 책의 목표는 시장을 선도했던 유명한 기기부터, 낙오한 기기, 명백하게 실패했던 기기까지 게임기 하드웨어의 진화로 비디오 게임의 역사를 소개하는 것이다. 나는 가능한 많은 게임기와 게임용 컴퓨터들을 찾고 사진 찍는 데 수년을 보냈다. RDI 할시온 같은 굉장히 희귀한 게임기들도 포함한다. 이 개정된 최신 2판은 많은 갱신과 개선사항을 포함하고 있다. 게임기들을 연대순으로 나열했으며, 사양 상자들을 일관적으로 만들고, 일부 사신들을 다시 찍었으며, 책의 마지막에는 새로운 내용으로 살을 붙였다. 경험 많고 열정적인 레트로 팬과 게임기의 길고 풍부한 역사를 발견하는 새로운 게이머들이 이 책으로부터 새로운 것을 보고 배우길 바란다.

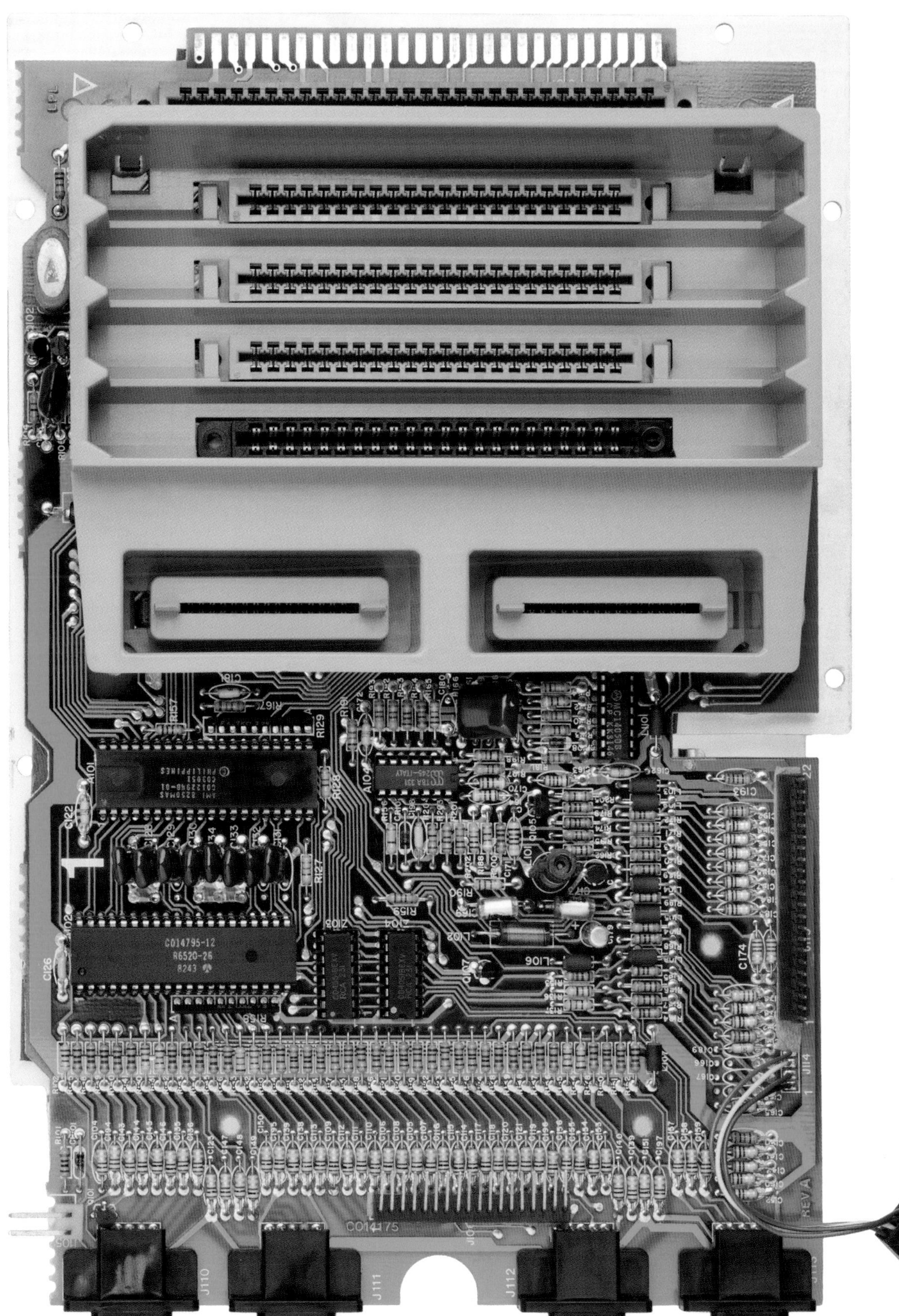
CO14795-12
R6520-26
8243
CO14175
J110
J111
J112
REV A

일러두기

사진과 구성 모든 편집, 사진 촬영, 보정은 내가 했다. 이 책은 어도비 인디자인 CS5, 어도비 포토샵 CS5, 그리고 와콤 인튜오스3로 작업했다. 대부분의 사진은 니콘 D7000 혹은 D7100 DSLR에 60mm 나 105mm 마이크로 니코르 렌즈를 사용해 촬영했다. 니콘 D7500, 니콘 D810, 소니 A700 카메라를 사용하기도 했다. 사진을 찍는 데는 폴 C. 버프사의 스트로보 조명과 두 개의 아인슈타인과 하나의 백색 조명 X800을 사용했다.

연구 책에 실린 연구는 공식 문서, 도서, 카탈로그, 신문, 보도자료, 게임 잡지를 통해 이루어졌다. 헌신적인 팬 웹사이트의 아카이브들은 오래되고 알려지지 않은 게임기들을 다룰 때 매우 중요한 역할을 했다. 게임기와 게임 개발에 참여한 사람들의 인터뷰에서 정보를 가져올 때는 정확한 사실을 말했을 것으로 믿고 가져왔다.

PC 게임 이상적으로는 IBM-PC가 이 책에 포함돼 있어야 한다. 하지만 1980년대에 시작한 컴퓨터 플랫폼의 흐름이 책에서 정리한 세대와 잘 맞지 않았다. 그래서 책에선 빠졌다.

색상 사양 색상 사양은 단순하게 전체 색상 팔레트만 나열했다. 많은 초기 게임기들은 큰 색 팔레트를 가지고 있었지만, 화면에 표시할 수 있는 색의 숫자나 한 라인에 표시할 수 있는 색의 숫자, 혹은 한번에 쓸 수 있는 스프라이트의 색이 제한돼 있었다.

출시된 게임 '게임'과 '출시'의 정의는 논란의 여지가 있기 때문에 출시된 게임의 수치를 정확히 확인하는 것은 골치 아픈 일이다. 또한 오래되고 잘 알려지지 않은 게임기와 게임이 존재했다는 것을 증명하는 것도 어렵다. 디지털 상점에 있는 현대의 가정용 게임기는 인디 게임들과 레트로 게임의 재발매로 합계를 크게 부풀릴 수 있다.

판매량 많은 판매 데이터들이 공식이나 신뢰할 수 있는 출처에서 나온 것이 아니기 때문에 판매량의 수치를 신뢰하지는 말자. 온라인이나 인쇄된 수치의 대부분이 확인되지 않았다. 특히 오래되고 알려지지 않은 게임기일수록 그렇다. 더 심각한 것은 공식적인 판매 수치조차 게임기의 판매량이 아닌 소매점에 배송된 양으로 집계하는 등의 방식으로 과장했다는 것이다. 초판에서는 이러한 이유로 많은 수치들을 제외했지만, 이번 판에서는 사양 표시를 일관되게 표시하기 위해 일반적으로 받아들여지는 수치를 포함하기로 했다. 많은 판매량들이 추정치이며 절대 검증할 수 없다는 점을 유의해야 한다.

감사의 말

역사적으로 보존해야 하는 게임기들을 구매하기 위해 돈을 기부해주신 많은 사람들의 도움 없이 이 책은 존재하지 않았을 것이다. 나의 친구들과 가족을 포함해 여러 가지 방법으로 이 책에 기여한 사람들과 그 분들의 이름은 책의 바깥 페이지에 수록했다.

또한 이 콘솔의 역사에 대한 통찰력을 주고 이 책의 연구를 가능하도록 정보를 수집, 보관 및 스캔한 모든 역사가와 열성팬에게도 감사를 드린다. 마지막으로 희귀한 물건들을 찾아내고 보관한 레트로 수집가들에게 감사드린다. 그들의 노력 덕분에 게임기들이 후속 세대들이 볼 수 있도록 보존됐다.

EINSTEIN
EINSTEIN
PRIORITY MAIL
Wii
mini
PS VITA
SUPER CASSETTE VISION
DISK SYSTEM
SHIELD

RF OUT
LEFT WALL CENTER
R22
R23
C15
D10
R21
X1
R61
R62
VIDEO
LEVEL
ADJ.
B106
Q5
B
C
E
B105
R63
D11
R106
R105
R107
R110
C75
C74
Q4
C79
C77
C76
C73
R108
C82
C41
3.58
MHZ ADJ.
C43
IC4
R57
R58
L2
C72
B1
C78
B109
B37
FB3
C40
B36
JU2
JU1
B2
CH3
CH4
S5
CHANNEL SELECT
B35
R59
C44
C45
B34
FB1
JU1
JU2
COMP VIDEO
R60
R3
C46
C42
B33
IC6
C32
TP1
B31
B32
R41
LEFT BALL
CONTROL
B4
C71
B30
B29
R102
SCORE
OSC. ADJ.
B5
B6
R86
R89
B7
R85
R90
C63
R100
R103
R91
B11
R51
R92
B110
S2 GAME
SELECT SW.
C83
IC5
B28
R73
B9
R96
B27
D4
R97
B24
D3
R70
B10
R95
R98
R75
R88
R99
B23
R66
C51
B12
R87
R67 PLAYER
R72
R68
R13
R74
LEFT
PLAYER
HORIZ.
IC7
0,47/100-H4
C54
C55
SIZE
B14
C50
R69
B21
C57
C58
C56
C52
C53
0,47/100-H6
B20
TN6308 Z
VERT SYNC.
B17
B18
B19
R71
LEFT
PLAYER
VERT.
B15
B16
703839

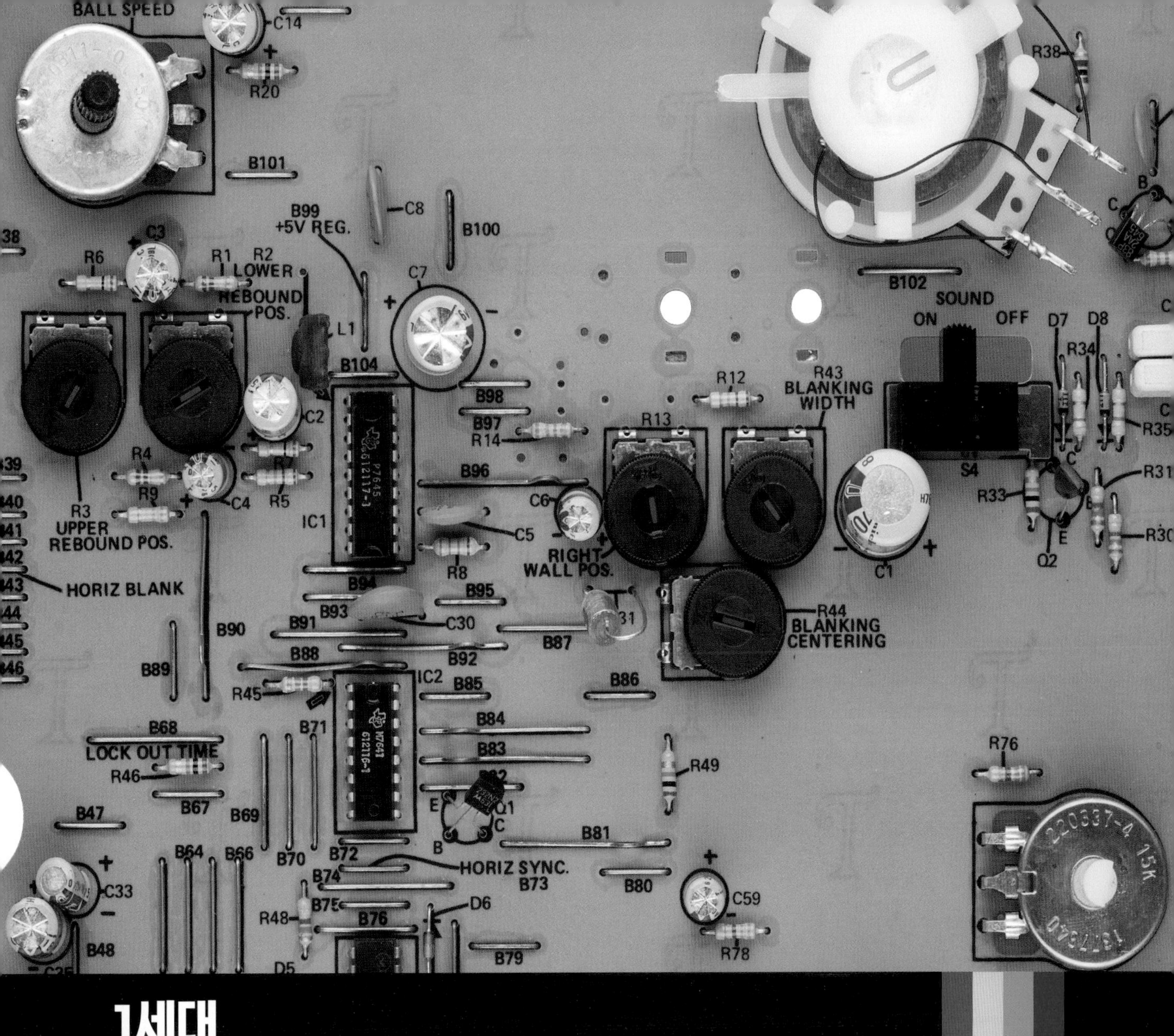

1세대

〈퐁Pong〉보다 훨씬 이전에도 미국 전역의 연구소와 대학에서 전기 디스플레이 장치를 이용해 양방향 오락을 제공하려는 아이디어들을 찾아볼 수 있다. 초기의 시도 중 하나는 1958년 브룩헤이븐 연구소의 연구원이 아날로그 컴퓨터와 손에 쥘 수 있는 컨트롤러를 사용해 테니스 경기를 모사한 것이다. 그 후 크고 비싼 컴퓨터로 해야 했던 〈스페이스워!Spacewar!〉(1962)와 같은 초기 게임들이 메사추세츠 공과대학교에서 등장했다. 비디오 게임은 1972년 마그나복스 오디세이가 출시되고, 아케이드에서 〈퐁〉이 히트할 때까지 주류가 되지 못했다. 이 새로운 형태의 오락은 젊은이들을 매료시켰고, 그것은 전 세계적으로 수십억 달러 규모의 산업이 될 열풍의 시작이었다.

마그나복스 오디세이 500 시리즈의 마더보드(위)

마그나복스 오디세이

1972

출시 가격: $99	**판매량:** 33만 대 이상
프로세서: 없음	**RAM:** 없음
색상: 2(흑백)	**출시된 게임:** 카드 11장으로 즐길 수 있는 28가지 게임

마그나복스 오디세이Magnavox Odyssey는 사람들이 텔레비전과 상호 작용하는 게임을 플레이할 수 있는 첫 번째 가정용 게임기다. 당시의 원시적인 기술의 한계로 오디세이의 게임들은 검은 배경 화면에서 플레이어들이 움직일 수 있는 하얀 사각형과 선만을 활용했다. 게임기에서 눈에 띄는 게임은 〈퐁〉에 직접 영감을 준 간단한 2인용 테니스 게임이었다. 비디오 게임 열풍을 일으킨 것은 마그나복스 오디세이가 아니라 〈퐁〉이었지만, 당시 마그나복스 오디세이는 놀라운 성과를 보여줬다. 또한 게임과 게임기의 현재를 위한 발판을 만들었다.

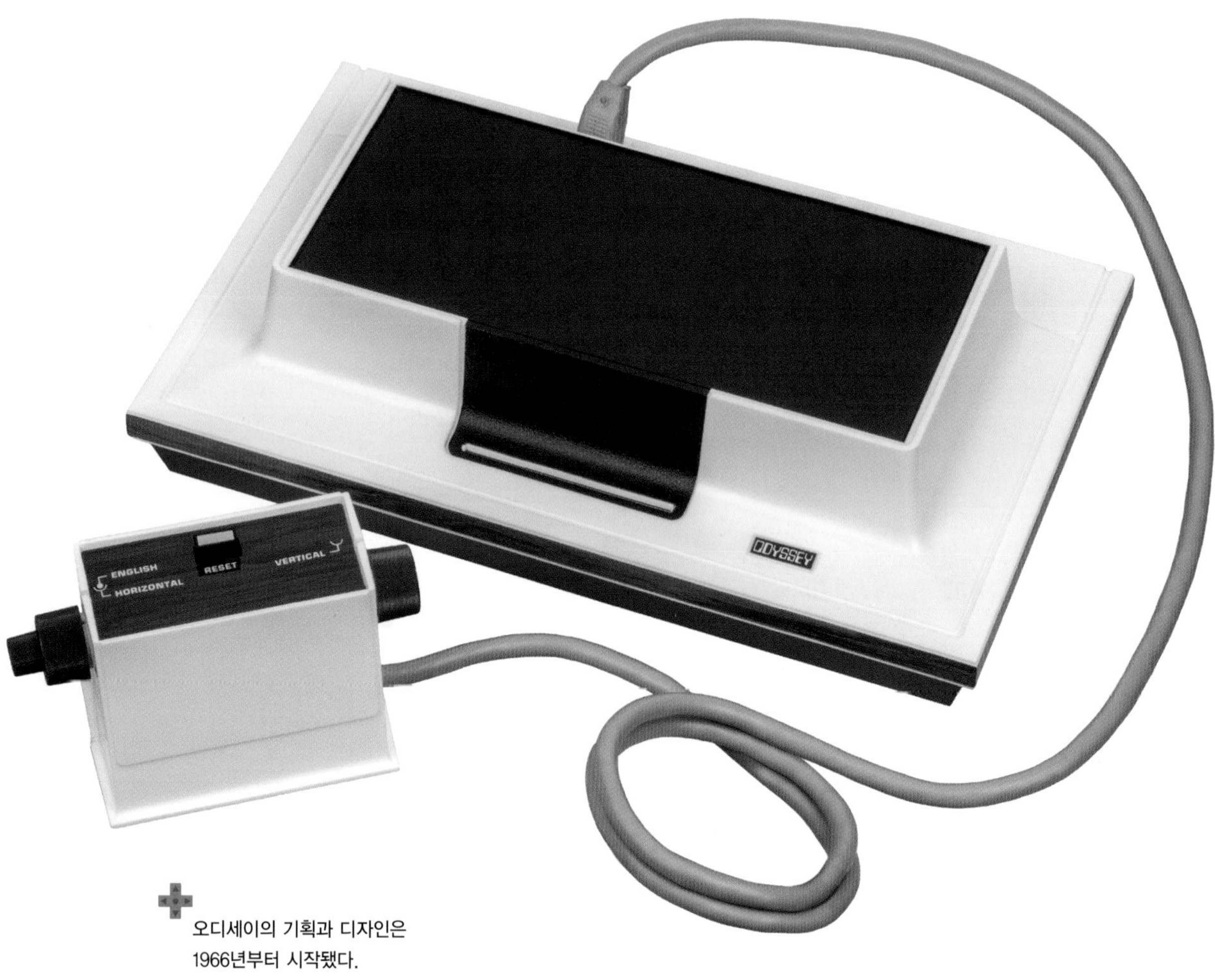

오디세이의 기획과 디자인은 1966년부터 시작됐다.

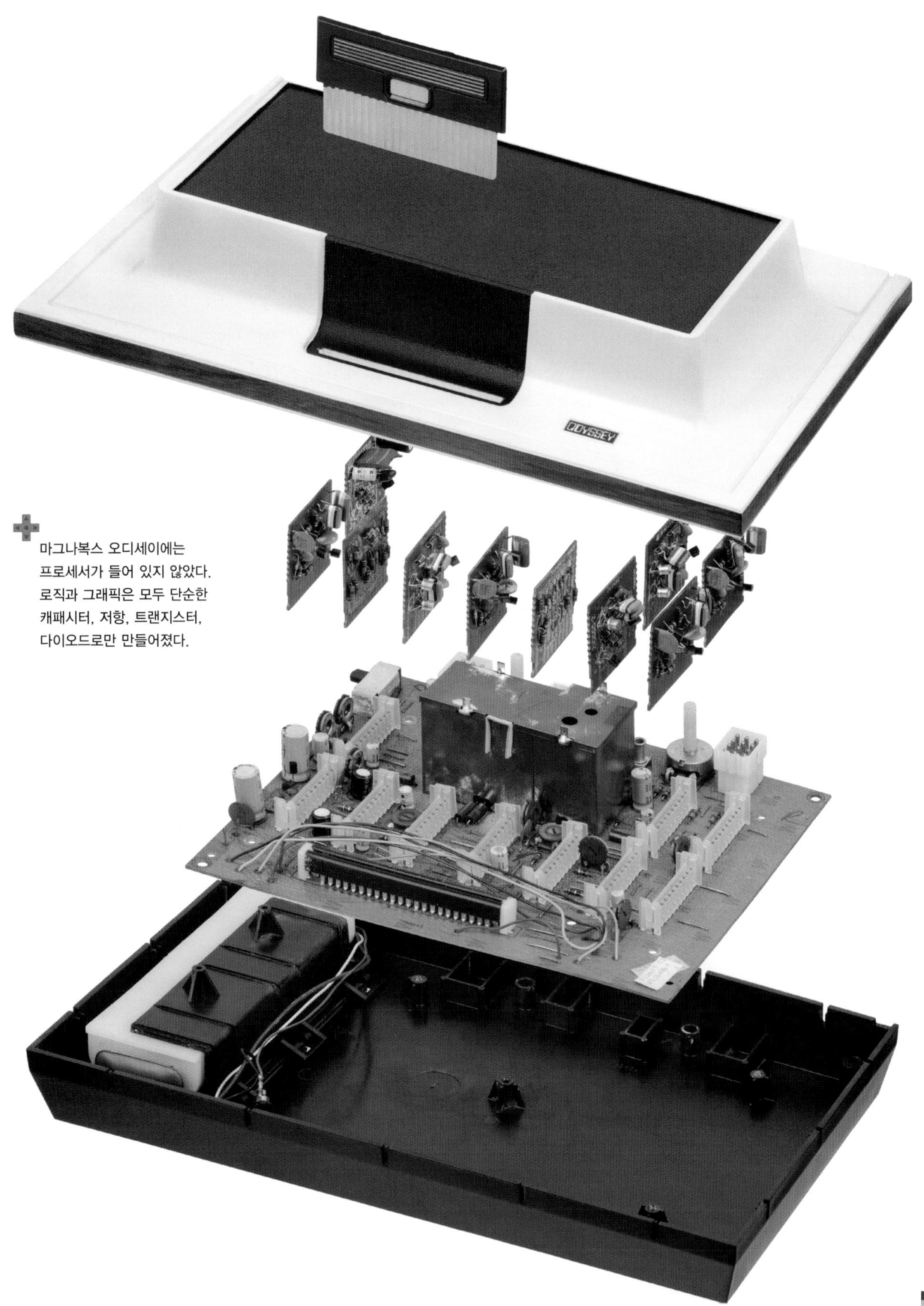

마그나복스 오디세이에는
프로세서가 들어 있지 않았다.
로직과 그래픽은 모두 단순한
캐패시터, 저항, 트랜지스터,
다이오드로만 만들어졌다.

브라운 박스 프로토타입과 광선총

마그나복스 오디세이는 랄프 베어Ralph Baer가 텔레비전과 연결해 게임을 즐길 수 있는 기계를 작업하던 방산업체 샌더스 어소시에이츠Sanders Associates에서 1960년대에 고안됐다. 1967년 랄프 베어는 두 개의 조종기가 달린 스위치가 있고 나뭇결 모양 비닐을 씌운, 금속 상자였던 TV 게임 유닛 7번을 개발했다. 나중에 '브라운 박스Brown Box'라는 별명이 붙여진 이 프로토타입은 개조된 여러 개의 장난감 총으로 즐길 수 있는 게임을 포함한 여러 게임들을 교체할 수 있었다. 나중에 마그나복스가 브라운 박스에 관한 권리를 계약해 오디세이 게임기를 개발했다.

랄프 베어는 은퇴 후 여기서 촬영한 것과 같은 브라운 박스 복제품을 수작업으로 소량 제작했다. 원본 브라운 박스는 스미스소니언 박물관에 보관돼 있다.

첫 번째 게임기의 부속물은 광선총이었다. 〈퐁〉 시대의 많은 게임기가 과녁과 사격장 게임을 위한 광선총들을 포함했다.

컬러 화면 덮개는 18인치와 23인치 두 가지 사이즈로 출시됐으며, 정전기로 TV 화면에 붙일 수 있었다.

같이 제공된 부속물들

마그나복스 오디세이는 극단적으로 단순하고 자유로운 게임 플레이를 구성품으로 보완해 경험을 향상시켰다. 게임기에는 컬러 화면 덮개와 포커 칩, 놀이용 지폐와 주사위, 다양한 게임판과 카드가 들어 있었다. 이 추가 구성품들로 12가지 게임을 게임기 외부에서 플레이할 수 있었다.

폼 게임기

1975

출시 가격: 시어스 텔레게임스 퐁, $98.95	**판매량:** 500만 대 이상(추정), 전체 모델 기준
프로세서: '퐁 전용 칩' 변형판	**RAM:** 해당 없음
색상: 2~8(칩셋에 따라 다름)	**모든 퐁 모델:** 300종 이상

아타리[Atari]의 첫 번째 제품은 마그나복스 오디세이의 전자 테니스 게임을 허락받지 않고 아케이드 캐비닛으로 다시 만든 〈퐁〉이었다. 아타리의 〈퐁〉은 원전을 크게 개선해 점수판과 소리, 더 나은 게임 플레이를 추가했다. 〈퐁〉은 상점가와 술집에서 크게 인기를 끌었다. 그래서 아타리는 시어스[Sears]와 협력해 1975년 가정용 버전의 시어스 텔레게임스 〈퐁〉을 출시했다. 가정용 버전 역시 큰 인기를 끌었고 이러한 성공은 수많은 복제 〈퐁〉으로 이어져 비디오 게임 산업의 성장을 촉발시켰다.

컬러 텔레비전 게임 15는 15가지 종류의 변형된 〈퐁〉을 제공했으며, 1977년 소매점에서 15,000엔에 판매됐다.

닌텐도 컬러 텔레비전 게임

〈퐁〉은 미국에서만 일어난 현상이 아니었다. 일본과 유럽의 회사에서 생산된 〈퐁〉 게임기들이 각각의 나라에 상륙했다. 일본에서는 오랫동안 장난감을 만들다 비디오 게임을 제작하기 시작한 회사인 닌텐도에서 유명한 〈퐁〉 게임기 중 하나가 만들어졌다. 컬러 텔레비전 게임 라인업은 두개의 〈퐁〉 게임기와 〈브레이크 아웃〉 복제품, 레이싱 게임, 전략 게임 오델로를 플레이할 수 있는 컴퓨터였다.

오디세이 2000은 1인용 〈퐁〉을 할 수 있는
첫 번째 오디세이 기기였다.

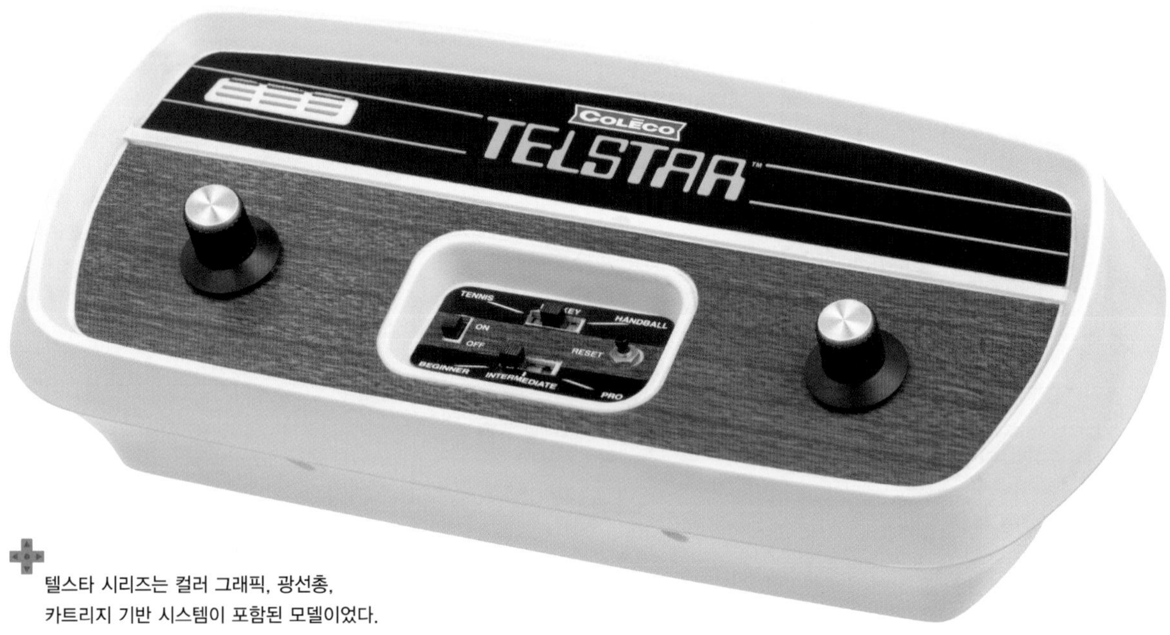

텔스타 시리즈는 컬러 그래픽, 광선총,
카트리지 기반 시스템이 포함된 모델이었다.

오디세이와 콜레코 텔스타 시리즈

1975년 마그나복스는 기존 오디세이를 단종하고 최신식 오디세이 게임기 시리즈를 생산하기 시작했다. (위의 오디세이 2000 같은) 〈퐁〉 전용 게임기들 중 일부는 제네럴 인스트루먼트General Instruments사의 〈퐁〉 전용 칩인 AY-3-8500을 사용했다. 이 칩은 〈퐁〉을 위한 모든 논리회로를 통합해 하나의 회로에 포함했다. 이 칩을 처음 사용한 것은 장난감 메이커인 콜레코Coleco였다. 텔스타Telstar 게임기 제품군은 퐁 게임기 중 많이 팔린 시리즈 중 하나가 됐다.

1977년의 시장 붕괴

〈퐁〉 전용 칩의 단순함은 전자 제품 제조 업체들이 각자의 〈퐁〉 게임기를 생산할 수 있는 계기가 됐다. 〈퐁〉은 매우 유명했고 생산하기도 쉬웠기 때문에 1977년의 시장에는 비슷한 기계들이 넘쳤다. 소비자들이 피로해하기 시작하자 게임기가 팔리지 않았고, 회사들은 〈퐁〉 게임기들을 덤핑해서 팔고 사업을 접었다. 그 결과 첫 번째 시장이 붕괴하며 〈퐁〉의 시대는 끝났다. 운 좋게도 이후 새로운 세대의 게임기가 나오기 시작해 게임 산업은 빠르게 재생됐다.

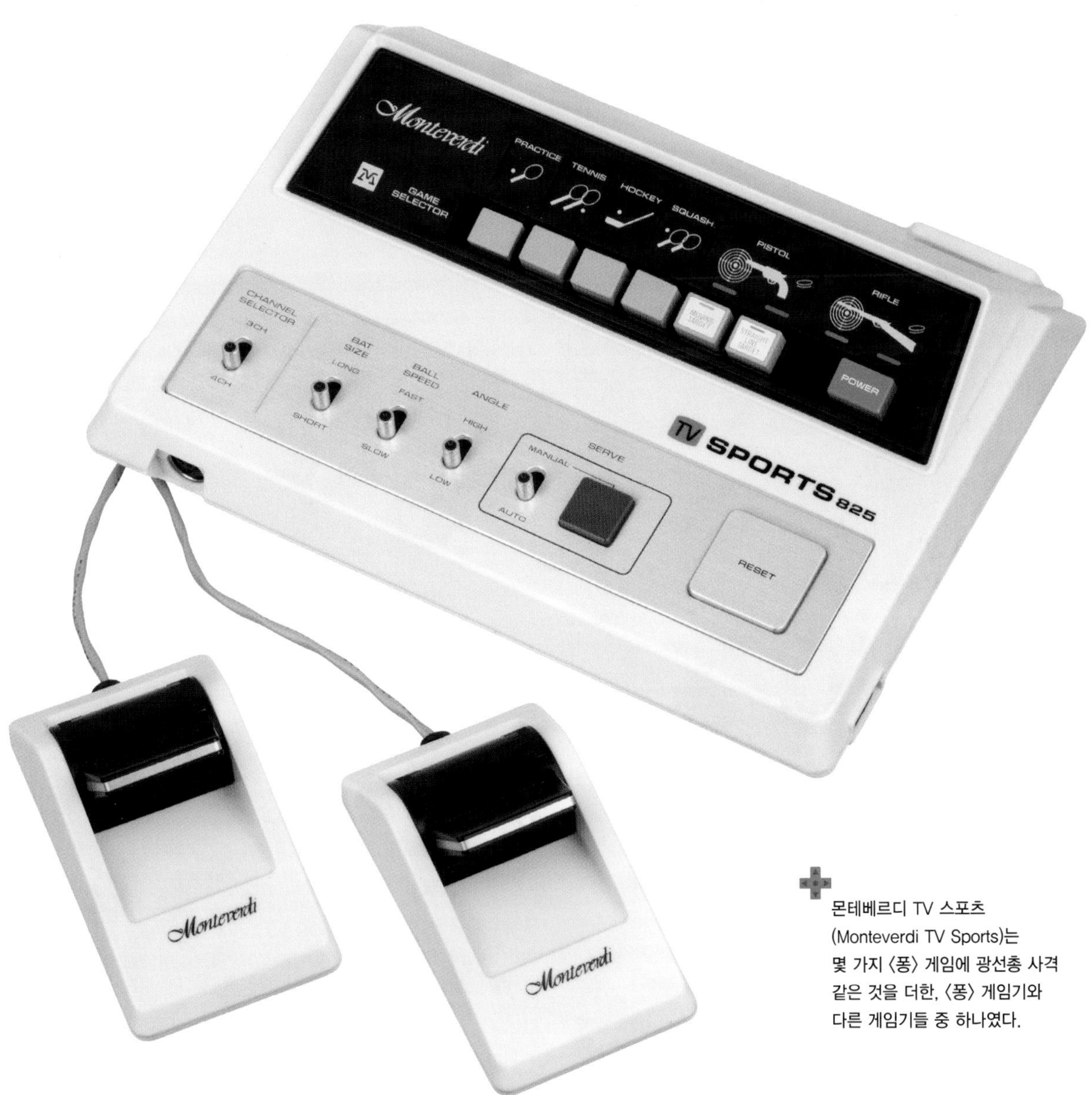

몬테베르디 TV 스포츠(Monteverdi TV Sports)는 몇 가지 〈퐁〉 게임에 광선총 사격 같은 것을 더한, 〈퐁〉 게임기와 다른 게임기들 중 하나였다.

3579545
20PFA
KSSA
6 M
SN74LS114N
SN74LS00N
SN74LS00N
SN7402N
MALAYSIA 7827A
MC6821P
BR7830
MC6847P
J8F7830
MC6800P
9R7819
SCM4948P
7826
3.579 MHz

2세대

기술의 발전으로 2세대 가정용 게임기들은 더 역동적으로 비디오 게임을 할 수 있게 했다. 새로운 마이크로프로세서들은 롬 카트리지에서 게임 코드를 실행할 수 있었고, 이것은 이론상 한 게임기에서 무한한 숫자의 게임을 플레이할 수 있다는 것을 의미했다. 새로운 게임기들이 가정에서 인기를 끌고 있었을 때 가정용 게임과는 비교할 수 없는 그래픽, 사운드, 게임 플레이를 가진 게임을 플레이하기 위해 아케이드로도 사람이 몰려들었다. 매우 짧은 기간 안에 게임기와 게임의 판매량은 엄청나게 늘어났고, 이러한 성장은 수많은 제조업체와 개발자들을 진입하기 쉬운 시장으로 이끄는 골드러시 효과를 가져왔다. 그러나 황금시대는 길지 않았다. 경쟁사들의 유입은 게임 산업이 지금까지 경험한 것 중 가장 큰 재앙의 기반을 만들었다.

페어차일드 채널 F 시스템 II 마더보드(위), APF MP1000 마더보드(맞은편)

페어차일드 채널 F

1976

출시 가격: $169	**판매량:** 25만~35만 대(추정)
프로세서: 1.79HMz 속도의 페어차일드 F8	**RAM:** 64bytes
색상: 8	**출시된 게임:** 26종

페어차일드 채널 F Fairchild Channel F는 마이크로프로세서와 함께 삭제와 프로그래밍이 가능한 미디어를 사용한 진정한 첫 번째 게임기였다. 페어차일드 반도체는 직접 게임기를 만들어 새롭게 등장한 게임 시장에서 직접 8비트 마이크프로세서를 팔 수 있을 것으로 봤다. 채널 F는 출시 당시 〈퐁〉 전용 게임기보다 한 단계 발전했지만, 페이차일드의 게임과 소매시장에 대한 이해가 부족하여 전혀 관심을 끌지 못했다. 채널 F는 이후에 나온 경쟁자였던 아타리 2600에 비해 새로운 액션 게임이 부족했고, 게임기의 판매량이 정체되자 페어차일드는 2년만에 사업에서 철수했다.

채널 F에는 〈하키(Hockey)〉와 〈테니스(Tennis)〉 두 가지 게임이 내장돼 있다.

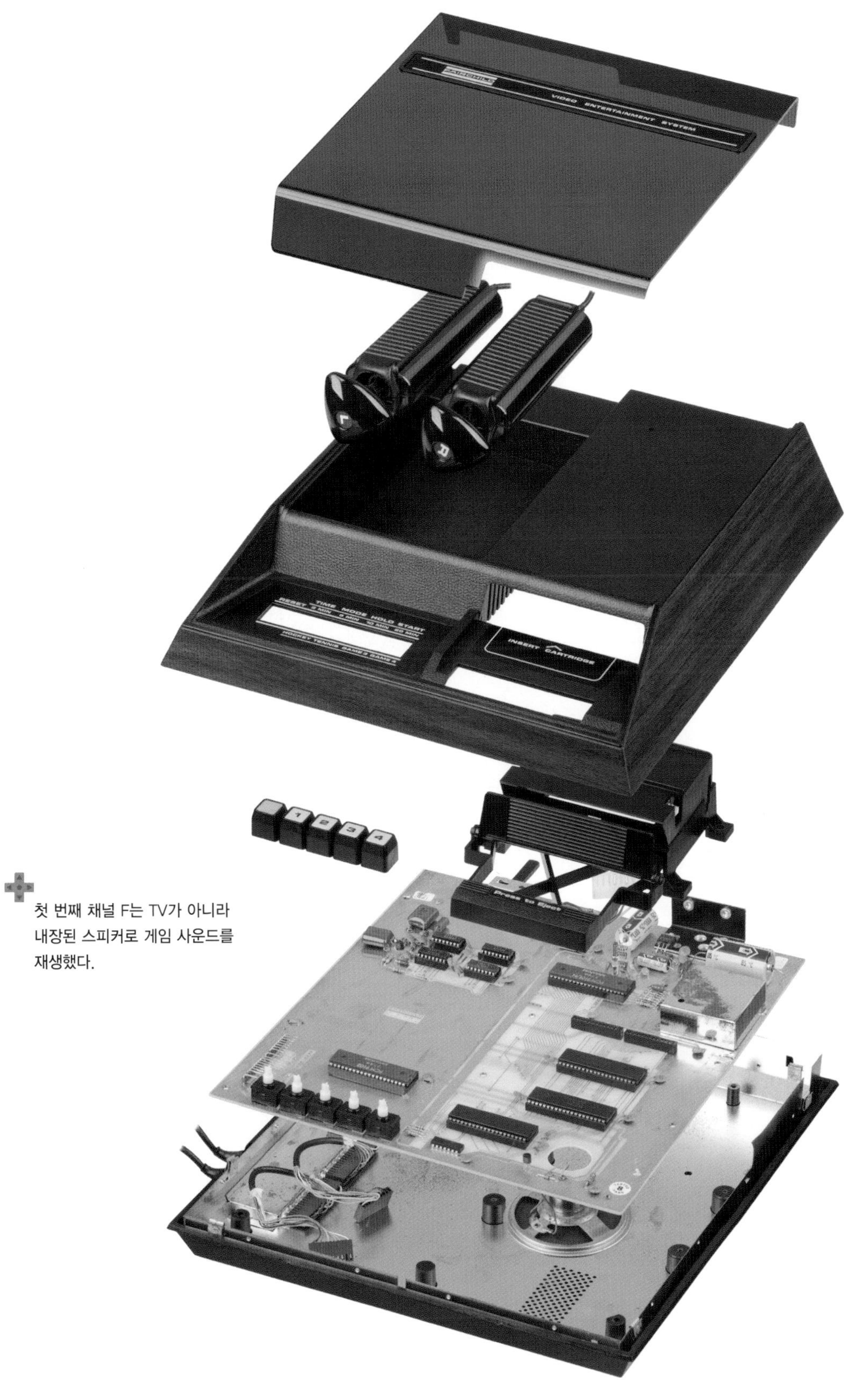

첫 번째 채널 F는 TV가 아니라 내장된 스피커로 게임 사운드를 재생했다.

지르콘 인터내셔널은
1979년 채널 F의 판매를 인수해
마지막 6개의 게임을 출시했다.

채널 F 시스템 II

페어차일드는 채널 F의 리모델링을 완성한 직후 1978년 게임 산업에서 철수했다. 시스템 II는 채널 F를 간략화한 버전이었다. 이제 TV 스피커로 사운드가 재생됐으며, 컨트롤러를 제거할 수 있었다. 채널 F 시스템 II와 페어차일드의 나머지 채널 F는 1979년 지르콘 인터내셔널에서 인수했고, 게임 시장 붕괴 전까지 계속 판매됐다.

채널 F의 독특한 컨트롤러에는
하나의 손잡이가 달려 있었다.
이 손잡이는 아래로 밀어 넣거나,
위로 뽑거나, 조이스틱처럼 움직이고
심지어 패들처럼 회전할 수 있었다.

RCA 스튜디오 II

1977

출시 가격: $149	**판매량:** 1만 5천~2만 5천 대(추정)
프로세서: 1.78MHz 속도의 RCA 1802	**RAM:** 512bytes
색상: 2(흑백)	**출시된 게임:** 11종

스튜디오 II는 카트리지를 사용한 두 번째 게임기이자 RCA가 첫 번째로 출시한 하나뿐인 게임기다. 이 게임기는 1970년대 초 RCA에서 개발한 저가형 소비자 대상 컴퓨터의 개념으로부터 기반했으며, 이후 게임과 교육용 장치로 업데이트됐다. 그러나 이는 스튜디오 II 에게 흑백 그래픽과 키패드 기반 조종 방식을 중심으로 한, 시대에 뒤쳐진 디자인을 남겼다. 스튜디오 II는 다른 새로운 카트리지 식 게임기에 비해 컬러 그래픽과 재미있는 게임이 부족했으며, 일부 〈퐁〉 전용 게임기에 비해 나은 점이 없어 보이기도 했다. 1년동안 엄청나게 낮은 판매량을 보인 이후 RCA는 스튜디오 II 판매를 중단하고 게임시장에서 철수했다.

RCA 스튜디오 II에는 〈어디션(Addition)〉, 〈볼링(Bowling)〉, 〈프리웨이(Freeway)〉, 〈두들(Doodle)〉, 〈패턴(Patterns)〉의 5가지 게임이 내장돼 있다.

콜레코 텔스타 아케이드

1977

출시 가격: $99	**판매량:** 4만~6만 대(추정)
프로세서: MOS MPS-7600(카트리지 내장)	**RAM:** N/A
색상: 5	**출시된 게임:** 4종

텔스타 아케이드Telstar Arcade는 콜레코Coleco의 〈퐁〉 전용 텔스타 게임기의 파생 제품이다. 게임기는 〈퐁〉, 〈사격〉, 〈레이싱〉을 하나의 삼각형 상자 안에 넣었으며, 교체 가능한 카트리지를 이용해 다양한 변형 게임을 제공할 수 있었다. 각각의 카트리지에는 개량된 버전의 '퐁 전용 칩' 집적 회로가 들어 있었다. 이를 통해 게임기에서는 고정된 에셋[1] 모음을 이용해 서로 다른 게임을 할 수 있는 개조한 코드를 실행할 수 있었다. 그러나 텔스타 아케이드는 더 저렴한 〈퐁〉 게임기에 비해 사야 할 차별성이 없었고, 새로운 채널 F와 아타리 2600에 비해서도 크게 부족했다. 결국 판매가 부진해 1년 후에 텔스타 아케이드는 단계적으로 생산이 중단됐다.

게임을 만들기 전에,
콜레코는 가죽 제품, 장난감,
플라스틱 수영장을 생산했다.

1 게임에서 사용하는 그래픽, 사운드 등의 자원 – 옮긴이

아타리 2600

1977

출시 가격: $169~$199	**판매량:** 25만 대(추정)
프로세서: 1.19MHz 속도의 MOS 650	**RAM:** 128bytes
색상: 128	**출시된 게임:** 450종 이상

2600은 아타리의 첫 번째 카트리지 기반 게임기이자 〈퐁〉 전용 게임기의 후속 제품이었다. 아타리 2600의 디자인은 1970년대 중반에 시작됐으며, 부품 단가를 제한하기 위해 극도로 램을 줄였다. 그 결과 나온 별난 하드웨어는 완전하게 사용하기 위해서는 다양한 속임수와 해킹, 우회 방법들이 필요했지만, 아타리의 젊고 열정적인 프로그래머들은 그 일을 해냈다. 2600의 독특하고 액션 지향적인 게임들은 게이미를 열광시켰고, 독점적인 아케이드 게임 포팅과 서드파티 게임들의 나온 덕분에 2600은 경쟁자들로부터 훨씬 앞서게 됐다. 아타리 2600은 2세대 가정용 게임기를 정의했으며 역대 상징적인 게임기 중 하나로 남아 있다.

이 게임기는 처음엔 아타리 비디오 컴퓨터 시스템(VCS)으로 출시됐으며 1982년 2600으로 이름이 바뀌었다.

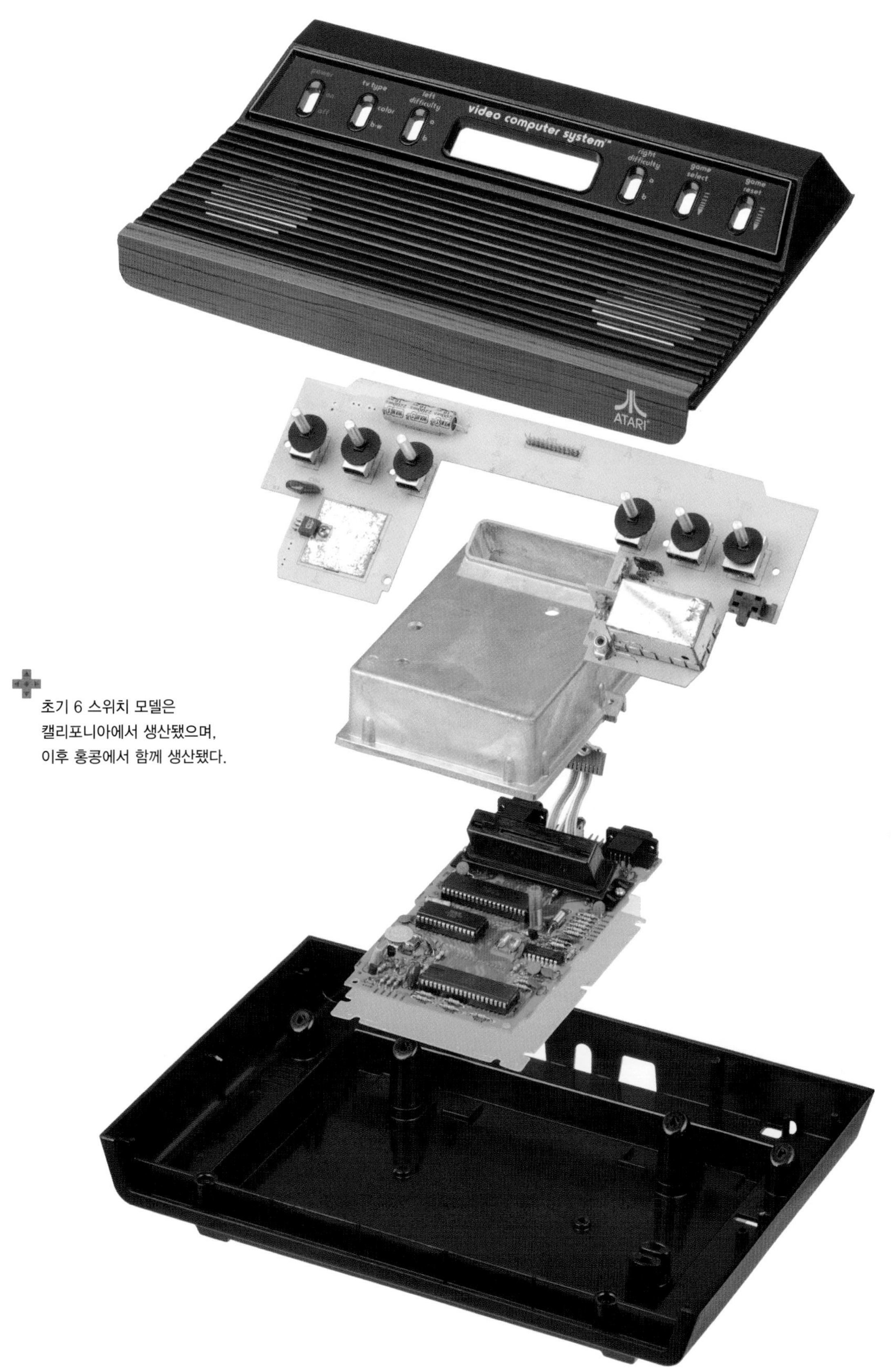

초기 6 스위치 모델은
캘리포니아에서 생산됐으며,
이후 홍콩에서 함께 생산됐다.

아타리 2600 게임기 변형

아타리는 생산되는 동안 하드웨어가 여러 번 변형됐다. 리브랜드된 비디오 아케이드 변형은 시어스의 텔레게임즈 제품군을 위해 특별히 만들어졌다. 반면에 다른 모델(아타리의 4 스위치 모델)은 채산성과 내부 부품들의 효율화의 결과였다. 마지막 리모델은 1986년에 나온 2600 주니어였다. 이 모델은 매우 작았으며, 50달러 이하의 가격으로 판매됐다.

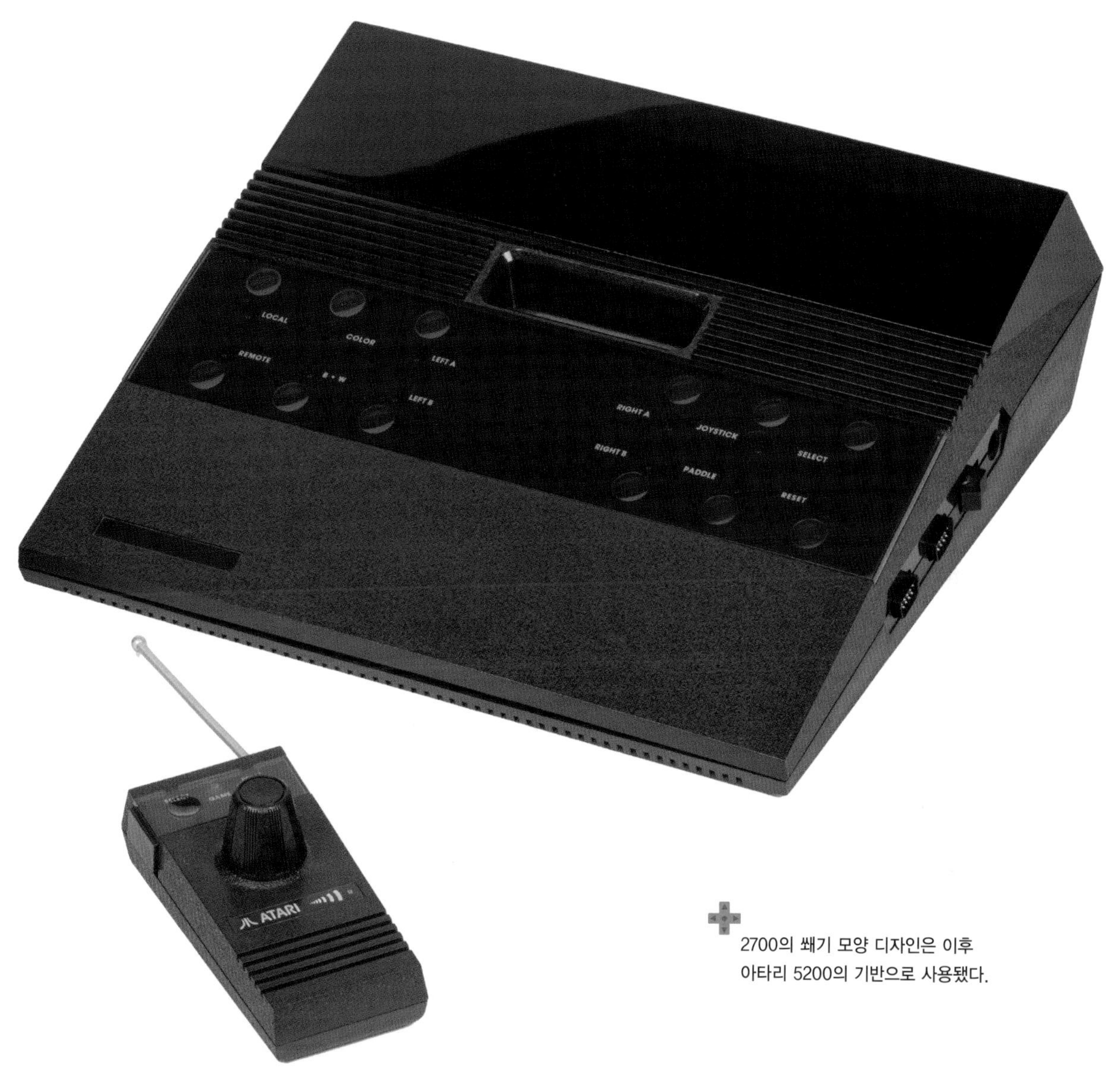

2700의 쐐기 모양 디자인은 이후 아타리 5200의 기반으로 사용됐다.

아타리 2700 프로토타입

아타리 2700은 토글 스위치를 터치 감지 버튼으로 교체하고 무선 주파수(RF)를 이용한 무선 기능을 추가한 미공개 2600 변형판이다. 향상된 무선 컨트롤러는 9V 배터리 한 개로 작동되며 패들처럼 회전시킬 수 있는 조이스틱이 특징이었다. 게임기의 설계와 생산 준비는 끝났지만, 테스트 결과 2700의 RF 신호가 강하고 RF 신호가 주변 게임기와 무선 기기들에 영향을 줄 수 있다는 우려가 제기돼 취소됐다.

발리 프로페셔널 아케이드

1977

출시 가격: $299	**판매량:** 4만~6만 대(추정)
프로세서: 1.79MHz 속도의 자일로그 Z80	**RAM:** 4KB
색상: 256	**출시된 게임:** 28종

프로페셔널 아케이드Professional Arcade는 핀볼과 슬롯 머신으로 유명한 어뮤즈먼트 회사인 발리Bally의 하나뿐인 게임기다. 이 게임기는 경쟁사보다 더 비쌌지만 저렴한 확장 기기를 통해 카세트에 베이직 프로그램을 만들고 저장할 수 있는 기능을 제공했다. 이 기능은 게임을 만들고 거래하는 취미 프로그래머들의 작은 팬 커뮤니티를 만들었다. 하지만 열성적인 팬들이 있음에도 높은 고장 확률, 부족한 소매점, 광고 부족으로 발리는 1980년에 게임기와 아스트로비전에 대한 권리를 판매해버렸으며 게임기로 거의 성공을 거두지 못했다.

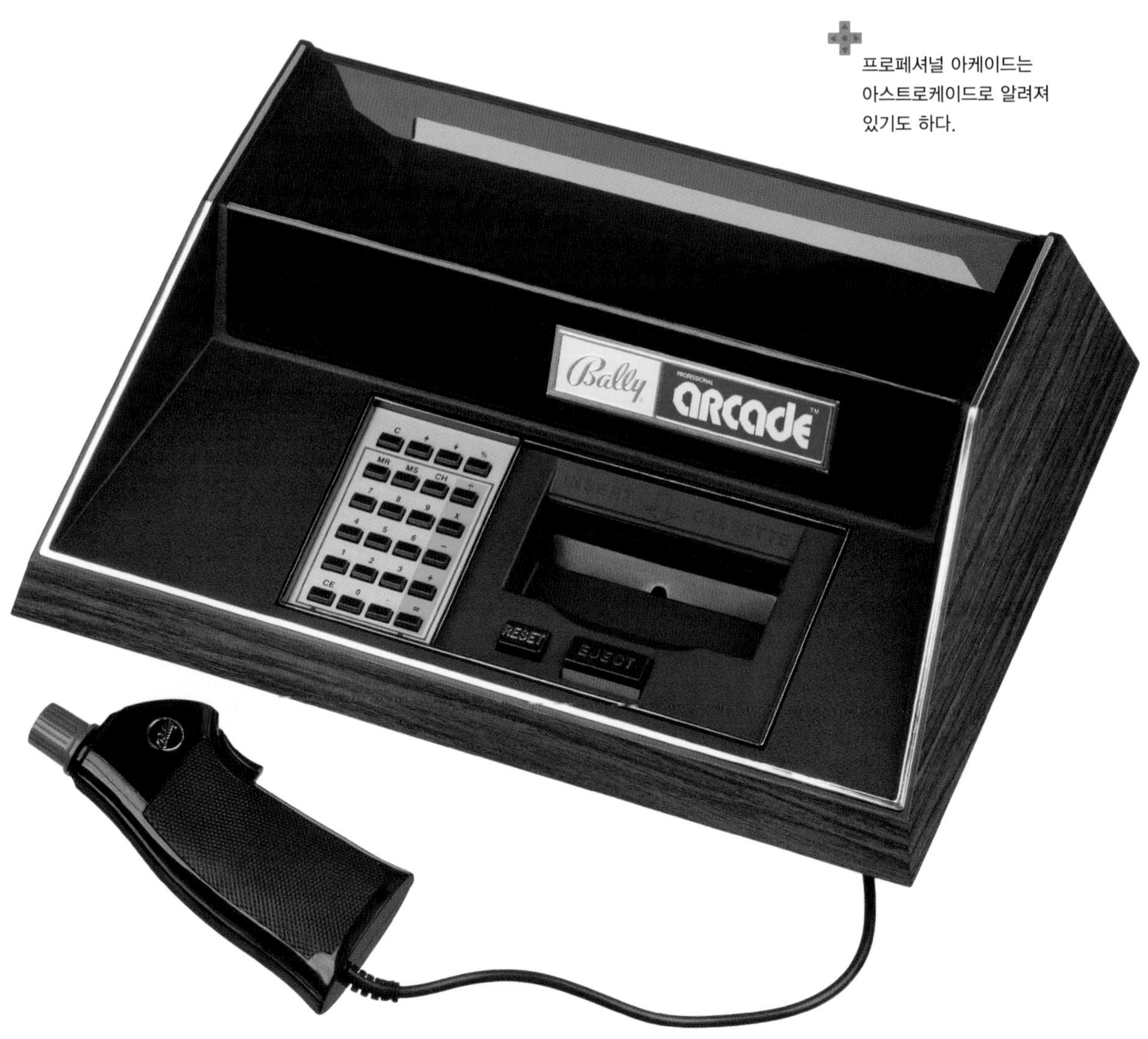

프로페셔널 아케이드는 아스트로케이드로 알려져 있기도 하다.

PC-50x 시리즈

1977

출시 가격: 게임기마다 다름(대략 평균 $149)	**판매량:** 전체 1백만 대 이상(추정)
프로세서: 카트리지마다 다양한 AY-3-8xxx 칩	**RAM:** 없음
색상: 8	**출시된 게임:** 8종의 게임 합팩 카트리지

PC-50x 시리즈는 1970년대 후반 홍콩의 전자 제품 제조 업체들이 주로 사용했던 하드웨어 표준이다. 콜레코 텔스타 아케이드와 비슷하게 카트리지에는 게임기에서 사용할 프로세서가 들어 있으며, 각각의 카트리지에는 각기 다른 제네럴 인스트루먼트의 칩이 포함돼 있다. 이 2세대 퐁 전용 칩 GI 프로세서는 〈퐁〉, 〈슈팅〉, 〈탱크〉, 〈레이싱〉 게임의 개량된 버전이 들어 있었다. 각 카트리지에서 최대 10개의 다른 플레이 모드를 사용할 수 있었으며 PC-50x 시리즈 게임기는 게임을 선택할 수 있는 10개의 버튼으로 쉽게 구분할 수 있었다. 이 게임기는 1980년대 초반까지 유럽 전역에서 판매됐는데, 유럽은 미국산 게임기의 진출이 느렸고, 〈퐁〉 게임기 시장은 붕괴를 피했다.

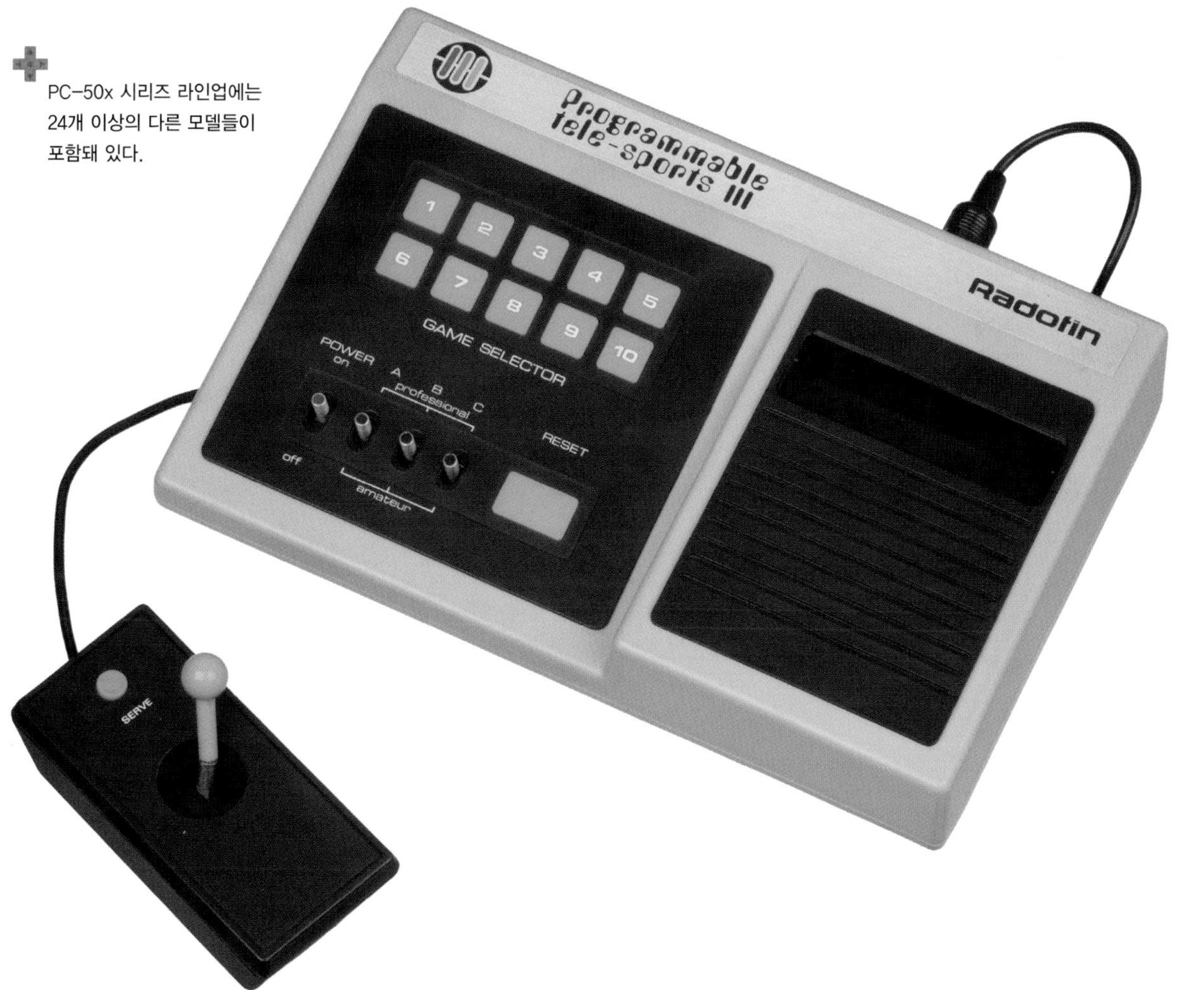

PC-50x 시리즈 라인업에는 24개 이상의 다른 모델들이 포함돼 있다.

마그나복스 오디세이²

1978

출시 가격: $179	**판매량:** 2백만 대(추정)
프로세서: 1.79MHz 속도의 Intel 8048	**RAM:** 64bytes **VRAM:** 128bytes
색상: 12	**출시된 게임:** 50종 이상

오디세이²는 마그나복스사의 오리지널 오디세이의 카트리지 기반 후속작이다. 이 큰 게임기는 쓸모는 없었지만 다른 게임기보다 더 많은 기능을 제공하는 멤브레인 키보드가 내장돼 있다는 독특한 점이 있었다. 그러나 오디세이²는 경쟁자들에 비해 서드파티 지원이 부족했고, 많은 게임은 내장된 아트 애셋들의 재사용이 많아 시각적으로 유사한 게임이 많았다. 미국에서는 별로 판매되지는 않았지만 유럽에서는 필립스 비디오팩 G7000으로 판매됐다. 이 게임기는 마그나복스의 마지막 게임기가 됐으며, 1984년 비디오 게임 시장 붕괴 이후 마그나복스는 게임 산업에서 손을 뗐다.

오디세이³를 위한 계획은 마무리됐었으나 비디오 게임 시장 붕괴로 인해 취소됐다.

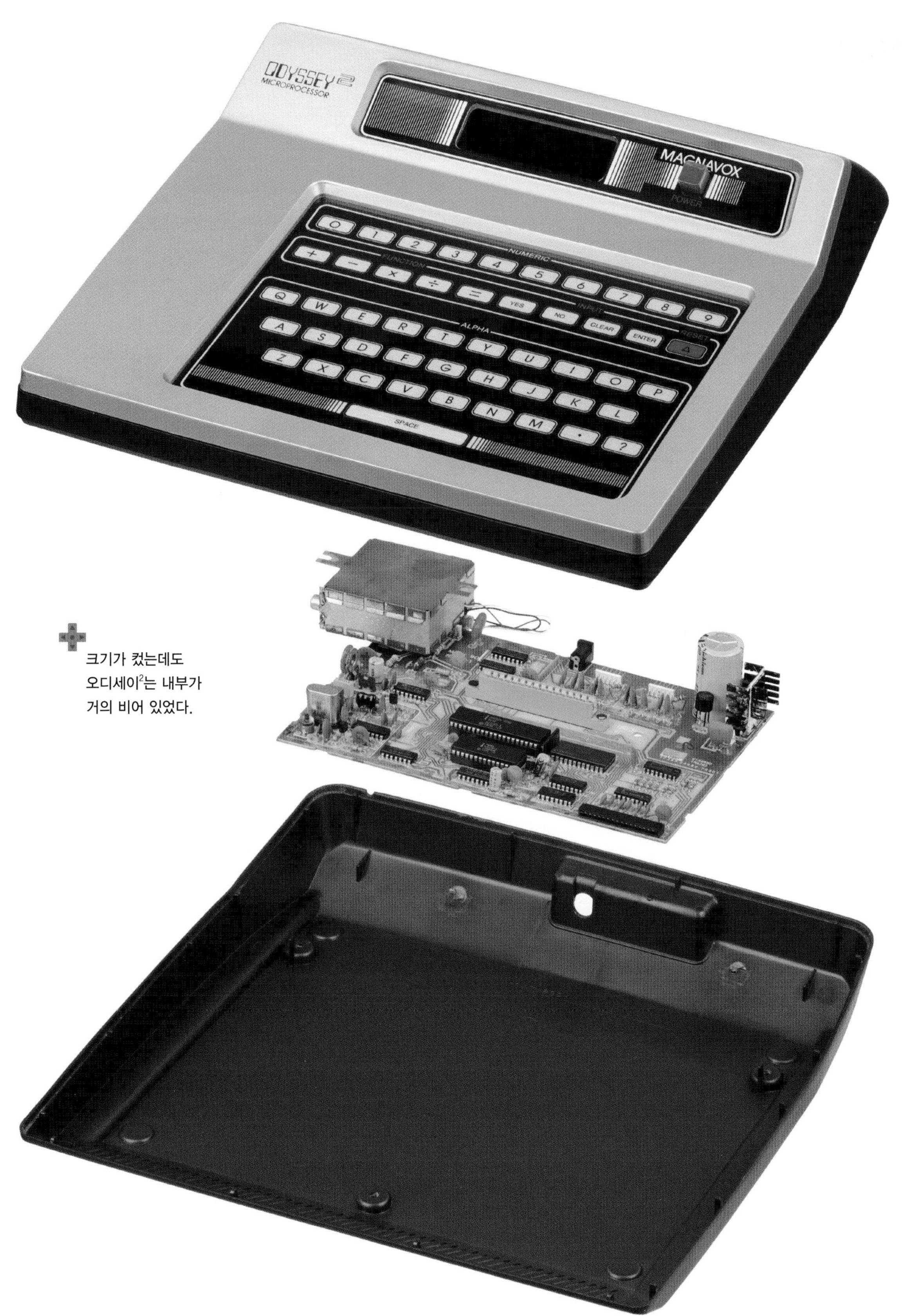

크기가 컸는데도 오디세이²는 내부가 거의 비어 있었다.

APF MP1000

1978

출시 가격: $169	**판매량:** 5만 대 이상(추정)
프로세서: 0.89MHz 속도의 Motorola 6800	**RAM:** 1KB
색상: 64	**출시된 게임:** 12종

MP1000은 〈퐁〉 게임기 제품군과 계산기로 알려진, 뉴욕에 있는 APF 일렉트로닉스사가 출시한 게임기다. 〈퐁〉에서 마이크로프로세서와 카트리지 기반의 MP1000으로의 전환은 큰 도전이었고, APF는 하드웨어와 게임기를 위한 게임을 제작하면서 큰 손해를 보았다. 계산기와 퐁 시장이 급격하게 줄어드는 와중에 PeCos One 개인용 컴퓨터까지 실패하면서 자금이 부족해진 APF는 새로운 게임기를 팔기 위한 광고와 게임기의 보급에 어려움을 겪었다. 반응이 신통치 않자 APF는 MP1000을 키보드를 추가해 컴퓨터로 판매하는 것으로 판매 방향을 바꿨다.

모든 MP1000에는 〈로켓 패트롤(Rocket Patrol)〉 게임이 포함돼 있었다.

초기의 가정용 컴퓨터는 프로그램을 저장하고 불러오는 데 주로 카세트 테이프를 사용했다.

APF 이매지네이션 머신

이매지네이션 머신Imagination Machine은 MP1000을 완전한 컴퓨터로 바꾸는 키보드 추가 장치였다. 이 추가 장치에는 8KB의 추가 RAM과 베이직 프로그램을 저장하고 불러올 수 있는 카세트 드라이브가 포함돼 있다. 키보드 뒤에 위치한 옵션 도크로 시스템을 확장할 수 있었고, 8KB의 메모리를 추가로 장착하거나 음향 모뎀 혹은 플로피 디스크 드라이브를 연결할 수도 있었다. 이매지네이션 머신은 MP1000을 포함해 599달러밖에 안 되는 가격으로 1979년 후반 가장 싼 컴퓨터로 출시됐다. 키보드와 게임기를 하나의 유닛으로 합친 새로운 유선형 디자인의 이매지네이션 머신 II는 1981년에 완성됐지만 같은 해 재정적인 문제로 APF가 문을 닫으며 출시되지 못했다.

비디오브레인

1978

출시 가격: $499	**판매량:** 2만–2만 5천 대(추정)
프로세서: 1.79MHz 속도의 페어차일드 F8	**RAM:** 1KB
색상: 16	**출시된 게임:** 15종 이상

비디오브레인VideoBrain은 캘리포니아의 컴퓨터 제조 업체인 움텍Umtech이 개발한 가정용 컴퓨터다. 2개의 조이스틱을 함께 제공했으며 적은 숫자의 비즈니스, 교육, 게임 타이틀을 실행할 수 있는 롬 카트리지를 사용했다. 움텍은 비디오브레인을 단순한 인터페이스와 미리 준비된 소프트웨어로 모든 연령대가 사용하기 쉬운 컴퓨터로 설계했다. 그러나 당시 가정용 컴퓨터 시장은 다양한 기능, 베이직 프로그래밍 지원, 카세트 테이프 같은 가격이 싸며, 읽고 쓸 수 있는 미디어들을 중요하게 여기는 취미인들이 주도하고 있었다. 결국 고객을 찾지 못한 비디오브레인은 1년만에 판매가 중단됐다.

전직 페어차일드 엔지니어가 설계한 비디오브레인은 채널 F와 같은 F8 프로세스를 사용했다.

인터톤 VC 4000

1978

출시 가격: 500DM(독일 마르크)	**판매량:** 5만 대 이상(추정), VC 4000개
프로세서: 0.89MHz 속도의 시그네틱스 2650A	**RAM:** 37bytes
색상: 8	**출시된 게임:** 35종 이상

VC 4000은 독일의 전자 회사인 인터톤Interton이 출시한 유럽의 게임기로, 유럽과 아시아 전역에 걸쳐 여러 회사에 의해 복제돼 판매된 게임기 중 첫 번째로 만들어진 게임기였다. 이 게임기들은 필립스의 시그네틱스 칩 공정 기반으로 제작됐다. 또한 제조 업체들이 만들 수 있는 기성 디자인을 사용했고, 완성된 게임기나 스스로 만드는 컴퓨터 키트로 사용됐다. VC4000과 복제품들은 인기있는 게임, 아케이드 게임과 비슷하게 만들어진 게임 라이브러리를 공유했다. 이 게임기들은 게임 시장에 지속적으로 영향을 미치는 데 실패했고, 첫 출시 후 대부분 버려졌다.

VC 4000의 복제품으로는
구룬디그 슈퍼플레이 4000(Grundig Super Play 4000),
하니멕스(Hanimex) HMG-1292,
아스트로닉(Acetronic) MPU 1000 등이 있다.

유니소닉 챔피언 2711

1978

출시 가격: $149	**판매량:** 500~1000대(추정)
프로세서: 2MHz 속도의 GI AY-3-8880	**RAM:** 256bytes
색상: 2(흑백)	**출시된 게임:** 4종의 게임 합팩 카트리지

글자와 숫자, 기호와 카드를 정해진 열에만 표시할 수 있는 그래픽 프로세서를 중심으로 제작된 챔피언 2711 Champion 2711은 주로 카드 게임만 할 수 있었다. 바카라와 블랙잭은 게임기에 포함돼 있었으며 포커, 빙고, 짝맞추기 같은 타이틀은 따로 이용할 수 있었다. 챔피언 2711은 출시 직 후 미국 〈퐁〉 시장이 붕괴하는 바람에 유니소닉Unisonic은 빠르게 시장에서 철수할 수밖에 없었고, 짧은 기간 동안 한정된 수량밖에 팔리지 않았다.

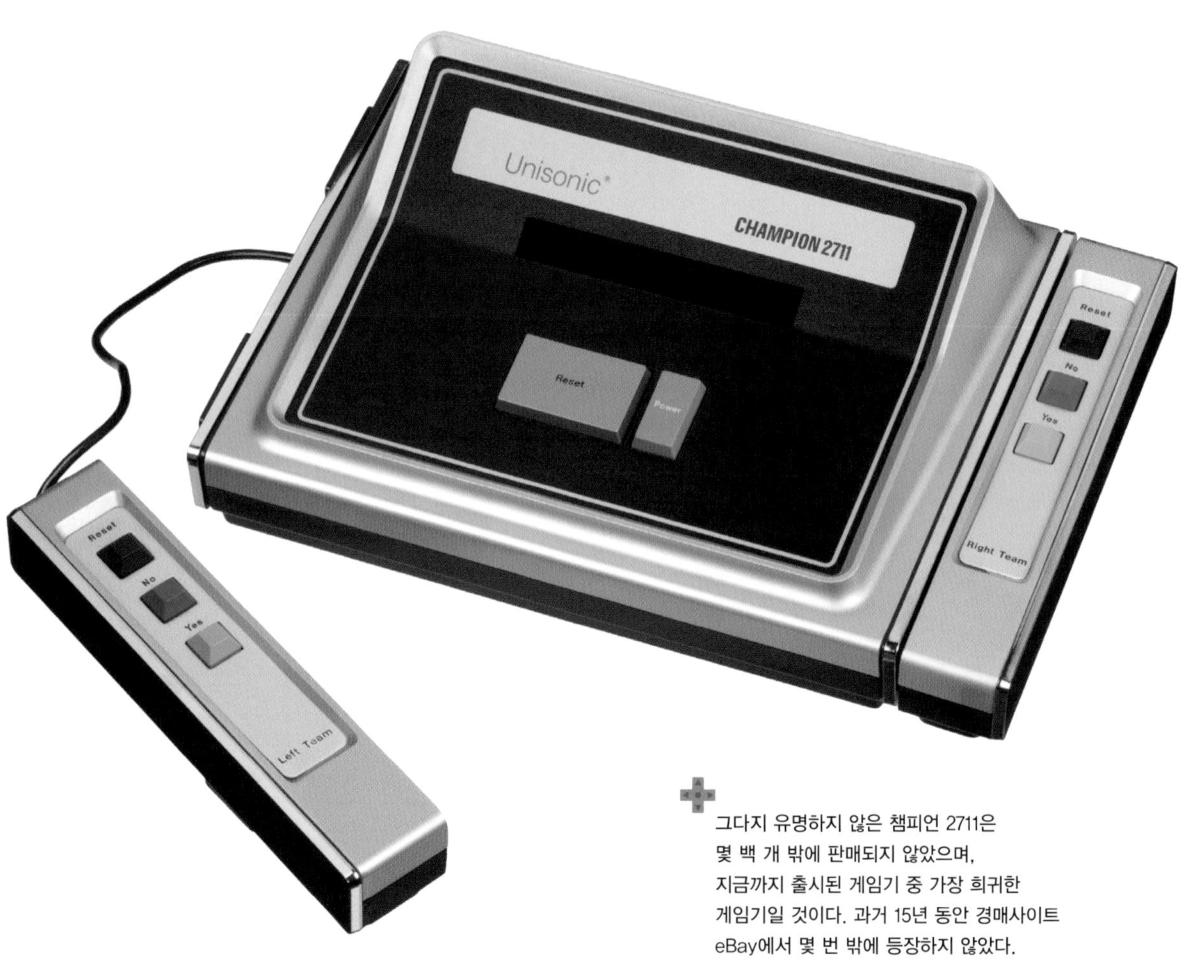

그다지 유명하지 않은 챔피언 2711은 몇 백 개 밖에 판매되지 않았으며, 지금까지 출시된 게임기 중 가장 희귀한 게임기일 것이다. 과거 15년 동안 경매사이트 eBay에서 몇 번 밖에 등장하지 않았다.

마이크로비전

1979

출시 가격: $49	**판매량:** 7만 대 이상(추정)
프로세서: 인텔 8021 혹은 TI TMS1100(카트리지)	**RAM:** 64bytes
색상: 2(흑백)	**출시된 게임:** 12종

마이크로비전Microvision은 최초의 휴대용 카트리지 기반 게임기다. 미국의 장난감과 보드게임 회사인 밀턴 브래들리Milton Bradley가 제작한 마이크로비전은 야심차게 기획됐지만 1970년대 후반의 기술에 발목이 잡혔다. 건전지로 동작해야 하는 프로세서와 액정 디스플레이LCD의 한계로 마이크로비전은 9V 건전지와 16×16 픽셀 해상도만을 지원했다. 하지만 당시 휴대용 기기에 대한 기대가 낮았기 때문에 사람들은 마이크로비전의 빠르고 간단한 게임들을 즐겼다. 초기에 짧게 판매가 호조를 보였으나 곧 관심은 식었고, 1981년 단종됐다.

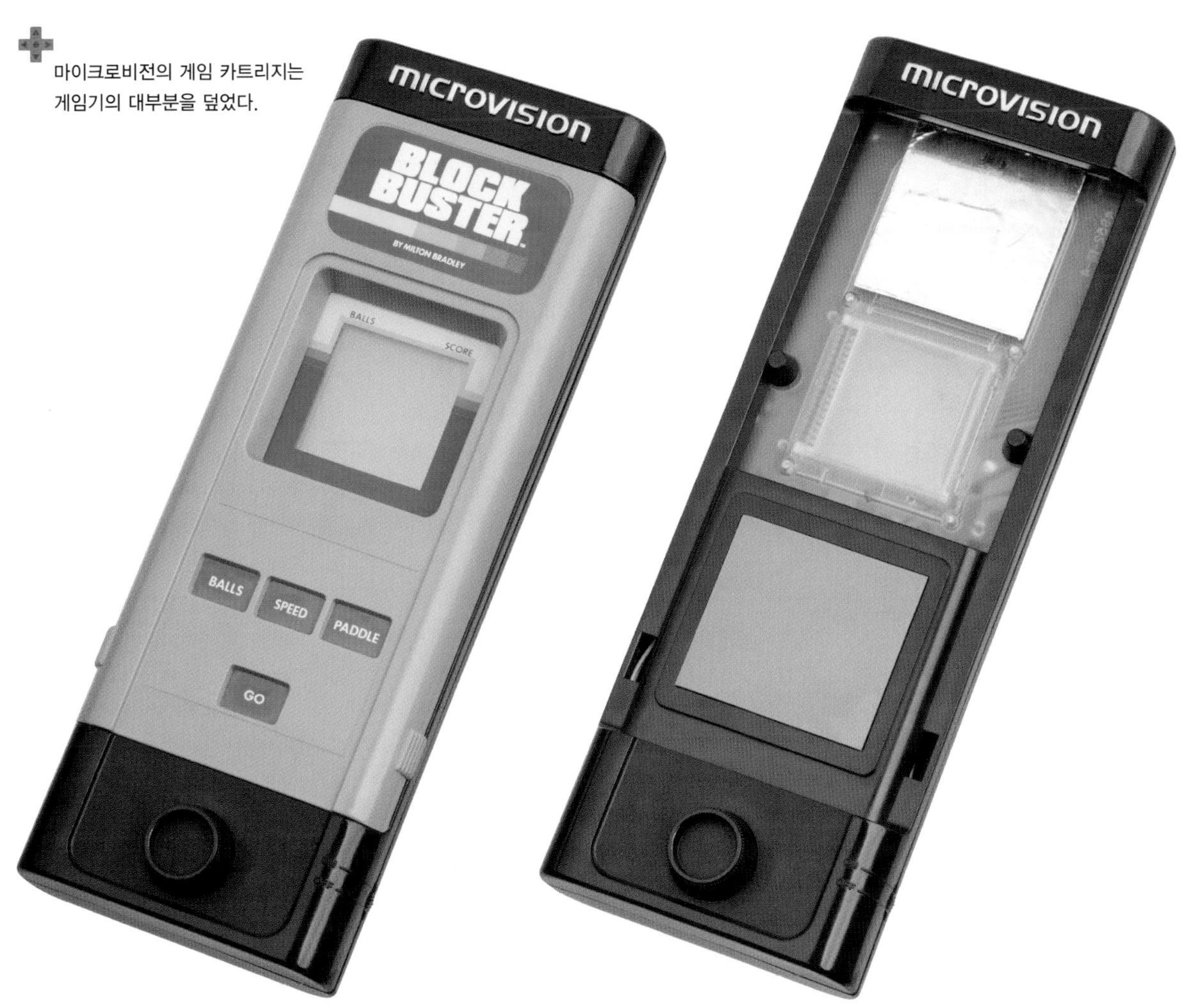

마이크로비전의 게임 카트리지는 게임기의 대부분을 덮었다.

아타리 800

1979

출시 가격: $999	**판매량:** 250만~300만 대(전체 모델)
프로세서: 속도 1.79MHz의 MOS 6502	**RAM:** 8KB ~ 48KB(확장 가능)
색상: CTIA: 128, GTIA: 256	**출시된 게임:** 1000종 이상

아타리 800은 게임 회사 아타리가 만든 8비트 가정용 컴퓨터 제품군 중 첫 번째 제품이다. 비디오브레인처럼 아타리의 8비트 컴퓨터들은 주로 카트리지에 담은 퍼스트파티 프로그램과 게임을 제공했지만, 플로피 디스크와 카세트 드라이브도 사용할 수 있었다. 아타리의 8비트 컴퓨터들은 화려한 그래픽과 사운드와 게임 지원으로 당시 컴퓨터들과 비교됐으며, 전문가를 위한 업무용 컴퓨터가 아니라 게임을 즐길 수 있는 취미용 컴퓨터라는 평판을 얻었다. 코모도어 64가 출시돼 최고의 게임 플랫폼으로 자리잡았을 때, 아타리의 컴퓨터 성장은 정체됐고, 이전의 명성을 되찾지 못했다.

아타리 800은 두 개의 카트리지 슬롯과 네 개의 컨트롤러 포트가 있었다.

800XL과 130XE 모두 내장된 아타리 베이직이 제공됐다.

아타리 XL과 XE 컴퓨터

아타리의 8비트 컴퓨터 제품군은 출시 후 12년간 여러 번 변화가 있었다. 금방 단종된 아타리 1200XL은 1983년에 구형 800 모델보다 비싼 가격으로 출시됐지만 적은 기능을 가지고 있다는 비판을 받았다. 코모도어 64와 VIC-20과 직접 경쟁하는, 작고 더 매끈한 디자인을 가진 600XL과 800XL이 빠르게 1200XL의 뒤를 이었다. 아타리 8비트 컴퓨터들은 1985년 내장 메모리를 128kKB로 확장했고, 생산가를 줄인 65XE와 130XE로 다시 현대화됐다. 이 제품군의 마지막 제품은 102페이지에 수록된 XE의 게임기 버전이었다.

인텔리비전

1980

출시 가격: $269~$299	**판매량:** 300만 대 이상
프로세서: 속도 0.895MHz의 GI CP1610	**RAM:** 1456bytes
색상: 16	**출시된 게임:** 125종 이상

인텔리비전Intellivision은 장난감 회사인 마텔이 만든 게임기로, 아타리 2600을 대체할 만한 수준 높고 더 비싼 대체품이었다. 마텔은 인텔리비전의 아타리 2600에 비해 강력한 사운드와 정교한 그래픽을 강조하며 두 개의 게임기를 비교하는 공격적인 광고 캠페인을 벌였다. 이러한 광고는 스포츠와 전략 중심의 강력한 게임군과 함께 인텔리비전을 아타리의 주요 라이벌로 인식시켰다. 마텔의 게임기는 아타리 2600의 시장 점유율을 조금 갉아먹었지만, 괴물이었던 아타리의 진정한 경쟁자가 될 수는 없었으나 다른 게임기들을 제치고 2위를 차지했다.

인텔리비전은 1979년에 시험 판매됐고, 1980년에 전국에 출시됐다.

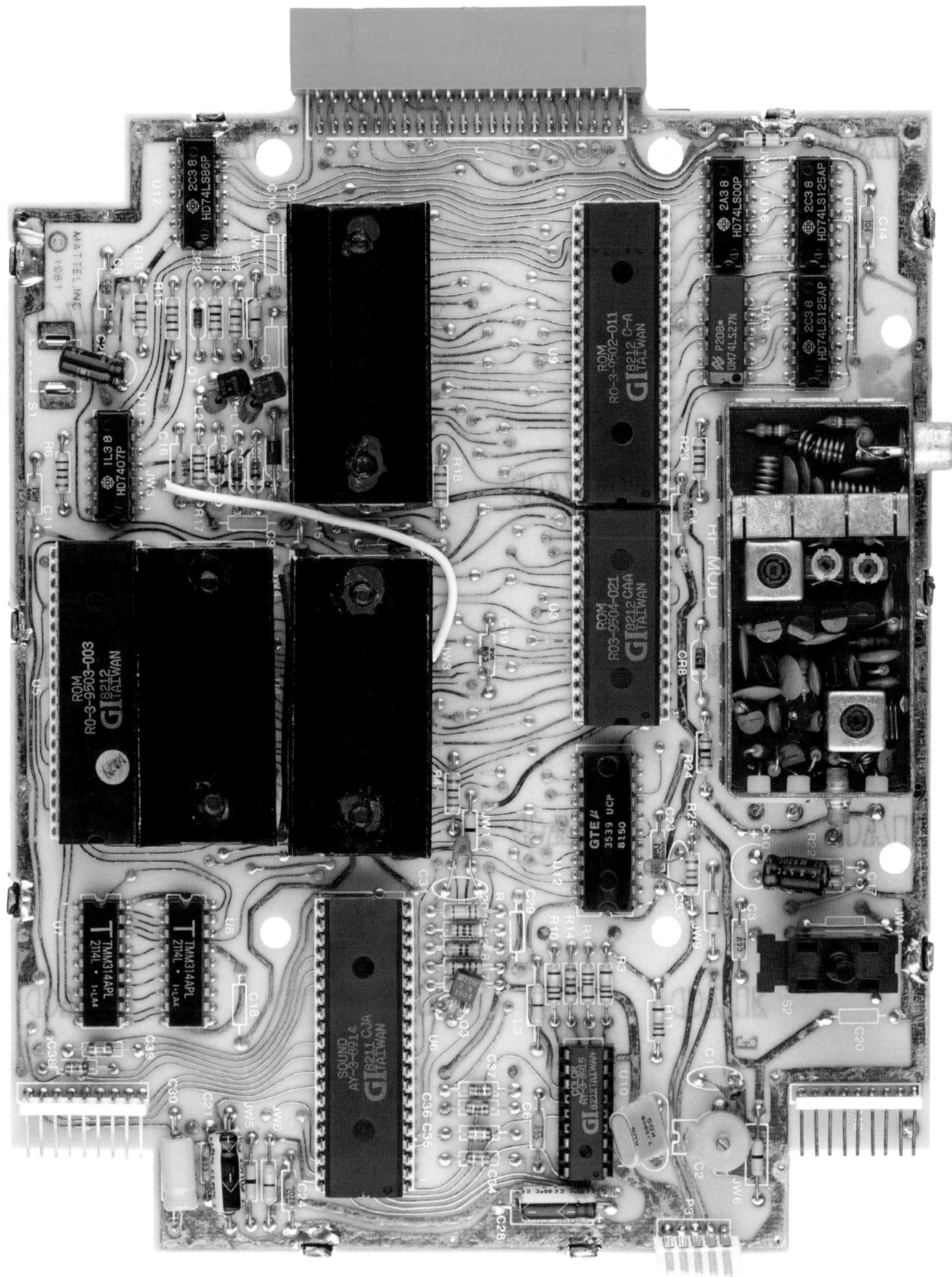

마텔 키보드 부속품은 4000개 미만으로 시장에 판매됐으며, 실제로 구매되거나 지금까지 존재하는 것은 더 적다.

키보드 추가 장치

인텔리비전 키보드 추가 장치는 악명 높고 매우 희귀한 게임기를 컴퓨터로 바꿔주는 추가 장비였다. 인텔리비전 출시 초기에 발표됐지만 생산비용을 낮추기 위해 씨름하느라 출시가 늦어졌다. 첫 번째 키보드 추가 장치는 1980년 말 매우 작은 시험용 시장에 판매됐고, 이후 시애틀과 뉴오를리앙의 적은 수의 가게에서만 판매됐다. 마텔은 인텔리비전이 컴퓨터 기능을 가지고 있다고 광고했지만 키보드 추가 장비를 대량 생산해 판매할 수 없었기 때문에 공정위로부터 법적 조치와 경고를 받았다. 키보드 부속품은 대규모 출시를 하기에는 너무 비싸고 쓸 만하지 않았기에 마텔은 생산을 중단하고 1982년 더 간단한 버전을 출시했다.

인텔리비전 II와 마텔의 운명

마텔은 1983년 초에 제거 가능한 컨트롤러와 외부 전원 공급장치를 갖추고 원래 인텔리비전을 작고 현대적으로 보이도록 새로 디자인한 인텔리비전 II를 출시했다. 게임기 출시 몇 달 후 게임 업계는 비디오 게임 시장 붕괴로 타격을 받았고, 마텔의 게임 부문에 상당한 손해를 입혔다. 마텔은 극적인 가격 인하, 정리해고, 내부 구조 조정 이후에도 1983년 말까지 수억의 손실을 입었고, 이로 인해 회사는 인텔리비전을 매각하고 게임 산업에서 철수했다.

인텔리비전의 추가 부품에는 음성 합성 모듈, 모뎀, 음악 키보드, 컴퓨터 키보드 확장, 심지어 아타리 2600 게임을 할 수 있는 어댑터가 포함됐다.

닌텐도 게임 & 워치

1980

출시 가격: $24.99~$34.99	판매량: 4300만 대
프로세서: 다양한 샤프 SM5xx	RAM: 없음
색상: 2(흑백, 혹은 덧씌워진 추가 색상)	출시된 게임: 50종 이상

게임 & 워치Game & Watch 시리즈는 닌텐도가 10년 동안 제작한 50개 이상의 독립된 휴대용 혹은 테이블 거치용 게임 모음이다. 게임 & 워치 시리즈는 움직인다고 착각하게 하기 위해서 LCD 화면 위에 고정된 그래픽을 깜박이는 방식으로 휴대용 계산기의 기술을 영리하게 재활용했다. 이 장치들은 이전의 LED 기반 휴대용 게임기보다 적은 전력과 싼 가격, 크기가 매우 작으며 경쟁 제조사들은 이러한 디자인을 빠르게 모방했다. 게임 & 워치 시리즈는 시간이 지나면서 듀얼 스크린 시스템, 2인용 마이크로 Vs. 시리즈, 거울을 이용한 총천연색의 파노라마 모델 그리고 뒤가 비쳐 보이는 희귀한 크리스탈 시리즈로 늘어났다.

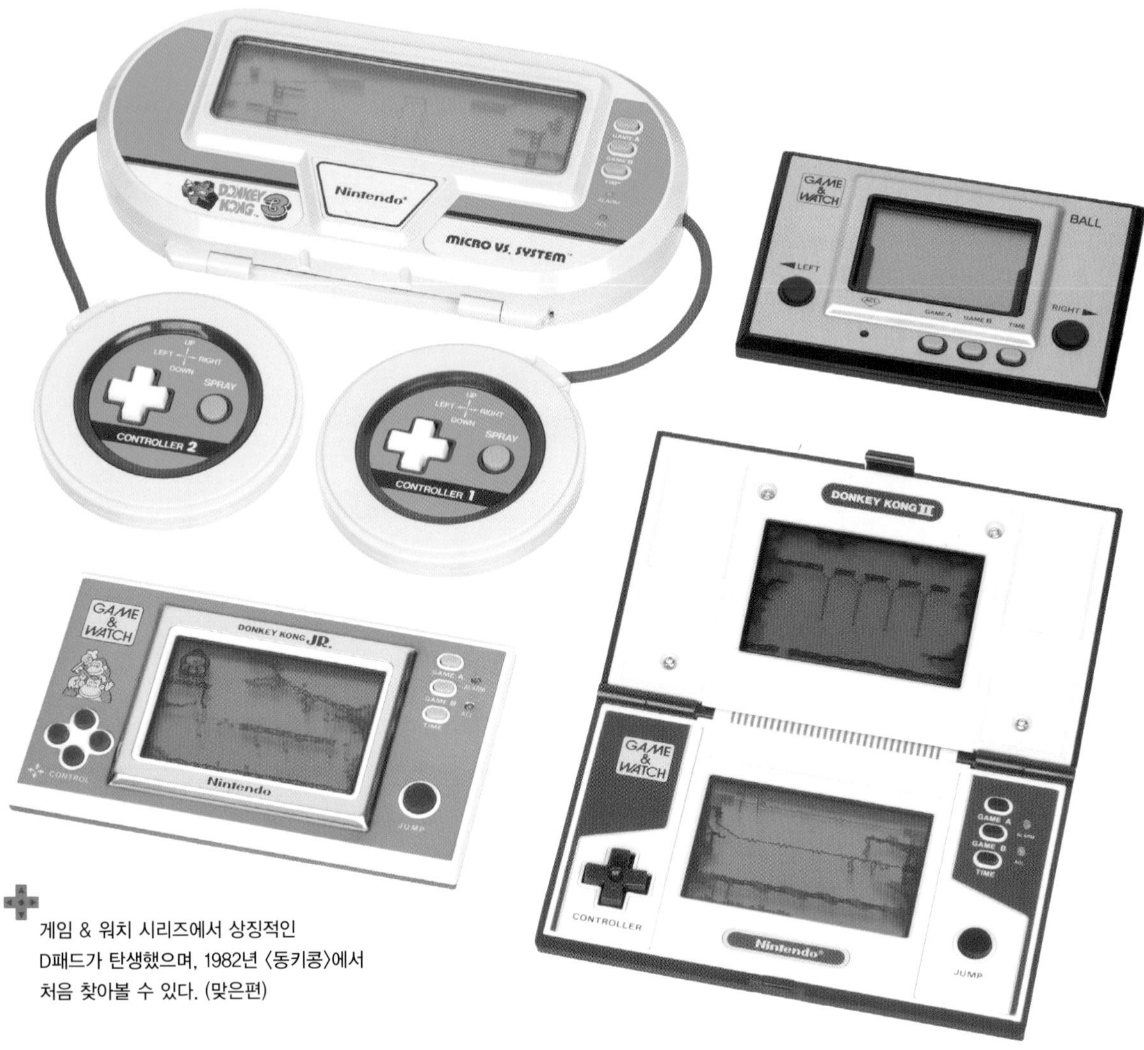

게임 & 워치 시리즈에서 상징적인 D패드가 탄생했으며, 1982년 〈동키콩〉에서 처음 찾아볼 수 있다. (맞은편)

DONKEY KONG
GAME & WATCH
GAME A
ALARM
GAME B
ACL
TIME
START
JUMP
CONTROLLER
Nintendo®
AM 12:00

에폭 카세트 비전

1981

출시 가격: ¥13,500	**판매량:** 30만~40만 대(추정)
프로세서: 카트리지 위의 NEC uPD77xC	**RAM:** 없음
색상: 8	**출시된 게임:** 11종

카세트 비전Cassette Vision은 장난감 회사 에폭Epoch이 일본에 독점으로 출시한 게임기다. 텔스타 아케이드와 비슷하게 카세트 비전은 사용자 입력 장치를 게임기 자체에 배치하고 게임기의 메인 프로세서를 게임 카트리지에 넣었다. 카세트 비전의 그래픽은 초기 2세대 게임기나 개량된 퐁 게임기와 비슷한 저해상도에 원시적이고 구식이었다. 이러한 한계에도 에폭의 저렴한 카세트 비전과 적은 종류의 간단한 게임들은 일본 게이머들에게 잘 팔렸으며, 1983년에 출시된 생산 비용을 줄인 게임기의 미니 버전 역시 잘 팔렸다.

에폭은 1980년대 초 미국에서 LCD 휴대용 게임기로 가장 잘 알려진 일본 회사였다.

엔텍스 셀렉트 어 게임

1981

출시 가격: $59	**판매량:** 5천~1만 5천 대(추정)
프로세서: 카트리지 위의 히타치 HD38800	**RAM:** 없음
색상: 2(적청)	**출시된 게임:** 6종

셀렉트 어 게임Select-A-Game은 1980년대 초의 손에 쥐거나 테이블 위에 놓고 즐길 수 있는 게임기로 유명한 미국의 장난감 회사인 엔텍스Entex가 만든 휴대용 게임기다. 한 게임만 플레이할 수 있는 게임기와 달리 교환할 수 있는 카트리지로 여러 가지 게임을 할 수 있었다. 다른 많은 엔텍스 휴대용 스포츠 게임기와 같이 셀렉트 어 게임도 조종기가 두 개 달려서 대부분의 게임들을 두 명이 마주보고 게임을 할 수 있었다. 게임기의 수명은 짧았다. 엔텍스가 추가 게임과 더 큰 테이블에 놓고 플레이할 수 있는 버전의 생산을 중단하는 데까지 1년도 걸리지 않았다.

셀렉트 어 게임에는 네 가지 야구, 핀볼, 두 가지 〈팩맨〉, 네 가지 풋볼, 세 가지 농구, 두 가지 〈스페이스 인베이더〉까지 6개 게임만 출시됐다.

코모도어 VIC-20

1981

출시 가격: $299	**판매량:** 250만 대(추정)
프로세서: 1.02MHz 속도의 MOS 6502(NTSC)	**RAM:** 5KB(확장 가능)
색상: 16	**출시된 게임:** 400종 이상

VIC-20은 계산기에서 초기 컴퓨터 시장으로 업종을 전환한 미국의 전자 제품 제조 업체인 코모도어Commodore의 가정용 컴퓨터다. 코모도어는 가장 많은 고객을 대상으로 한 저가 제품에 주력했으며, 고객들이 자사의 VIC-20을 일반 소매점과 백화점에서 구입할 수 있기를 원했다. 당시 컴퓨터에 비해 VIC-20은 작고 저렴하며 쉽게 구할 수 있었다. 젊은 컴퓨터 애호가들과 가정에 히트한 VIC-20은 모든 세대에 개인용 컴퓨터를 소개하며 큰 성공을 거뒀지만, 이러한 성과는 얼마 지나지 않아 나온 코모도어의 다음 컴퓨터인 코모도어 64에 가려졌다.

VIC-20은 비디오 인터페이스 칩(Video Interface Chip)을 의미하는 맞춤형 그래픽과 사운드 프로세서로부터 이름을 따왔다.

에머슨 아카디아 2001

1982

출시 가격: $129	**판매량:** 2만~3만 대(추정)
프로세서: 시그네틱스 2650A	**RAM:** 1KB
색상: 8	**출시된 게임:** 24종(아카디아 2001의 경우만)

아카디아Arcadia 2001은 미국의 에머슨 일렉트릭 컴퍼니Emerson Electric Company가 판매한 게임기다. 인터톤 VC 4000과 마찬가지로 아르카디아 2001은 필립스의 시그네틱스 칩을 기반으로 한 유럽과 아시아의 복제 게임기 제품들의 시초였다. 1982년 후반에 출시된 아카디아 2001은 아타리 5200과 콜레코비전 같은 새롭고 강력한 게임기가 출시되면서 뻔한 경험을 하게 하는 구식이 됐다. 경쟁이 치열한 게임기 시장에서 아카디아 2001은 주목받지 못했고, 에머슨은 재빨리 시스템을 덤핑 판매해버리고 게임 시장을 완전히 떠났다.

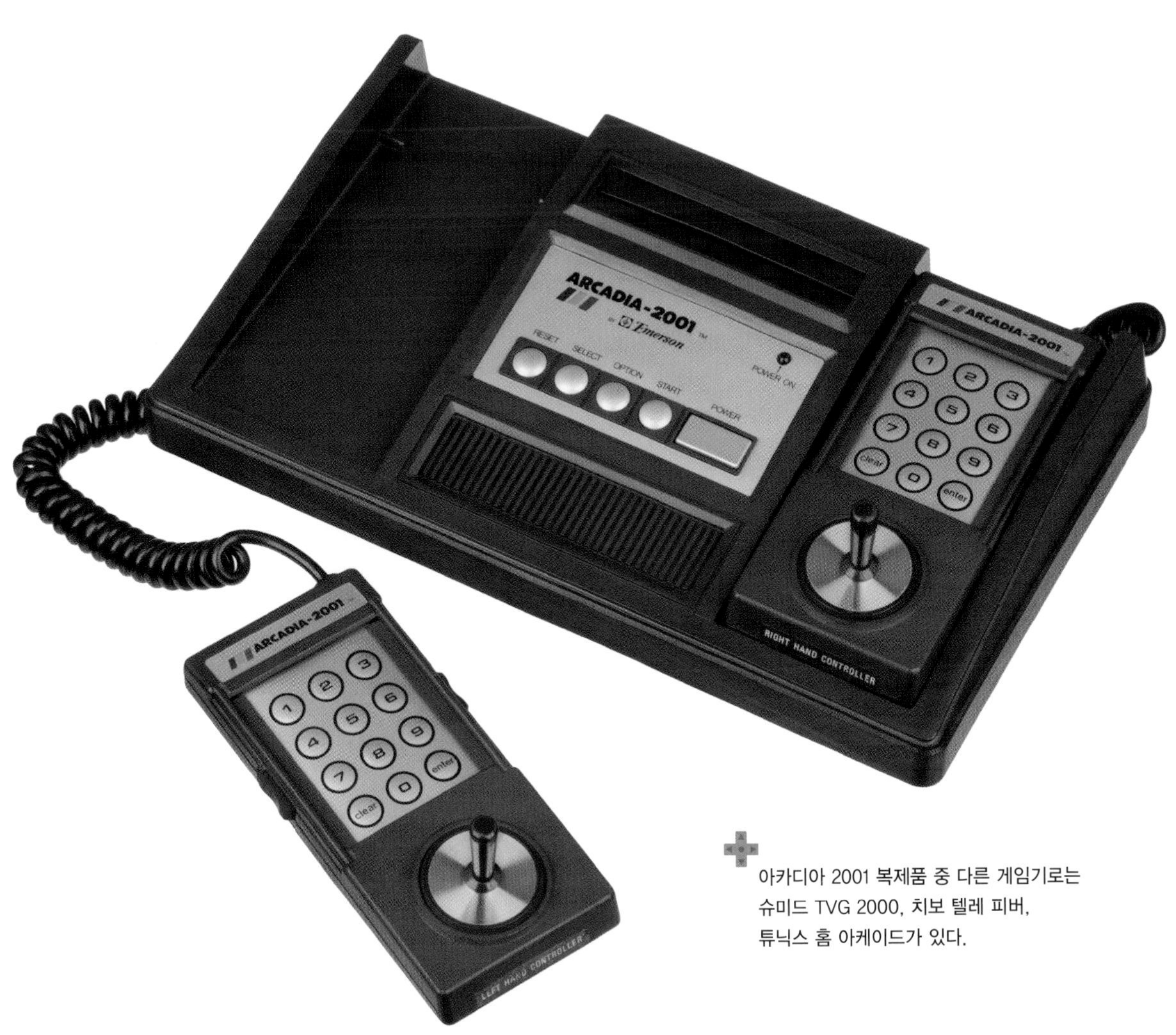

아카디아 2001 복제품 중 다른 게임기로는 슈미드 TVG 2000, 치보 텔레 피버, 튜닉스 홈 아케이드가 있다.

ZX 스펙트럼

1982

출시 가격: £125(16KB), £175(48KB)	**판매량:** 400만~500만 대
프로세서: 3.5MHz 속도의 자일로그 Z80A	**RAM:** 16KB, 48KB, 128KB(확장 가능)
색상: 15	**출시된 게임:** 1500종 이상

ZX 스펙트럼[ZX Spectrum](제트엑스로 발음됨)은 영국 전자 회사인 싱클레어 리서치[Sinclair Research]의 자일로그[Zilog] Z80 기반 컴퓨터 제품군 중 세 번째로 출시됐으며 가장 성공한 컴퓨터였다. 싱클레어는 가격을 우선해 최소한의 기능을 집어넣었지만 경쟁사들과 비교해도 손색이 없는 컴퓨터였다. 1982년 ZX 스펙트럼이 출시되면서, 이 저렴한 컴퓨터는 자체 제작 게임의 시장을 만들어낸 젊은 프로그래머와 게이머와 함께 시장에 자리를 잡았다. 유럽에서 가장 인기있었던 8비트 컴퓨터 중 하나인 ZX 스펙트럼은 1992년 공식적으로 단종될 때까지 1980년대에 계속 수정 버전과 업그레이드 모델이 나왔다.

게임기가 출시된 후 여러 ZX 스펙트럼 모델이 나왔으며, 일부는 128KB RAM과 카세트 드라이브가 들어 있었다.

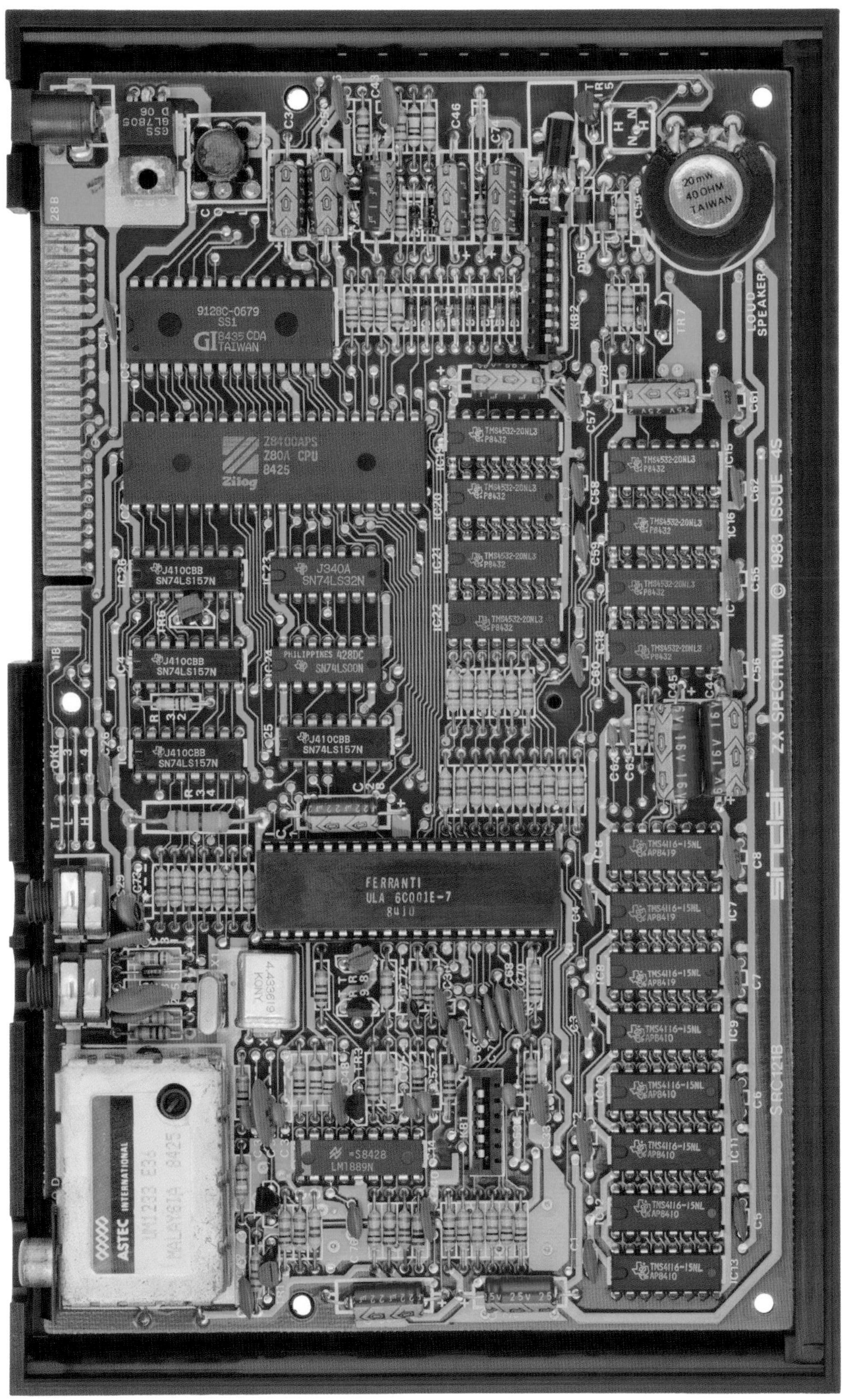

9128C-0679
SS1
GI 8435 CDA
TAIWAN
Z8400APS
Z80A CPU
8425
Zilog
J410CBB
SN74LS157N
J340A
SN74LS32N
PHILIPPINES 428DC
SN74LS00N
TMS4532-20NL3
P8432
FERRANTI
ULA 6C001E-7
8410
TMS4116-15NL
AP8419
AP8410
20mW
40 OHM
TAIWAN
LOUD SPEAKER
sinclair ZX SPECTRUM © 1983 ISSUE 4S
S RC121B
4.433619
KONY
LM1889N
ASTEC INTERNATIONAL
UM1233 E36
MALAYSIA 8425

코모도어 64

1982

출시 가격: $595	**판매량:** 1700만 대 이상
프로세서: 1MHz 속도의 MOS 6510	**RAM:** 16KB, 48KB, 128KB(확장 가능)
색상: 16	**출시된 게임:** 2천종 이상

코모도어 64는 인기 제품인 VIC-20의 후속작으로 출시됐으며 다른 컴퓨터에 비해 저렴하고 성능이 좋았다. 코모도어 64는 64KB의 메모리와 6502 프로세서의 개선된 버전, 그래픽과 사운드를 위한 맞춤형 MOS 칩이 특징이었다. 출시 당시 좋은 반응을 얻었고, 뛰어난 게임기 기능으로 많은 팬을 얻었다. 이어서 가격을 인하하며 큰 규모의 소매점에서 판매했다. 또한 다른 컴퓨터들보다 뛰어난 기능을 가지고 있었다. 게임 플랫폼으로 컴퓨터가 인기를 얻으면서 코모도어 64는 히트를 쳤고, 역사상 가장 많이 팔린 컴퓨터가 됐다.

칩 제조 업체 MOS를 가진 코모도어는 저렴한 맞춤형 칩에 쉽게 접근할 수 있었다.

코모도어 64C는 코모도어 64를
더 얇은 케이스로 리모델링한 것이다.

C64 게임 시스템(1990)은 게임기 시장에
어필하고자 만들어진 기능을 줄이고
카트리지만 남긴 버전이었다.

코모도어 64C와 C64 게임 시스템

코모도어 64는 놀라운 인기 덕분에 10년 넘게 생산됐다. 코모도어 64는 그 수명이 다할 때까지 1987년에 나온 코모도어 64C와 같이 여러 차례 개선됐고 파생 제품이 나왔다. 코모도어 64C는 C64의 상징적이었던 빵 보관함 같은 디자인을 버리고 좀 더 현대적이고 미적인 디자인으로 변경됐다. 3년 후 코모도어는 C64의 게임 시스템으로 C64를 게임기로 재포장해 유럽에 판매하려고 시도했다. 다만 표준 C64의 키보드를 제거하고 카세트 테이프 포트가 막히면서 C64의 게임 시스템의 기존 소프트웨어와의 호환성이 크게 제한됐다. 이 게임기는 악명 높은 실패작이 됐고, 너무 적게 판매돼, 이제는 많은 레트로 게임기 수집가의 성배가 됐다.

벡트렉스

1982

출시 가격: $199 | **판매량:** 7만 5천~10만 대(추정)

프로세서: 1.6MHz 속도의 모토롤라 68A09 | **RAM:** 1KB

색상: 2(흑백) | **출시된 게임:** 28종

벡트렉스Vectrex는 9인치 텔레비전 화면이 내장된 특이한 게임기다. 이 게임기의 전용 화면은 〈배틀존Battlezone〉과 〈아스트로이드Asteroids〉 같은 아케이드 게임에서 볼 수 있던 검은 배경에 부드러운 흰 선을 그리는 벡트렉스의 벡터 그래픽을 렌더링하는 데 필요했다. 그 결과 기존의 스프라이트 기반의 그래픽과 비교했을 때 독특했다. 하지만 화면이 흑백으로 제한됐고, 벡트렉스는 컬러 스크린 덮개로 이를 해결하려고 했다. 이 게임기는 잠재력이 있으며 현재도 여전히 활동하고 있는 열성적인 팬들이 존재한다. 하지만 1983년 비디오 게임 시장 붕괴로 게임기의 수명이 줄어들었고, 1984년 단종됐다.

벡트렉스 컨트롤러는 사용하지 않을 때 화면 아래에 보관한다.

벡트렉스는 벡터 그래픽을 위해
개조된 표준 흑백 텔레비전
브라운관을 사용했다.

콜레코비전

1982

출시 가격: $179~$199	**판매량:** 200만 대 이상
프로세서: 1.6MHz 속도의 모토롤라 68A09	**RAM:** 1KB **VRAM:** 16KB
색상: 16	**출시된 게임:** 130종 이상

〈퐁〉 시장의 붕괴로 인해 콜레코의 텔스타 게임기 생산을 종료한지 4년쯤 지난 후, 콜레코는 콜레코비전 ColecoVision으로 TV 게임 시장에 복귀했다. 새 게임기의 그래픽은 2600과 인텔리비전 같은 구형 게임기를 훨씬 뛰어넘었고, 게임기에는 그해 가장 인기있는 오락실 게임이었던 〈동키콩〉이 고품질로 포팅돼 들어 있었다. 이 조합은 콜레코비전을 반드시 사야하는 게임기로 빠르게 자리잡았고, 시장 문제가 다가오고 있음에도 매출이 급증했다. 그러나 1984년 초에 시장이 붕괴됐고, 콜레코는 1985년에 게임기 생산을 중단할 수밖에 없었다. 이후에 발생한 문제들로 1988년 회사는 문을 닫았다.

Z80A CPU와 개선된 비디오 프로세서를 갖춘 콜레코비전의 성능은 초기 3세대 콘솔과 더 비슷했다.

콜레코비전 컨트롤러는 측면의
작은 틈을 통해 숫자 패드를 덮개를
집어넣어 사용할 수 있도록 했다.

모듈 1번과 모듈 3번이 기능을 확장했다면 모듈 2번(305페이지)은 그냥 대체 게임 컨트롤러였다.

콜레코비전 확장 모듈 1번

지금 보기엔 미친 것 같지만, 콜레코와 마텔은 자사의 게임기에서 아타리 2600 게임을 실행할 수 있도록 하는 추가 장치를 출시했다. 당시 2600의 엄청난 성공과 많은 게임을 지원하는 것으로 인해 아타리 호환은 긍정적으로 여겨졌다. 콜레코 확장 모듈 1번은 2600 카트리지를 플레이하기 위해 기성부품과 아타리 2600의 전용 텔레비전 인터페이스 어댑터[TIA] 칩을 사용했다. 아타리는 이 확장 부품 때문에 3억 5천만 달러 소송을 제기했으며, 콜레코는 독점금지법 위반을 주장하는 5억 달러 맞소송을 제기했다. 두 회사는 법정 밖에서 합의했고, 콜레코는 아타리에게 라이선스 비용과 로열티를 제공하기로 합의했다.

콜레코 확장 모듈 3번 ADAM

콜레코의 ADAM 컴퓨터 플랫폼은 1983년에 콜레코비전의 추가 기능, 혹은 단독 시스템으로 출시됐다. ADAM 컴퓨터는 콜레코비전 게임을 실행할 수 있고, 베이직 프로그래밍을 지원했으며, 적은 수의 생산성 및 교육 프로그램 제품들이 있었다. 마텔의 인텔리비전 키보드 부품처럼 ADAM 컴퓨터는 시장에 출시하기 어려웠다. 생산과 안정성 문제로 콜레코는 여러 번 출시 날짜를 놓쳤고, 시장에 출시된 몇 대는 하드웨어 결함으로 자주 반품됐다. ADAM은 콜레코에게 수천만 달러의 손실을 끼친 재앙이었고, 1983년의 시장 붕괴와 함께 회사가 게임과 컴퓨터 산업에서 떠나는 결과를 가져왔다.

ADAM에는 컴퓨터 전체의 전원 공급장치가 들어 있는 대형 데이지 휠 프린터가 들어 있었다.

아타리 5200

출시 가격: $199~249	**판매량:** 1백만 대 이상
프로세서: 1.6MHz 속도의 모토롤라 68A09	**RAM:** 16KB
색상: 256	**출시된 게임:** 69종

아타리 5200은 아타리의 8비트 제품군을 재포장해 약간 수정된 버전이다. 게임기의 인상적인 그래픽과 사운드와 아타리의 강력한 이름값에도 불구하고 5200은 2600의 성공을 재현하는 데 실패했다. 5200에서 할 수 있는 게임들은 대부분 다른 게임기에서도 즐길 수 있는 아케이드 게임들을 포팅한 아타리의 8비트 게임들이었기 때문에 5200만의 장점이 부족했다. 아타리와 대부분의 게임 개발자들은 여전히 인기있는 2600에 집중했고, 5200은 시장에서 자리잡기 위해 고군분투했으나 1983년 시장 붕괴 이후 아타리가 엉망이 되면서 버려졌다.

아타리의 5200은 2600의 진정한 후속작보다는 많은 2600 게임의 고품질 버전을 제공하는 고사양 동반자였다.

아타리 5200은 컨트롤러 보관함이 내장된 큰 게임기 중 하나다.

아타리 5200 트랙-볼 컨트롤러

트랙볼Trak-Ball은 〈미사일 커맨드Missile Command〉와 〈센티피드Centipede〉 같은 1980년대 초기 아케이드 게임 중 일부에서 쓰이는 대체 조종 방식이다. 많은 2, 3세대 가정용 게임기가 전용 트랙볼 컨트롤러를 가지고 있었지만 5200의 공식 트랙-볼 컨트롤러처럼 크거나 지나친 정도는 아니었다.

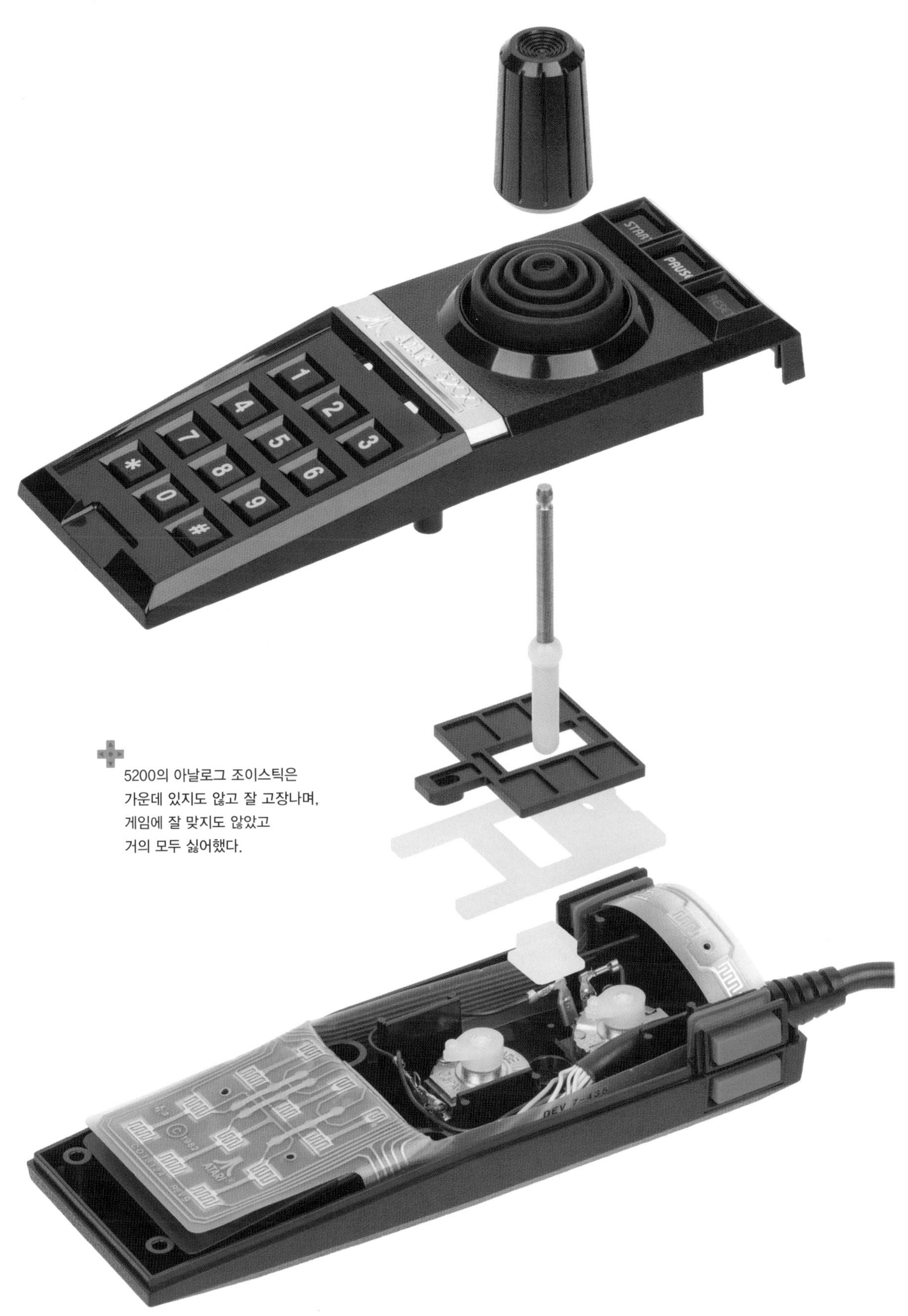

5200의 아날로그 조이스틱은
가운데 있지도 않고 잘 고장나며,
게임에 잘 맞지도 않았고
거의 모두 싫어했다.

브이텍 크리에이티비전

1982

출시 가격: $295	**판매량:** 5만~7만 대(추정)
프로세서: 2MHz 속도의 락웰 6502	**RAM:** 1KB **VRAM:** 16KB
색상: 16	**출시된 게임:** 20종

크리에이티비전CreatiVision은 홍콩 전자 회사인 브이텍VTech이 유럽, 아시아, 호주에서 출시한 컴퓨터 겸 게임기다. 크리에이티비전은 괜찮은 하드웨어와 게임 성능을 가지고 있었지만, 수많은 컴퓨터와 게임기 사이에서 눈에 띄지 못했다. 결국 코모도어 64와 ZX 스펙트럼과 같은 경쟁 제품들에 압도됐다. 또한 크리에이티비전은 인기 게임들의 복제품으로 구성된 게임 소프트들로 인해 고생했다. 크리에이티비전의 저조한 판매 이후, 브이텍은 전용 컴퓨터와 교육용 게임기에 집중하고자 하이브리드 기기를 포기했다.

크리에이티비전은 전 세계에서 많은 다른 이름으로 판매됐다. 호주에서는 딕 스미스 위저드(Dick Smith Wizzard)로 알려져 있다.

엔텍스 어드벤처 비전

1982

출시 가격: $79	**판매량:** 2천~5천 대(추정)
프로세서: 1.6MHz 속도의 모토롤라 68A09	**RAM:** 없음
색상: 2(흑적)	**출시된 게임:** 4종

어드벤처 비전Adventure Vision은 미국의 장난감 회사인 엔텍스Entex의 카트리지 기반 테이블 거치형 게임기로 독특한 디스플레이를 가지고 있었다. 40개의 빨간색 LED 조각을 빠른 속도로 진동하는 거울에 반사해 사용했는데, 이는 초당 15프레임으로 표시된 전체 150×40 도트 이미지처럼 보이게 했다. 이 디자인은 유사한 전용 LED 장치보다 어드벤처 비전의 해상도를 극적으로 향상시켰으나 밝은 환경에서 게임기를 플레이하는 것을 어렵게 만들었다. 결국 게이머들은 어드벤처 비전은 거의 모르고 지나갔고, 비디오 게임 시장 붕괴로 엔텍스가 파산하기 전까지 적게 팔렸다.

어드벤처 비전은 수집가들에게 희귀한 게임기 중 하나로 경매에서 쉽게 1,500달러 이상에 팔린다.

토미 튜터

1982

출시 가격: $149	**판매량:** 12만~14만 대(추정)
프로세서: 속도 2.7MHz의 TI TMS-9995NL	**RAM:** 16KB
색상: 16	**출시된 게임:** 40종 이상

토미 튜터Tomy Tutor는 1982년 퓨타Pyūta를 일본에 출시한 일본의 장난감 제작사인 토미가 개발한 표준 가정용 개인 컴퓨터다. 튜터는 16비트 텍사스 인스트루먼트 CPU를 기반으로 만들어졌으며, 베이직과 토미, 코나미가 개발한 적은 숫자의 카트리지 게임을 제공했다. 튜터는 사용하기 쉬운 교육용 도구로서 아이들을 대상으로 만들어졌으며 아타리와 코모도어의 인기 때문에 무시당하던 미국에서 발판을 다지기 위해 고군분투했다. 모국인 일본에서 두 번의 업데이트가 있었지만 결국 토미는 1985년 퓨타에 대한 지원을 중단했다.

대부분의 토미 튜터/퓨타는 일본에서 판매됐고, 미국 버전은 매우 드물다.

마텔 아쿠아리우스

1983

출시 가격: $159	**판매량:** 2만~3만 대(추정)
프로세서: 3.5MHz 속도의 자일로그 Z80A	**RAM:** 4KB
색상: 16	**출시된 게임:** 44종

마텔 아쿠아리우스Mattel Aquarius는 마텔 인텔리비전의 제조 업체인 홍콩의 전자회사 라도핀Radofin이 개발하고 생산했으며, 마텔이 판매한 8비트 컴퓨터다. 1983년 출시한 아쿠아리우스 컴퓨터는 기능 부족, 낮은 사양 및 극도로 제한된 그래픽 기능으로 리뷰어들에게 조롱당했다. 마텔은 엄청난 실패작이었던 아쿠아리우스를 몇 달만에 포기했다. 마텔은 라도핀에게 제조 계약금을 지불한 후 컴퓨터와 관계를 완전히 끊었다. 아쿠아리우스는 라도핀에게 반환됐고 라도핀은 이 컴퓨터를 거의 팔지 못했다.

아쿠아리우스의 부속 장치에는 카세트 데크, 열 프린터, RAM 카트리지, 게임 컨트롤러 포트가 추가된 미니 익스팬더가 있다.

1983년 비디오 게임 시장 붕괴

1982년, 미국 게임 시장은 극심한 과잉 상태에 빠졌다. 아타리의 성공을 쫓는 많은 게임기와 게임 퍼블리셔들은 소비자들에게 혼란을 가져왔고, 시장엔 저품질의 게임들이 넘쳐났다. 소비자들은 어떤 게임기를 사야 할지, 어떤 게임을 사야 할지 확신하지 못했고, 그들이 구매한 게임들은 만듦새가 형편없거나 재미가 없었다. 더 심각한 것은 2600용 〈팩맨Pac-Man〉과 〈이티E.T.〉 같은 공인되고 유명한 아타리 게임도 치명적이고 상업적 재난과 같은 결과를 냈으며, 일반적인 비디오 게임에 대한 대중의 인식을 악화시켰다.

1982년 연말 시즌엔 게임 시장이 완전히 과포화됐으며 게임에 대한 수요는 급감했다. 이러한 흐름은 전년도 매출을 기준으로 크리스마스를 위해 과잉 생산을 했던 회사들에게는 재앙이 됐고, 많은 회사가 시장에서 철수하며 대량의 제품을 덤핑 판매할 수밖에 없었다.

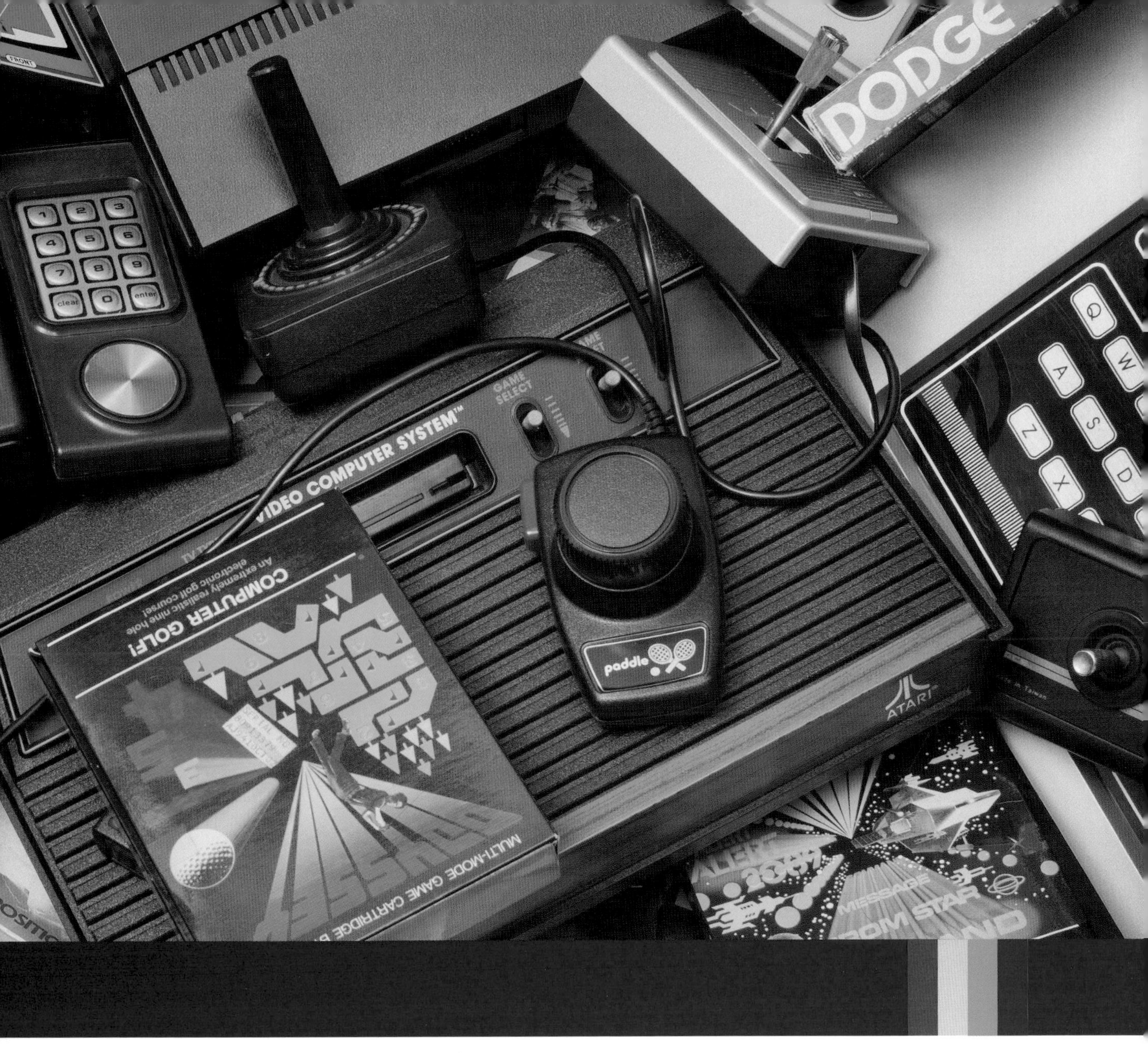

쏟아지는 게임들과 남겨진 게임기 재고들에 막힌 소매상들은 상품을 치우기 위해 가격을 대폭 인하했다. 이러한 낮은 가격은 죽음의 소용돌이를 야기했다. 여전히 시장에 참여하는 회사들은 그 가격과 경쟁하고 수익을 유지할 수밖에 없었고, 결국엔 그런 회사들도 시장에서 철수하고 제품을 덤핑해야 했다.

그 여파로 미국에서 가장 인기있는 산업이 황무지가 되는 데 불과 몇 달 밖에 걸리지 않았다. 살아남은 서드파티 게임 퍼블리셔들은 컴퓨터 게임 제작으로 옮겨갔다. 마텔과 마그나복스는 게임기 제작을 중단하고 비디오 게임 사업부를 폐쇄했다. 콜레코는 장난감과 컴퓨터 제품군에 집중하기 위해 비디오 게임 사업을 그만뒀다. 아타리는 1984년 새로운 소유주들에게 팔리기 전까지 여러 차례의 구조 조정을 거쳤지만 전성기 때의 성공은 결코 되찾지 못했다. 미국의 선두 주자들이 떠나면서 일본이 들어와 산업을 차지할 수 있는 문이 열렸다.

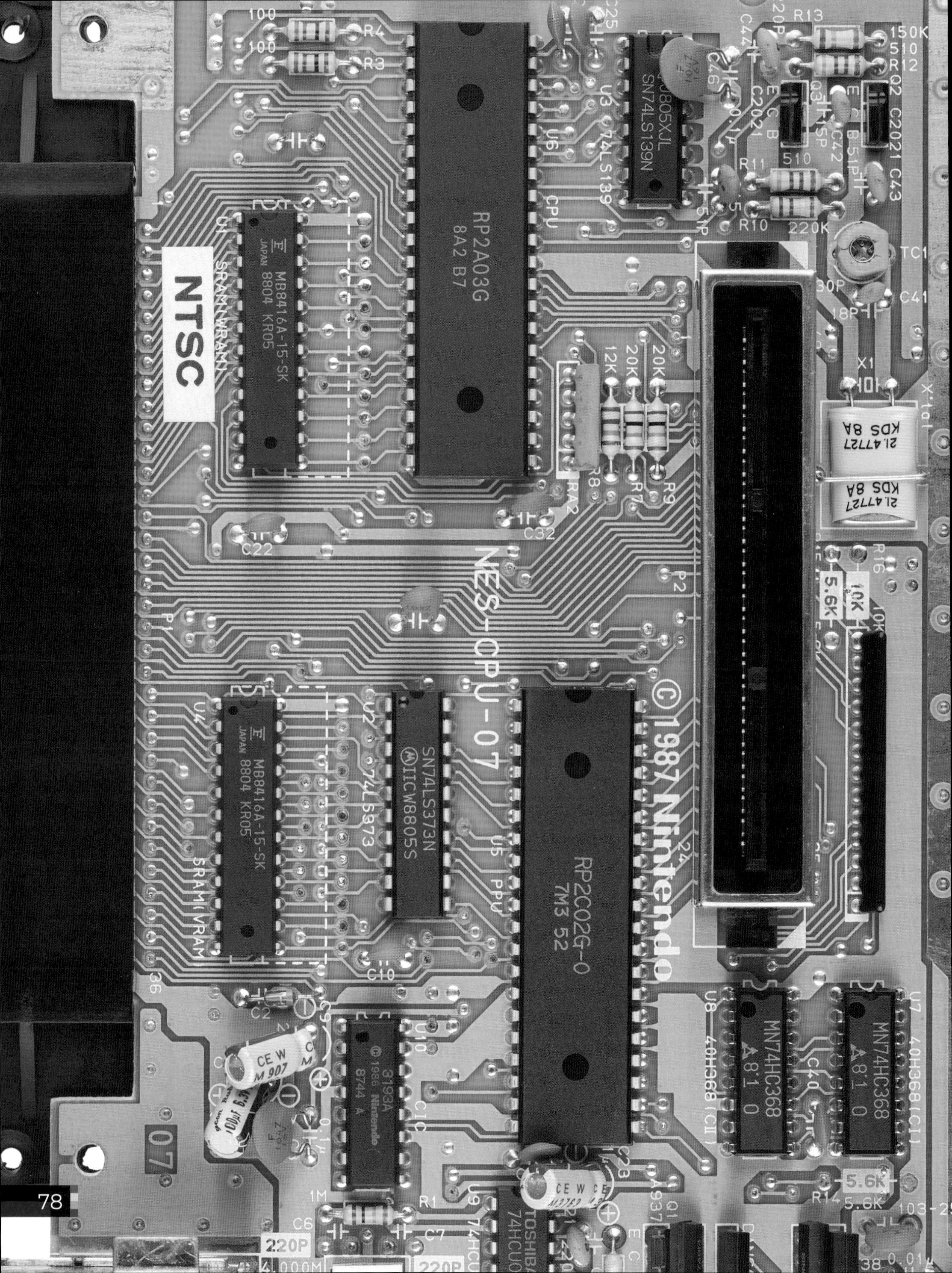
NTSC
RP2A03G
8A2 B7
NES-CPU-07
©1987 Nintendo
RP2C02G-0
7M3 52
SN74LS373N
MB8416A-15-SK
SN74LS139N
MN74HC368

3세대

북미의 게임시장이 붕괴됐을 때, 일본에서는 현지의 회사들이 독창적인 게임과 게임기로 게임 산업을 만들고 있었다. 일본의 게임기 시장을 주도한 닌텐도Nintendo는 1985년 후반 닌텐도 엔터테인먼트 시스템NES이라는 이름으로 미국에 패미컴을 출시했다. 미국의 게임 시장은 붕괴 이후 여전히 죽어 있었지만, 닌텐도는 〈슈퍼 마리오 브라더스Super Mario Bros〉와 〈젤다의 전설The Legend of Zelda〉같은 퍼스트 파티 게임으로 NES 게임기에 대한 관심을 끌었다. 입소문과 일본 개발자들의 인기 게임, 새로운 젊은 팬들의 힘으로 NES는 게임 시장이 다시 활성화되는 현상을 만들어냈다. 닌텐도, 캡콤Capcom, 코나미Konami 같은 일본의 다른 개발사들이 산업을 새로운 최고점으로 이끌었으며 일본을 게임기 게임의 새로운 선두 주자로 만들었다.

Atari 7800 마더보드(위), NES 마더보드(맞은편)

세가 SG-1000

1983

출시 가격: ¥15,000	판매량: 1백만 대 이상(추정)
프로세서: 3.58MHz 속도의 NEC 780C	RAM: 1KB VRAM: 16KB
색상: 16	출시된 게임: 70종 이상

SG-1000은 비디오 아케이드 게임으로 알려진 일본의 어뮤즈먼트 회사인 세가Sega의 첫 번째 게임기다. 일본에서 주로 판매된 SG-1000은 더 크고 더 많은 색을 사용하며 더 자세한 스프라이트 그래픽을 이용해 더 복잡한 게임을 제공하는 새로운 세대 게임기의 시발점이었다. 세가의 게임기는 일본의 급성장한 게임기 시장에서 치열하게 경쟁했고, 결국 닌텐도의 새로운 게임기인 패미컴Famicom에 가려졌다. SG-1000이 완전히 실패한 것은 아니었음에도 세가는 경쟁력을 유지하기 위해 게임기를 수정하고 개량했으며, 결국 세계적으로 판매하고자 마스터 시스템으로 개조해 다시 출시했다.

세가는 1940년대에 슬롯머신과 전자기계식 아케이드 캐비닛을 미군 기지에 판매하는 서비스 게임즈(Service Games)라는 미국 회사로 시작했다.

1984년에 세가는 BASIC 프로그래밍과 제한적인 컴퓨터 기능을 사용할 수 있는 SG-1000용 키보드 추가 기능도 출시했다.

세가 SG-1000 마크 II

SG-1000가 미지근한 반응을 얻은 이후, 세가는 재빨리 게임기를 다시 개발해 1년 만에 마크 II를 출시했다. 개선된 게임기는 동일한 내부를 가지고 있지만 새로운 외관과 정면의 확장 포트나 완전히 분리되는 컨트롤러 같은 약간의 조정이 있었다. 또한 마크 II는 패미컴의 디자인 중 일부를 베껴서 조이스틱을 게임기 옆에 보관할 수 있는 조이패드로 대체했다.

닌텐도 패미컴

1983

출시 가격: ￥14,800	**판매량:** 6천백만 대 이상(NES 포함)
프로세서: 1.79MHz 속도의 전용 리코 2A03	**RAM:** 2KB **VRAM:** 2KB
색상: 56	**출시된 게임:** 1천 종 이상

패미컴Famicom은 '패밀리 컴퓨터Family Computer'의 줄임말로 닌텐도의 첫 번째 게임기이다. 일본에서만 출시됐다. 다른 새로운 8비트 게임기와 컴퓨터의 치열한 경쟁에도 불구하고 패미컴은 강력한 퍼스트 파티 게임들의 라인업과 혁신적인 컨트롤러로 앞서 나갔다. 1985년까지 게임 시장을 완전히 지배했으며, 서드 파티 개발자들은 패미컴에 게임을 출시하기 위해 독점을 강요하는 계약에 기꺼이 서명했다. 일본에서의 엄청난 성공, 〈슈퍼 마리오 브라더스〉 같은 독점 히트 게임들과 함께 닌텐도는 가정용 게임기 게임의 새로운 시대를 시작할 게임기를 전 세계에 출시할 준비를 마쳤다.

패미컴 유선 컨트롤러의 케이블 길이는 30인치밖에 안 됐다.

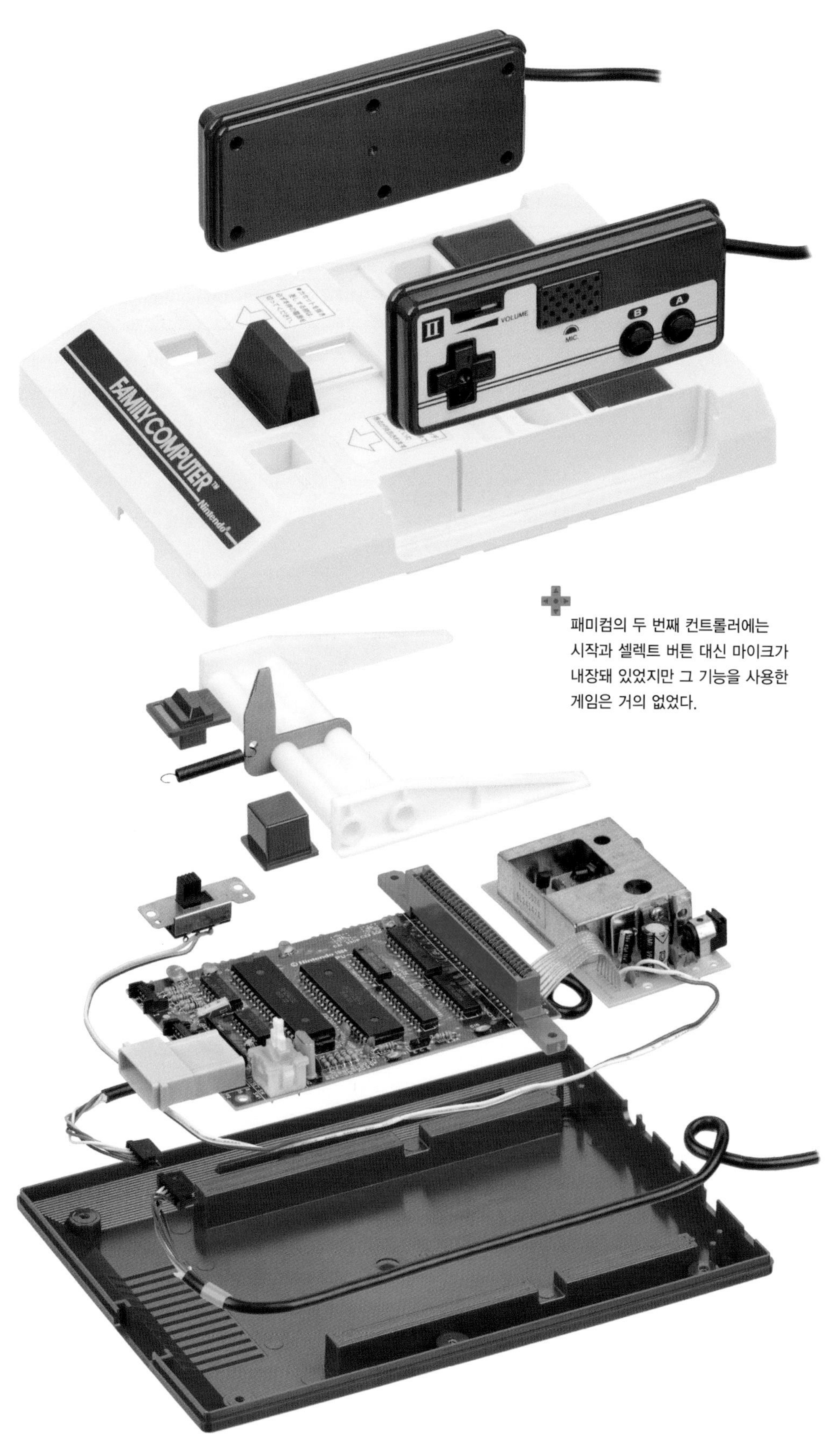

패미컴의 두 번째 컨트롤러에는 시작과 셀렉트 버튼 대신 마이크가 내장돼 있었지만 그 기능을 사용한 게임은 거의 없었다.

패미컴 디스크 시스템

닌텐도는 모뎀, 3D안경, 베이직 프로그래밍이 가능한 키보드 등 일본에서만 판매했던 다양한 패미컴 전용 주변기기들을 만들었다. 디스크 시스템은 다시 쓰기가 가능한 전용 플로피디스크에 게임을 담아 실행할 수 있게 만드는 장치였다. 이를 통해 〈메트로이드Metroid〉와 〈젤다의 전설〉 같은 게임들은 디스크에 진행 상황을 저장할 수 있었고, 디스크 기록 키오스크로 게임을 저렴하게 구매할 수 있었다. 플레이어들은 키오스크에 집어넣을 수 있는 빈 디스켓을 구입해 약간의 비용을 지불하면 완전한 게임을 디스크에 넣을 수 있었다.

디스크 시스템의 특징은 향상된 사운드 하드웨어였다. 〈젤다의 전설〉과 같은 디스크 게임은 인터내셔널판 카트리지 와 다른 사운드 트랙을 가지고 있었다.

트윈 패미컴 제품군은 적색과 흑색의 케이스 두 가지가 출시됐다.

샤프 트윈 패미컴

일본의 전자 회사 샤프는 1960년대부터 닌텐도와 부품 공급 업체로 협력했다. 1980년대 샤프가 패미컴의 몇 가지 희귀한 패미컴의 변형 모델을 생산하면서 단순한 부품 공급 업체라는 관계가 하드웨어 라이센스 사용자로 확장됐다. 하나는 패미컴이 내장된 샤프 텔레비전이고, 트윈 패미컴 제품군은 패미컴 디스크 시스템과 게임기를 하나의 장치로 합쳤다.

카시오 PV-1000

1983

출시 가격: ￥14,800	**판매량:** 5천~1만 대(추정)
프로세서: 3.58MHz 속도의 NEC D780C-1	**RAM:** 2KB
색상: 8	**출시된 게임:** 13~15종

PV-1000은 계산기, 시계, LCD 휴대용 게임기로 유명한 일본 전자 회사인 카시오[Casio]의 첫 번째 가정용 게임기이다. 일본에서만 출시된 PV-1000은 자일로그 Z80 프로세서(SG-1000과 슈퍼 카세트 비전도 Z80 기반이다)의 복제품을 기반으로 하는 게임기이지만, 현실은 다른 게임기에 비해 성능이 낮았다. PV-1000은 적은 수의 색상 그래픽과 거친 음질을 가지고 있어 2세대 게임기에 더 가까웠다. PV-1000의 판매는 저조했고, 카시오는 출시한 지 몇 달 만에 게임기 판매를 중단했다.

카시오 PV-1000은 카트리지와 호환되지 않는 8비트 컴퓨터인 PV-2000과 함께 출시됐다.

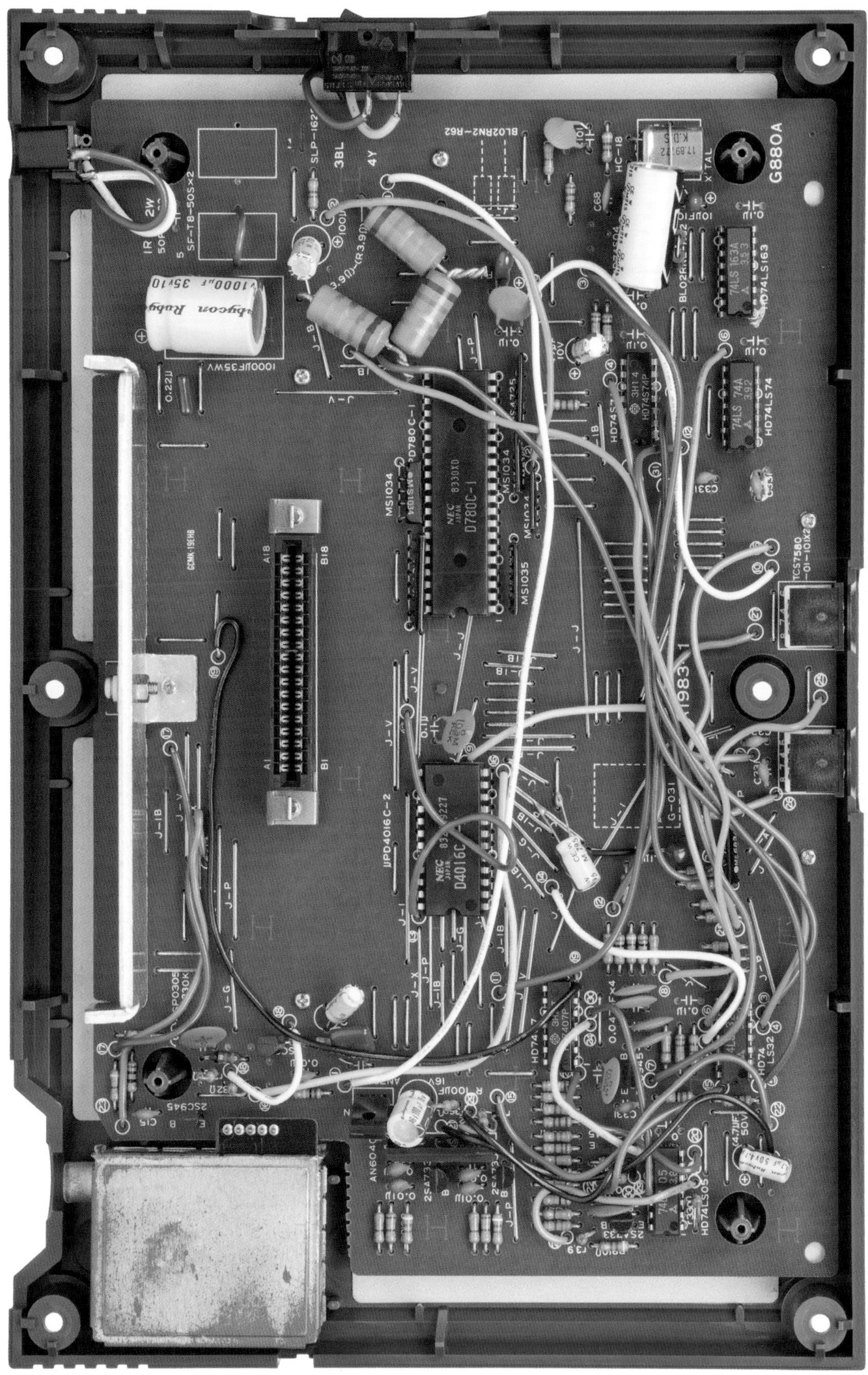

MSX

1983

출시 가격: ￥55,000-￥75,000	**판매량:** 5백만 대 이상(전체 모델)
프로세서: 3.58MHz 속도의 자일로그 Z80A	**RAM:** 최소 8KB **VRAM:** 최소 16KB
색상: 16	**출시된 게임:** 1000종 이상

MSX는 마이크로소프트와 아스키에서 개발한 컴퓨터 표준으로 주로 아시아와 남미에서 인기가 있었다. 마이크로소프트 베이직 및 표준화돼 있는 하드웨어 기반으로 구축된 다양한 MSX 컴퓨터는 여러 전자 기기 생산 업체에서 생산할 수 있었다. 컴퓨터는 서로 소프트웨어가 호환됐지만 제조 업체는 레이저디스크나 미디인터페이스 같은 부가 기능으로 차별화하려 했다. MSX는 코나미 및 허드슨 소프트와 같은 스튜디오가 MSX용 오리지널 게임을 제작한 일본에서 가장 인기가 있었다. 8비트 MSX 표준은 1980년대에 계속 업데이트됐지만 결국 더 새로운 16비트 컴퓨터와 IBM PC 표준에게 추월당했다.

소니는 MSX 컴퓨터를 제조한 회사 중 하나일 뿐이었다. 산요(Sanyo), 도시바(Toshiba), 카시오, 캐논(Canon), 파나소닉(Panasonic) 및 야마하(Yamaha) 등의 다른 회사도 있었다.

게임 포켓 컴퓨터

1984

출시 가격: ￥12,000	**판매량:** 1만 5천~3만 대(추정)
프로세서: 3.58MHz 속도의 NEC 780C	**RAM:** 2KB
색상: 2(흑백)	**출시된 게임:** 5종

게임 포켓 컴퓨터Game Pocket Computer는 1984년 에폭이 일본에서만 판매한 최초의 진정한 휴대용 게임기다. 프로세서를 카트리지에 넣은 마이크로비전이나 슈퍼마이크로 같은 게임기와 달리 게임 포켓 컴퓨터는 마이크로프로세서가 게임기에 들어 있었고, 마이크로프로세서가 교환할 수 있는 롬 카트리지에 들어 있는 게임 코드를 실행했다. 게임 포켓 컴퓨터는 흑백의 75×64 픽셀 LCD 화면이 특징으로, 이전의 휴대용 게임보다 더 충실하고 역동적인 게임을 제공했다. 하지만 에폭의 게임 포켓 컴퓨터는 일본의 게이머들을 사로잡는 데 실패하고 5종의 게임만 출시한 후 단종됐다.

에폭 게임 포켓 컴퓨터는 게임기에 슬라이딩 타일 퍼즐 게임과 그림 그리기 프로그램이 내장돼 판매됐다.

슈퍼 카세트 비전

1984

출시 가격: ¥14,800	**판매량:** 20만~30만 대(추정)
프로세서: 3.58MHz 속도의 NEC D7801G	**RAM:** 128bytes **VRAM:** 4KB
색상: 16	**출시된 게임:** 30종

슈퍼 카세트 비전Super Cassette Vision은 크게 언급되지는 않지만 그럼에도 성공적인었던 일본 3세대 게임기 카세트 비전의 후속 제품이다. 새로운 '슈퍼' 게임기는 다른 게임기와 동등하게 마이크로프로세서 기반 디자인으로 개선됐다. 그러나 〈도라에몽Doraemon〉, 〈루팡 3세Lupin the 3rd〉등 인기 애니메이션을 원작으로 한 독점 게임임에도 불구하고 경쟁이 심했던 일본의 게임 시장에서 성과를 제대로 내지 못했다. 1987년 에폭은 가정용 게임기 시장에서 철수하고 다른 게임기용 게임 제작에만 집중했다.

슈퍼 카세트 비전은
예노(Yeno) 슈퍼 카세트 비전이란 이름으로
이름을 바꾸어 프랑스에서도 소량 출시됐다.

슈퍼 마이크로

1984

출시 가격: $59(게임과 라이트팩 포함)	**판매량:** 5천~7천 대(추정)
프로세서: 알려지지 않음	**RAM:** 알려지지 않음
색상: 2(흑백)	**출시된 게임:** 3종

슈퍼 마이크로Super Micro는 1982년 닌텐도의 게임 앤 워치 게임기를 수입해 초기에 성공을 거뒀던 캘리포니아 기반의 게임 유통업체인 팜택스Palmtex의 휴대용 게임기이다. 얼마 지나지 않아 팜택스는 자체 휴대용 게임기를 만들기 시작했다. 게임 판매가 감소하며 회사의 재정 상황이 심각했던 1983년, 시장 붕괴가 진행되는 그 상황 속에서 팜택스는 게임기 개발을 시작했다. 투자자의 관심과 자금이 부족했던 슈퍼마이크로는 침체된 시장에서 광고 없이 제대로 도전하지 못한 채 문을 닫았다. 수천 대 밖에 판매되지 않은 슈퍼마이크로는 현대의 수집가들에게 귀중한 게임기지만 지금은 대부분의 게임기가 고장 났다.

마이크로비전처럼 게임 카트리지에는 휴대용 게임기의 프로세서와 화면 덮개가 들어 있다.

RDI 할시온

1985

출시 가격: $2,195 **판매량:** 출시되지 못함

프로세서: 자일로그 Z80 **RAM:** 알려지지 않음

색상: 알려지지 않음 **출시된 게임:** 2종

RDI 할시온RDI Halcyon은 열의 있는 발명가이자 게임제작자인 릭 다이어Rick Dyer의 발명품이며 출시되지 않은 게임기이다. 다이어는 〈샤도안Shadoan〉이라는 풍부한 애니메이션과 서사를 가진 판타지 게임을 만들고 싶었지만 먼저 작은 외전을 만들었다. 그 게임인 〈용의 굴Dragon's Lair〉은 레이저디스크 기반의 아케이드 게임으로, 매우 성공해 다이어가 〈샤도안〉의 전체를 실현할 수 있을 그만의 레이저 디스크 게임기를 제작할 돈을 가져다줬다. 게임기는 엄청나게 야심찬 제품이었고, 제작 비용이 많이 들었으며, 게임기 출시 직전에 다이어의 회사가 파산해 문을 닫을 때까지 매우 적은 수의 게임기만 제작됐다.

RDI 할시온은 1985년 텔레비전 게임 쇼인 〈세일 오브 더 센츄리(Sale of the Century)〉에서 상품으로 소개됐다.

닌텐도 엔터테인먼트 시스템

1985

출시 가격: $139–$179(ROB와 재퍼 포함)	**판매량:** 6천 1백만 대 이상(패미컴 포함)
프로세서: 1.79MHz 속도의 전용 리코 2A03	**RAM:** 2KB **VRAM:** 2KB
색상: 54	**출시된 게임:** 700종 이상

NES[Nintendo Entertainment System]는 1985년 말 닌텐도가 미국에 출시한 리모델링된 패미컴이다. NES 게임기는 1983년 시장 붕괴 이후 아직 회복되지 않은 시장에 진입해 왔지만 재미 있고 독특한 게임으로 빠르게 자리잡았다. 믿을 수 없을 정도로 강력한 퍼스트 파티 타이틀, 많은 독점 서드 파티 게임, 시장성이 높은 마스코트 캐릭터로 닌텐도의 게임기는 업계를 되살렸다. NES는 미국에서만 3천만 대 이상 판매했으며 게임기 시장을 새로운 최고점으로 끌어올려 닌텐도와 일본을 게임의 새로운 리더로 만들었다.

경쟁 업체들은 닌텐도의 상징적인
컨트롤러를 빠르게 베꼈으며 이 컨트롤러는
조이스틱 시대의 끝을 알렸다.

R.O.B.

닌텐도가 북미에 게임기를 출시했을 때 소매점들은 여전히 비디오 게임을 취급하는 것을 조심스러워했다. 소매점들의 걱정을 덜고자 닌텐도는 아이들의 관심을 끌고, 게임기를 장난감처럼 보이게 만드는 전동로봇 부가 장치인 R.O.B.Robotic Operating Buddy, 로봇처럼 동작하는 친구 중심으로 초기에 프로모션에 힘썼다. 닌텐도가 시험 판매될 때까지 게임기가 팔리고 비디오 게임 시장이 여전히 존재한다는 것을 소매점은 믿지 못했다. NES가 판매를 시작하면서 R.O.B.는 점점 필요 없어졌고, 1988년 이 로봇 장난감은 점차 사라졌다.

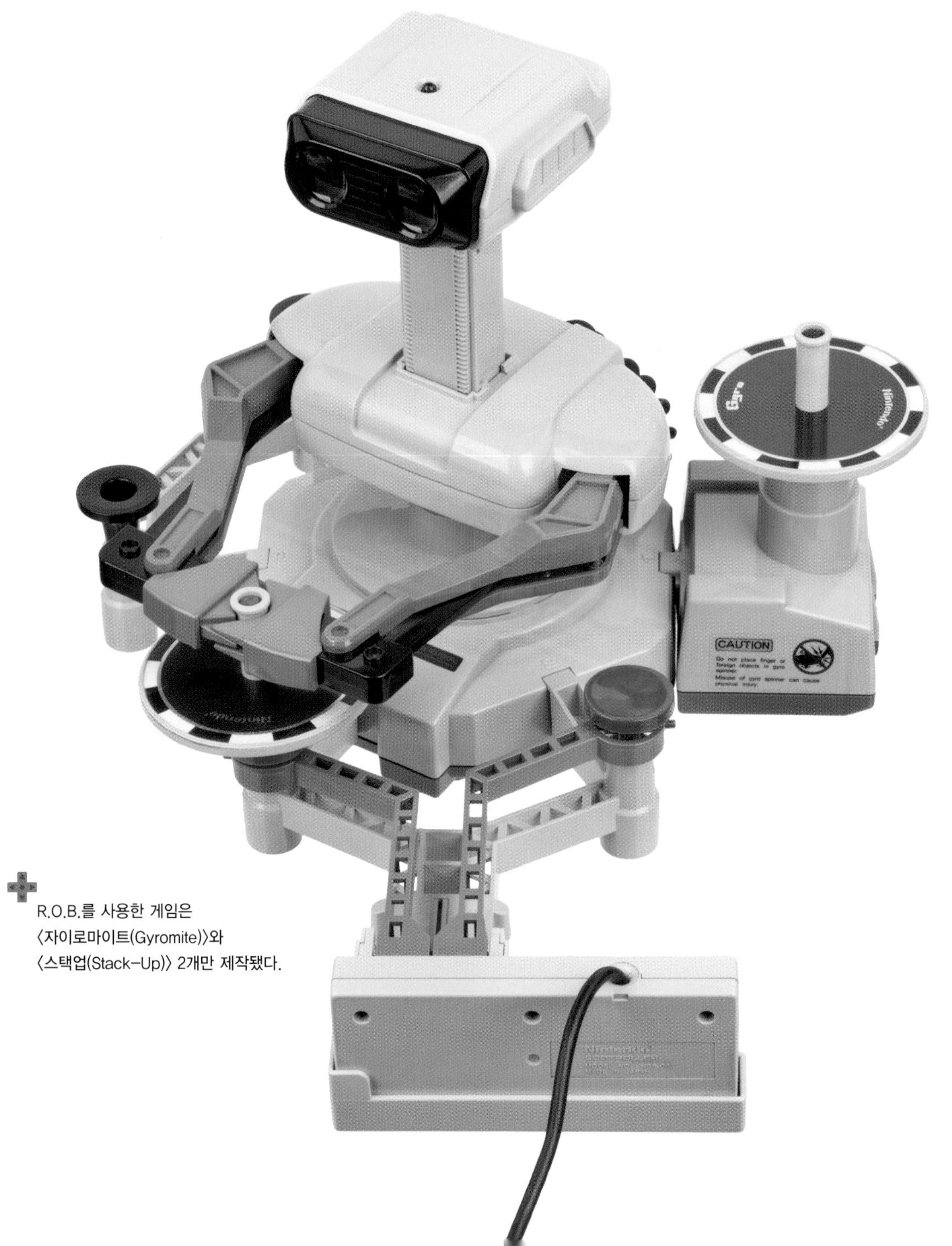

R.O.B.를 사용한 게임은 〈자이로마이트(Gyromite)〉와 〈스택업(Stack-Up)〉 2개만 제작됐다.

미국의 많은 NES 게임기에는 재퍼(Zapper) 광선총과 〈오리 사냥(Duck Hunt)〉 게임이 포함돼 있었다. 이후 장난감 총의 모양을 규제하는 새로운 법률 때문에 재퍼는 1988년에 색상을 주황색으로 변경했다.

세가 마스터 시스템

1986

출시 가격: $129	**판매량:** 2천만 대 이상
프로세서: 3.58MHz 속도의 NEC 780C	**RAM:** 8KB **VRAM:** 16KB
색상: 64	**출시된 게임:** 340종 이상

마스터 시스템Master System은 세가의 SG-1000 게임기를 전 세계에 판매하기 위해 외형을 바꾸고 기능을 강화한 게임기다. 더 많은 램과 향상된 비디오 프로세서로 마스터 시스템은 주요 경쟁자인 NES/패미컴보다 더 나은 그래픽을 제공했다. 기술적으로 우수하고 독점적인 세가 게임들로 경쟁력이 있었으나 마스터 시스템은 북미와 일본 시장에서 닌텐도의 지배를 깰 수는 없었다. 하지만 닌텐도의 세력이 약했던 유럽과 남미에 판매되며 NES보다 많이 팔려 그 지역에서 세대를 대표하는 게임기가 됐다.

마스터 시스템은 세가의 SG-1000 게임기의 세 번째 개정판인 일본의 세가 마크 III를 기반으로 만들어졌다.

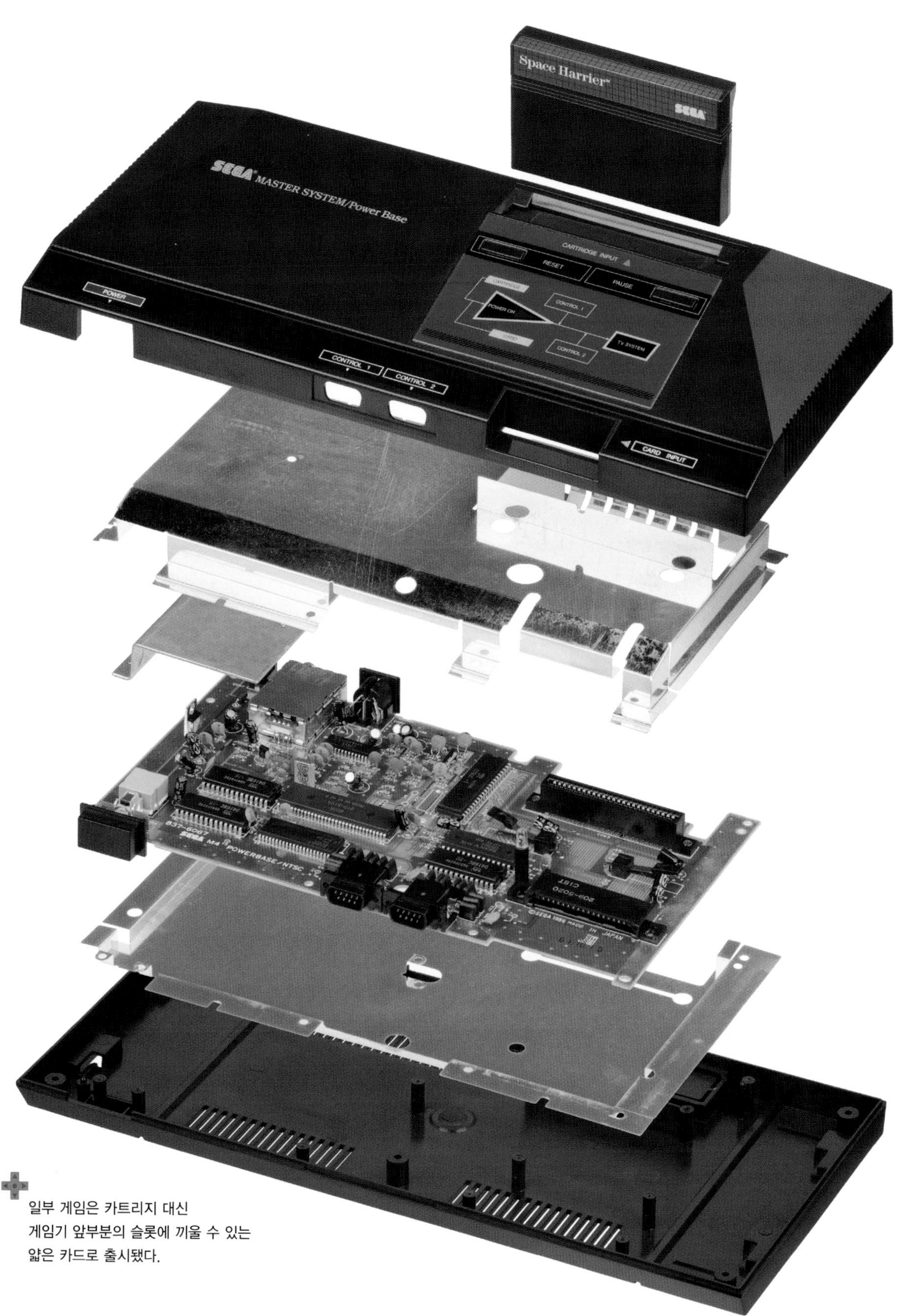

일부 게임은 카트리지 대신
게임기 앞부분의 슬롯에 끼울 수 있는
얇은 카드로 출시됐다.

아타리 7800

1986

출시 가격: $79	**판매량:** 3천 5백만 대 이상
프로세서: 1.79MHz 속도의 전용 MOS 6502C	**RAM:** 4KB
색상: 256	**출시된 게임:** 58종

7800은 아타리의 세 번째 게임기로 원래 1984년 문제가 있는 5200의 후속 제품으로 서둘러 출시될 예정이었다. 그러나 아타리의 새로운 경영진과 여러 가지 문제로 1986년 중반까지도 출시되지 못했다. 7800이 출시됐을 때는 아타리는 닌텐도와 경쟁할 준비가 돼 있지 않았고 7800은 재탕인 아케이드 게임을 포팅한 게임으로 가득 찬 적은 게임들로 새로운 게이머를 유치하기 위해 힘겹게 노력했다. 결국 쇠약해진 아타리의 열악한 지원, 서드파티 게임의 부족, NES의 엄청난 인기 때문에 아타리 7800은 북미에서 1위와 큰 차이 나는 2등으로 밀려났다.

7800은 어댑터 없이도 아타리 2600 게임을 플레이할 수 있었으며 하위 호환을 기본으로 제공하는 최초의 게임기였다.

7800은 그래픽에는 새로운 맞춤형 MARIA 칩을 사용했지만 아타리 2600과 동일한 사운드 칩을 사용했다.

아타리 XE 게임 시스템 1987

출시 가격: $159	**판매량:** 8만~10만 대(추정)
프로세서: 1.79MHz 속도의 전용 MOS 6502C	**RAM:** 64KB **VRAM:** 16KB
색상: 256	**출시된 게임:** 32종

아타리 XE 게임 시스템XEGS은 1978년 아타리 800을 개선한 모델인 아타리 65 XE 컴퓨터를 재포장해 게임기로 만든 버전이다. 아타리 8비트 컴퓨터 제품군을 베이스로 한 다른 제품이나 아타리 5200과 달리 XEGS는 많은 아타리 컴퓨터 게임들과 주변기기들과 직접 호환됐다. 그러나 대부분의 XEGS 게임들은 오래된 게임들을 재포장한 것이었고 게임기를 위해 개발된 게임은 매우 적었다. 낡은 게임들, 광고 부족, 8비트 컴퓨터에 대한 관심이 줄어들면서 XEGS는 아타리의 또 다른 실책이 됐다. 공식 지원은 빠르게 종료됐고 출시 1~2년만에 남은 재고들도 정리됐다.

아타리 XEGS에는 〈미사일 커맨드(Missile Command)〉가 내장돼 있었다.

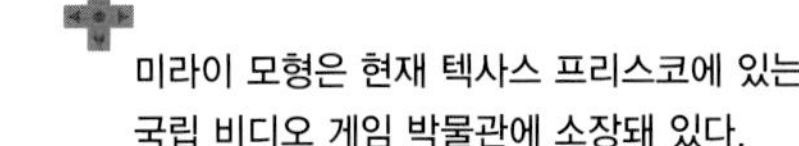

미라이 모형은 현재 텍사스 프리스코에 있는 국립 비디오 게임 박물관에 소장돼 있다.

아타리 미라이

아타리 미라이Mirai는 아타리가 망한 후 개인 수집가의 손에 넘어간, 알 수 없는 케이스 모형이다. 1980년대 후반에 만들어졌으며 아타리 XE 게임기와 동일한 설계 개념을 사용했다는 것 외에는 게임기에 대해 알려진 것이 거의 없다. 미라이의 목적에 대한 많은 가설은 미라이가 가지고 있는 거대한 카트리지 슬롯을 중심으로 만들어졌으며, 일본의 아케이드 회사인 SNK와 협력해 네오지오 MVS 게임기를 미국 국내 시장에 출시하려 했다는 것이다.

LJN 비디오 아트

1987

출시 가격: $99	**판매량:** 5만~7만 대(추정)
프로세서: 모토로라 6805	**RAM:** 16KB
색상: 16	**출시된 게임:** 9종

LJN은 1980년과 1990년대 초 인기 영화, 레슬링, 만화 프랜차이즈를 기반으로 제품을 만들던 장난감 회사이자 소프트웨어 개발사였다. 비디오 게임 하드웨어에 대한 처음이자 마지막 시도는 디지털 색칠에 중점을 둔 어린이용 게임기였던 비디오 아트Video Art였다. 이용자는 16가지 색 중 하나를 선택하여 조이스틱으로 화면에 그림을 그렸다. 다른 카트리지로 인형과 동물에서부터 디즈니Disney, 루니 툰즈Looney Tunes, 마블Marvel의 라이센스 캐릭터에 이르기까지 다양한 테마의 디지털 색칠놀이 책을 이용할 수 있었다. 게임기는 페이지에 색칠하는 것 외에는 상호 작용이 없는 매우 제한적인 기기였다.

비디오 아트의 조이스틱으로 화면에 그림을 그리는 것은 매우 어려워서 게임기의 평가가 좋지 않았다.

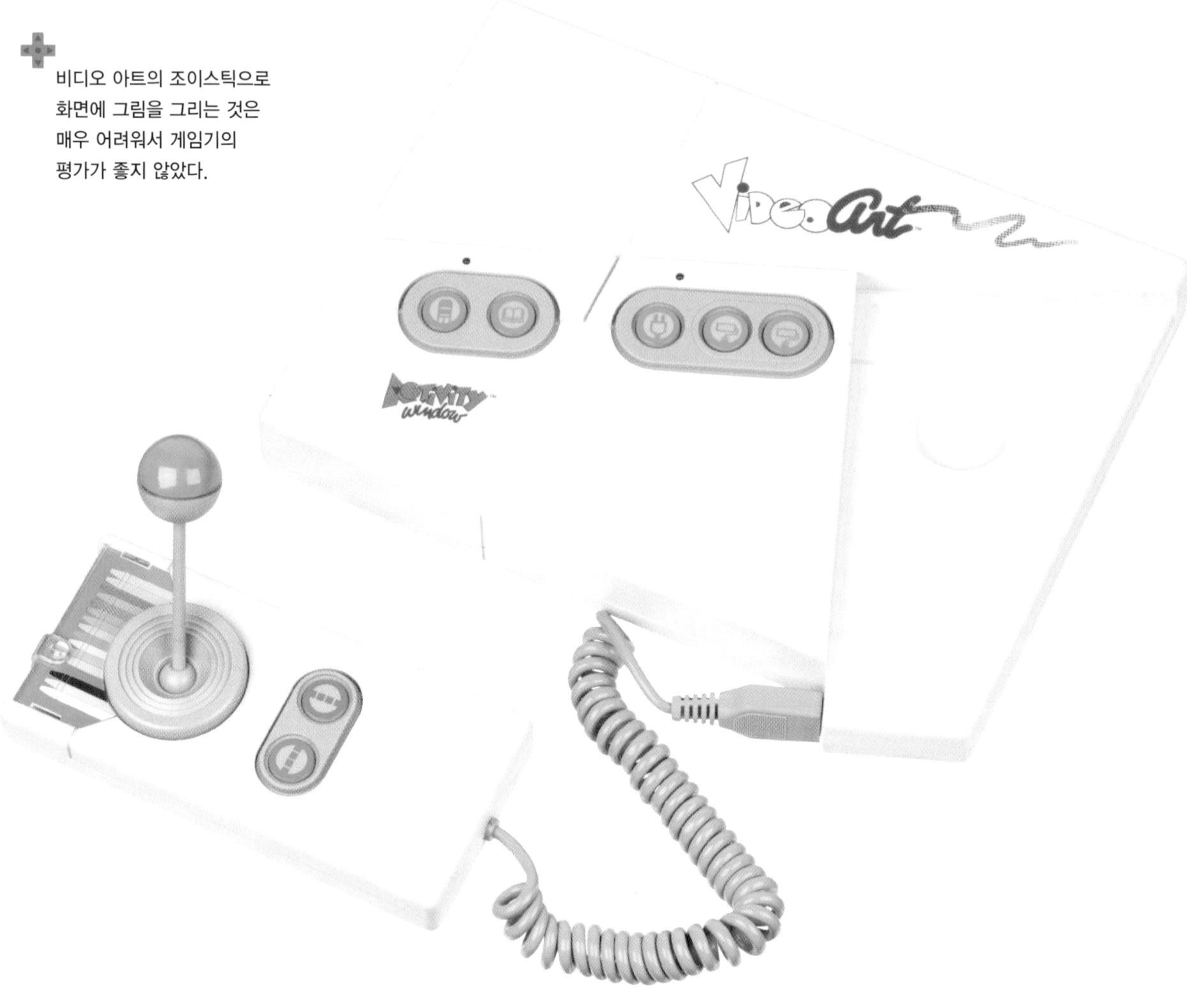

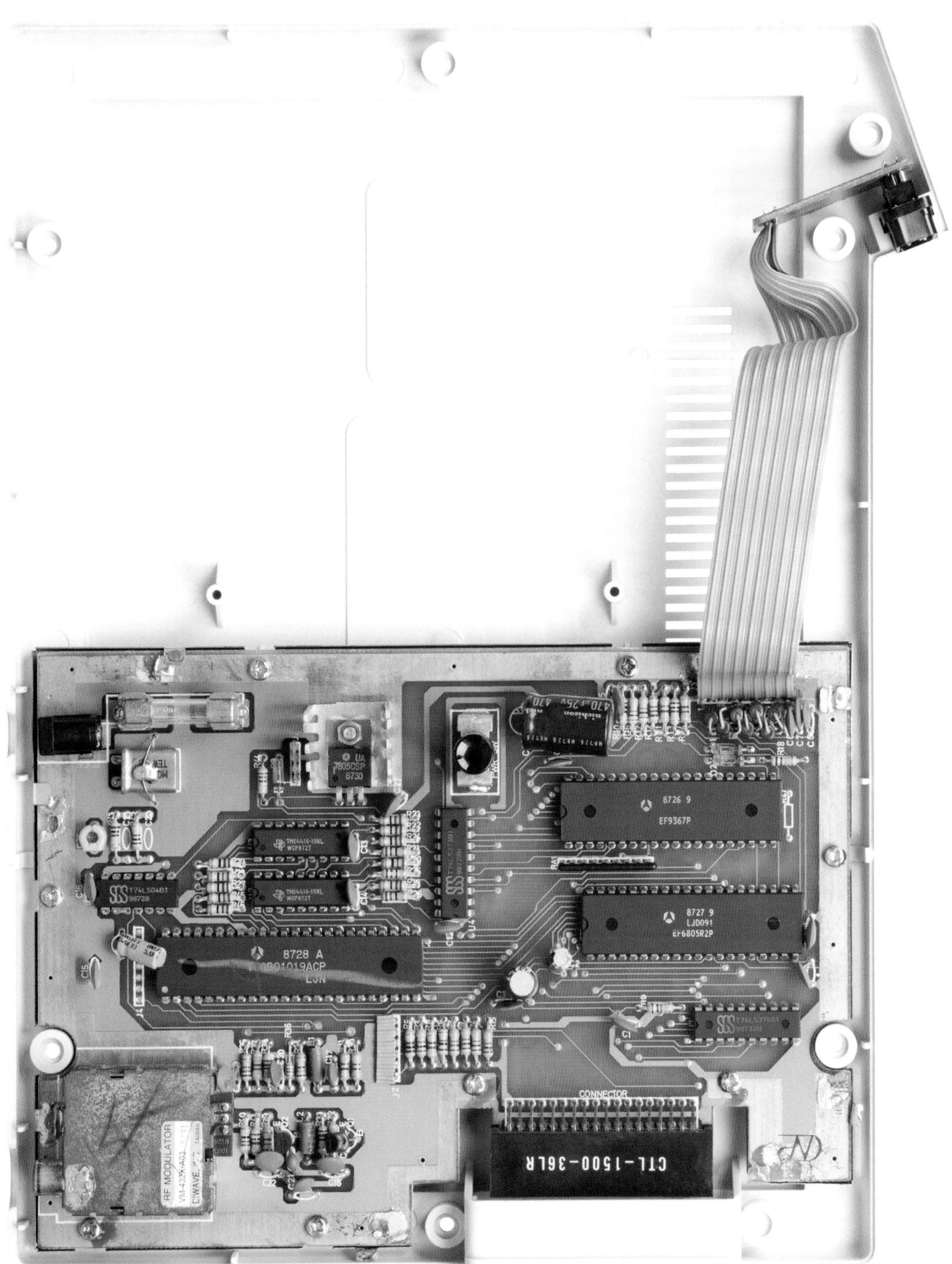

액션 맥스

1987

출시 가격: $69

판매량: 6만~8만 대(추정)

프로세서: 알려져 있지 않음

RAM: 알려져 있지 않음

색상: 없음. VHS 비디오에 미리 녹화된 영상에 의존

출시된 게임: 5종

액션 맥스Action Max는 미국의 장난감 제조사 월드 오브 원더Worlds of Wonder에서 만든 광선총 기반의 유사 게임기였다. 게임기는 스스로 게임을 실행할 수 없었지만 대신 정해진 경로에서 광선총을 쏘는 구간이 있는 미리 녹화된 VHS 영상을 재생하는 VCR과 함께 동작했다. 액션 맥스는 목표를 맞췄는지 실수했는지 여부만 기록했으며 플레이어의 점수를 표시했다. 이러한 설정은 플레이어가 게임을 잘하든 못하든 상관없이 화면의 게임 플레이가 변하지 않았기 때문에 매우 제한적이었다. 액션 맥스는 월드 오브 원더의 파산 선언 직전까지 잠시 동안만 시장에 출시됐고, 게임기는 사실상 최후를 맞이해 창고로 보내졌다.

목표를 맞추면 빨판을 통해 TV 스크린에 부착된 붉은색 점수 신호 수신기가 깜박였다.

브이텍 소크라테스

1988

출시 가격: $129	**판매량:** 7만~10만 대(추정)
프로세서: 자일로그 Z80	**RAM:** 64KB
색상: 256	**출시된 게임:** 8종

소크라테스Socrates는 당시 전자 학습 제품으로 유명했던 회사인 브이텍의 교육용 게임기다. 브이텍의 다른 교육용 기기는 저렴한 가짜 컴퓨터인 반면 소크라테스는 좀 더 게임기에 가까웠고, 적지만 철자법과 수학, 기본 논리를 가르치는 학습 게임들이 있었다. 출시 당시 닌텐도, 세가, 아타리의 게임기보다 비쌌으며, 동작 사이에 긴 멈춤을 발생시키는 속도 저하에 시달렸다. 판매량은 브이텍의 예상보다 낮았지만 소크라테스는 1990년대 중반 시장에서 점차 사라지기 전까지 몇 년 동안은 시장에 남아있었다.

소크라테스의 추가 주변 기기는 터치 태블릿,
마우스 및 음성 합성 카트리지가 있었다.

SNK CORP
LSPC-A0
LSPC
TOSHIBA
TC531000CP
SNK CORP
PRO-B0
SNK CORP
PRO-C0
ZILOG
Z0840004PSC
Z80 CPU
TOSHIBA
TMP68HC000N-12
NEO-EPO
C576 JAPAN
YAMAHA
YM2610
JAPAN

4세대

가정용 게임기는 4세대로 오면서 16비트 프로세서로 옮겨갔으며 더 화려하고 디테일한 2D 스프라이트 그래픽으로 경쟁했다. 미국에서는 효과적인 광고와 독점 히트작을 통해 베스트셀러가 된 제네시스(메가 드라이브의 미국판)를 가진 세가Sega가 닌텐도가 지배하고 있는 시장에 도전했다. 다른 게임기들은 별로 좋은 상태가 아니었다. NEC의 터보그래픽스-16TurboGrafx-16(PC 엔진의 미국판)은 미국 이용자들에게 받아들여지지 못했고, 필립스 CD-iPhilips CD-i나 코모도어 CDTVCommodore CDTV 같은 고가의 멀티미디어 게임기는 잘 팔리지 않았다. 또한 4세대에서는 닌텐도의 간단한 흑백 게임보이가 아타리와 세가의 고급 컬러 게임기를 제치고 플랫폼 선두주자가 되면서 여러 개의 휴대용 게임기가 등장했다.

세가 메가 드라이브 마더보드(Sega Mega Drive motherboard)(위), 네오지오 AES마더보드(Neo Geo AES motherboard)(맞은편)

NEC PC 엔진

1987

출시 가격: ￥24,800	**판매량:** 800만 대 이상
프로세서: 1.79 또는 7.16MHz 속도의 Hu6280	**RAM:** 8KB **VRAM:** 64KB
색상: 512	**출시된 게임:** 660종 이상

4세대 게임기는 16비트 그래픽을 사용하는 최초의 가정용 게임기인 PC 엔진PC Engine으로 시작됐다. 8비트 CPU를 사용했기 때문에 진정한 16비트 게임기는 아니었지만 구형 8비트 게임기에 비해 그래픽이 다채롭고 풍부하게 개선됐다. PC 엔진은 주로 전자 제품을 다루는 대기업 NEC와 비디오 게임 개발사인 허드슨 소프트 사이의 파트너십을 통해 개발됐다. 허드슨 소프트Hudson Soft의 유명한 게임을 독점적으로 공급받고, 구형 게임기에서는 작동하지 않는 아케이드 게임들을 통해 작은 PC 엔진은 일본에서 상당한 고객을 확보하면서 이 시대에 두 번째로 많이 팔린 게임기가 됐다.

PC 엔진은 당시 표준이었던 게임 카트리지를 사용하지 않고 대신 슬림 데이터 카드(slim data cards)로 게임을 할 수 있었다.

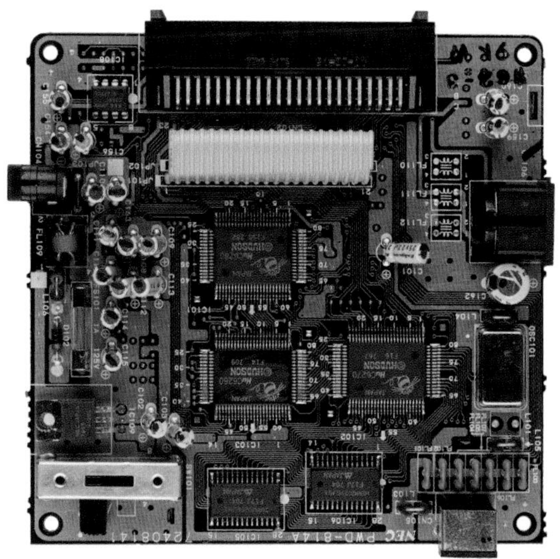

PC 엔진의 변형 모델들

NEC는 판매되는 동안 엄청난 양의 PC 엔진 변형판을 출시했다. 기본 디자인으로부터 두 가지 모델(위의 회색 코어 그래픽스 모델들)이 보드의 작은 변경과 함께 멀티 A/V 출력포트가 추가돼 나왔다. 다른 변형판은 손에 쥘 수 있는 완전 휴대용 기기와 화면이 내장된 반휴대용 장치, UFO모양의 셔틀, 파이오니아 레이저액티브[Pioneer LaserActive]를 위한 도킹 가능한 PAC 버전, 샤프 X1컴퓨터에 내장된 모델, 그래픽 칩셋을 추가한 고사양 모델인 슈퍼그래픽스[SuperGrafx](p.305) 등이 있었다. 마지막으로 PC 엔진의 CD-ROM 추가 장치를 하나의 기기로 합친 듀오 시리즈가 있다.

세가 메가 드라이브

1988

출시 가격: ¥21,000

판매량: 3000만 대 이상(전 세계 기준)

프로세서: 7.6MHz 속도의 모토로라 68000

RAM: 64KB(68000), 8KB(Z80) **VRAM:** 64KB

색상: 512

출시된 게임: 900종 이상(전 세계 기준)

메가 드라이브Mega Drive는 세가의 8비트 게임기 SG-1000과 마스터 시스템 게임기 제품군의 후속 제품이다. 메가 드라이브의 하드웨어는 세가의 시스템 16 아케이드 기판과 유사하게 메인 CPU로 16비트 모토로라 68000Motorola 68000를 사용하고 사운드를 처리하기 위해 자일로그 Z80을 사용했다. 일본에서 메가 드라이브는 닌텐도와 아케이드 그리고 액션게임을 위해 선택되는 16비트 게임기가 된 NEC의 새로운 PC 엔진과 경쟁했다. 메가 드라이브는 유럽에서 1990년에 출시됐고 서양 개발자들의 강력한 지원 덕분에 세가는 계속해서 시장을 지배할 수 있었다.

세가의 16비트 게임기는 북미에서 제네시스라고 이름 지었으나 세계적으로는 대부분 메가 드라이브로 알려져 있다.

유럽의 메가 드라이브(위)는
일본의 메가 드라이브(맞은편)와
외관만 달랐다.

닌텐도 게임보이

1989

출시 가격: $89	**판매량:** 1억 1,500만 대 이상(모든 모델 기준)
프로세서: 4.19MHz 속도의 샤프 LR35902	**RAM:** 8KB **VRAM:** 8KB
색상: 4(단색)	**출시된 게임:** 1,000종 이상(모든 모델 기준)

게임보이Game Boy는 닌텐도에서 첫 번째로 만든 게임을 교체할 수 있는 휴대용 게임기다. 게임보이는 생산 단가와 전력 소비에 대해 엄격한 요구사항에 맞춰 만들어졌으며 튀지 않는 엔지니어링의 경이로운 업적이었다. 세가Sega와 아타리Atari의 고사양 총천연색의 휴대용 게임들과 비교하면 오래된 프로세서와 올리브색의 흐릿한 단색 화면을 가진 게임기였지만 가격이 매우 쌌고, 건전지로 구동할 수 있는 시간은 세가와 아타리의 게임기와 비교하면 4배 정도 길었다. 성공한 닌텐도 게임들과 서드파티가 제공하는 많은 게임들 덕분에 게임보이는 10년간 휴대용 게임기 시장을 지배하게 됐다. 게임보이는 전 세계적으로 1억 1,500만 대가 팔리며 역대 가장 많이 팔린 게임기 중에 하나다.

게임보이는 AA건전지 4개로 대략 15~20시간을 구동할 수 있었다.

Nintendo GAME BOY™
SELECT
START
B
A

게임보이 포켓

게임보이 포켓Game Boy Pocket은 게임보이의 업그레이드 버전으로, 상당히 작아졌으며 2개의 AAA건전지로 10시간 넘게 게임을 할 수 있었다. 1996년에 출시된 포켓은 다른 게임기들이 후속 제품을 출시한 시기에 나왔지만 당시 LCD 기술의 한계로 인해 (그리고 게임보이가 휴대용 게임기 시장을 완전히 지배하고 있었기 때문에) 닌텐도는 몇 년 더 게임보이의 싸고 단순한 디자인을 유지했다.

1995년 닌텐도는 검정, 빨강, 노랑, 녹색, 투명 이렇게 다섯 개의 새로운 색상의 케이스를 가진 게임보이를 출시했다.

게임보이 카메라에 내장된 소프트웨어에는 미니게임과 사진 수정 기능이 있었다. 이 기능을 이용해 움직이는 짧은 영상을 만들 수 있었다.

게임보이 카메라와 프린터

1998년에 출시된 게임보이 카메라는 게임보이로 디지털 사진을 찍을 수 있게 해주는 공식 주변기기였다. 디지털 이미지 처리 기술 도입의 초기에 만들어진 게임보이 카메라는 저해상도 흑백사진만 찍을 수 있었다. 또한 카메라는 사진을 인쇄하고 스티커로 만들 수 있는 주변기기 열 전사 프린터와 연결할 수 있었다.

세가 제네시스

1989

출시 가격: $189	**판매량:** 3000만 대 이상(전 세계 기준)
프로세서: 7.6MHz 속도의 모토로라 68000	**RAM:** 64KB(68000), 8KB(Z80) **VRAM:** 64KB
색상: 512	**출시된 게임:** 900종 이상(전 세계 기준)

제네시스Genesis는 메가 드라이브를 북미시장에 판매하기 위해 이름을 바꾼 게임기다. 닌텐도가 지배하고 있던 미국에서 마스터 시스템이 실패한 후 세가는 직접적인 공격과 닌텐도를 비웃는 광고 등 신랄하고 공격적인 마케팅을 하는데 자원을 쏟아부었다. 독점 스포츠와 (〈소닉 더 헤지혹Sonic the Hedgehog〉 같은) 액션게임들이 신랄하고 공격적인 광고와 합쳐져 세가 제네시스Sega Genesis를 놀라운 성공으로 이끌었다. 제네시스는 미국에서만 2천만 대 이상 팔렸으며 닌텐도의 완벽한 지배를 끝내고 세가 역사상 가장 많이 팔린 게임기가 됐다.

제네시스는 처음에 〈수왕기(Altered Beast)〉가 포함돼 있었다.

제네시스의 컨트롤러는 기본적으로
아타리 2600과 호환됐다.

세가 CD

1992년 미국에서 발매된 세가 CD Sega CD는 제네시스용 CD 주변기기였다. 이 드라이브에는 모토로라 68000 프로세서가 추가돼 CD 품질의 사운드를 지원하고, 풀모션 동영상 FMV, Full-Motion Video을 재생할 수 있었다. 그러나 게임기의 여러 색상을 동시에 보여줄 수 없는 기술적 한계로 FMV는 자주 거칠고 작으며 저품질로 보였다. 제네시스의 인기에도 불구하고 세가 CD는 비싼 가격(출시 당시 299달러)와 FMV 게임들이 좋지 않은 반응을 보였고, 결국 큰 성공을 거두지 못했다.

처음 나왔던 트레이로 CD를 넣는 세가 CD 모델은 1년이 안돼 새 디자인으로 교체됐다.

1993년에 나온 위로 CD를 집어넣는 모델 2 세가 CD는 새롭고 더 날렵한 모델 2 제네시스(model 2 Genesis)와 함께 출시됐다.

32X는 159달러에 출시됐으며
단종 후에는 19달러에 판매됐다.

32X가 실패하면서 세가는
프로토타입으로 보이는 제네시스/32X
통합 모델인 넵튠 계획을 폐기했다.

세가 32X

32X는 게임업계가 32비트 게임기로 전환되면서 16비트 제네시스의 수명을 늘리기 위해 1994년 후반에 출시된 제네시스의 주변기기이다. 트윈 32비트 프로세스를 기반으로 한 32X는 최신 게임기보다 저렴한 가격으로 향상된 그래픽과 3D기능을 제공했다. 32X는 초기에 대대적인 광고와 성공적인 판매가 있었으나, 서둘러 출시하면서 실망스러운 게임들이 계속 이어졌고 이는 급격한 판매감소를 초래했다. 서드파티 지원이 없어지면서 세가는 새로운 새턴[Saturn] 게임기에 집중하기 위해 1996년 초에 32X를 단종시켰다.

NEC 터보그래픽스-16

1989

출시 가격: $199 | **판매량:** 60만 대 이상

프로세서: 1.79 또는 7.16MHz 속도의 Hu6280 | **RAM:** 8KB **VRAM:** 64KB

색상: 512 | **출시된 게임:** 135종 이상(북미 기준)

터보그래픽스-16TurboGrafx-16은 NEC가 미국 시장을 위해 브랜드를 변경하고 외관을 바꾼 PC 엔진이다. 게임기는 출시당시 기존의 NES와 새로 출시된 세가 제네시스와 맞붙었다. NEC의 미국 지사는 치열한 경쟁을 감당하기에는 부족했고, 초기 판매량이 저조하자 일본의 NEC는 미국 사업부에 대한 자금을 대폭 삭감했다. 이러한 조치는 터보그래픽스-16이 제대로 활약할 수 없게 만들었고 남은 수명을 빈약한 지원으로 버텨야 했다. 터보그래픽스-16은 부족한 홍보와 빈약한 서드 파티 게임들, 그리고 일본에서 성공했던 많은 게임이 현지화 과정을 거치지 않아서 세가, 닌텐도의 게임기와 큰 격차가 있는 3위를 차지했다.

하나뿐인 컨트롤러 포트는 이용자가 멀티플레이어 게임을 하기 위해서는 별도의 어댑터를 구매해야 한다는 것을 뜻했다.

NEC는 미국인들이 작은 게임기를 좋아하지 않을 것이라 우려했기 때문에 터보그래픽스-16은 PC 엔진보다 훨씬 컸다.

터보그래픽스-CD와 터보듀오

터보그래픽스-16TurboGrafx-16은 추가 CD 드라이브와 함께 CD게임을 할 수 있는 미국의 첫 번째 게임기였다. 하지만 1990년 출시 당시 이 추가 장치는 비싼 가격으로 인해 판매가 부진했다. 1992년 말 터보듀오TurboDuo란 이름의 최신식의 일체형 버전이 단돈 299달러에 출시됐다. 그러나 새로운 게임기는 터보그래픽스-16의 낮은 평판으로부터 거의 도움을 받지 못했고, NEC는 1994년에 미국시장에 대한 지원을 단계적으로 중단했다.

터보그래픽스-16의 분리형 CD 드라이브는 휴대용 음악 재생기로 사용할 수 있다.

터보듀오는 희귀하고 값비싼 수집품이지만 많은 게임기가 고장나거나 캐패시터가 새기 때문에 수리가 필요하다.

터보익스프레스도 불량이거나 결함이 있는 캐패시터로 현재 어려움을 겪고 있다.

터보익스프레스

터보익스프레스TurboExpress는 1990년 249달러에 출시된 완전한 휴대용 터보그래픽스-16이다. 링크스(Lynx), 게임보이와 비교했을 때 터보익스프레스는 밖에서 게임을 할 수 있는 고급 휴대용 게임기였다. 하지만 이러한 성능은 배터리 소모가 컸기 때문에, 6개의 AA건전지로 최대 3시간만 게임을 할 수 있었다. 또한 공중파 방송을 수신할 수 있는 TV 튜너가 따로 있었다.

아타리 링크스

1989

출시 가격: $179	**판매량:** 200만 대(추정)
프로세서: 전용 'Mikey'와 'Suzy'	**RAM:** 64KB
색상: 4,096	**출시된 게임:** 71종 이상

아타리 링크스Atari Lynx는 총천연색 백라이트 화면이 특징인 강력한 휴대용 게임기이다. 닌텐도의 단순하고 흑백인 게임보이와 비교했을 때 아타리 링크스는 밖에서 가정용 게임기 경험을 제공하는 고급 휴대용 게임기였다. 그러나 링크스의 백라이트 화면은 건전지를 빠르게 소모했으며 다른 시장 붕괴 후의 아타리 게임기들과 마찬가지로 광고 부족, 적은 판매처, 부족한 서드파티 지원, 장기간의 게임 부족으로 어려움을 겪었다. 링크스는 판매량에서 게임보이에 빠르게 밀렸고, 나중에는 컬러 휴대용 게임기의 자리는 세가 게임 기어에게 뺏기며 1, 2위와 큰 격차가 나는 3위로 밀려났다.

링크스는 AA건전지 6개로
3~5시간 구동할 수 있었다.

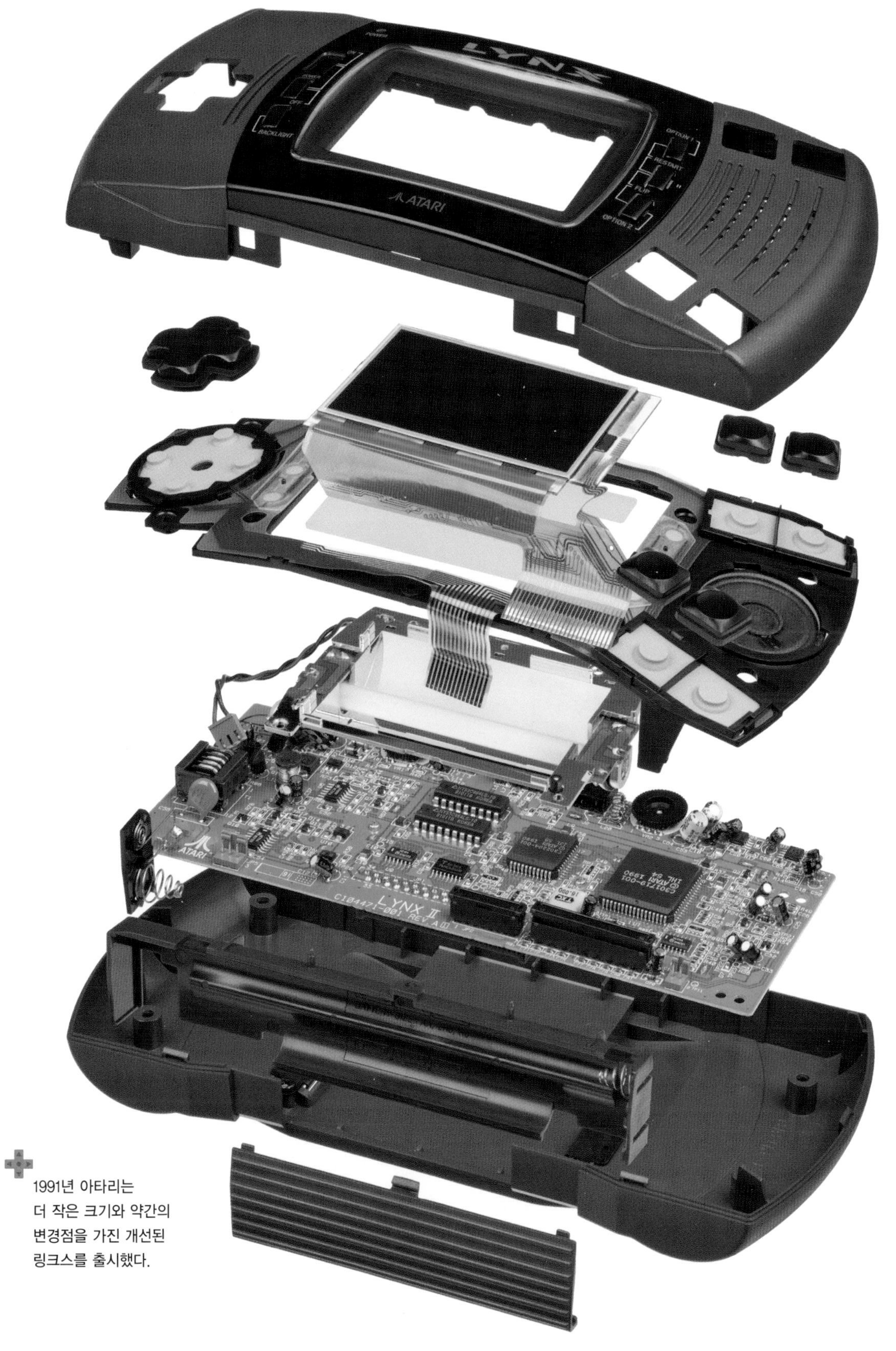

1991년 아타리는
더 작은 크기와 약간의
변경점을 가진 개선된
링크스를 출시했다.

인터렉티브 비전

1989

출시 가격: $120	**판매량:** 8만~11만 대(추정)
프로세서: (인텔기반) VMI8802	**RAM:** 16KB
색상: 16(VHS위에 덮어 씌워짐)	**출시된 게임:** 7종

뷰 마스터 인터렉티브 비전View-Master Interactive Vision은 어린아이들을 위해 설계된 VHS기반의 교육용 게임기이다. 인터랙티브 비전은 VCR과 함께 작동하며 적은 VHS 게임들로 제한적인 상호 작용을 제공했다. 이 게임기는 VHS 테이프를 재생하며 그 위에 간단한 그래픽을 덧붙여 스토리를 선택하거나 간단한 액션게임을 할 수 있었고 테이프에 기록된 두 개의 오디오 트랙 중 하나를 전환해서 다른 결과를 느낄 수 있게 했다. 결국 인터렉티브 비전은 NES와 같은 게임기에 비해 비싼 가격과 다시 할 필요성을 못 주는 게임들로 인해 1년만에 게임기의 생산이 중단됐다.

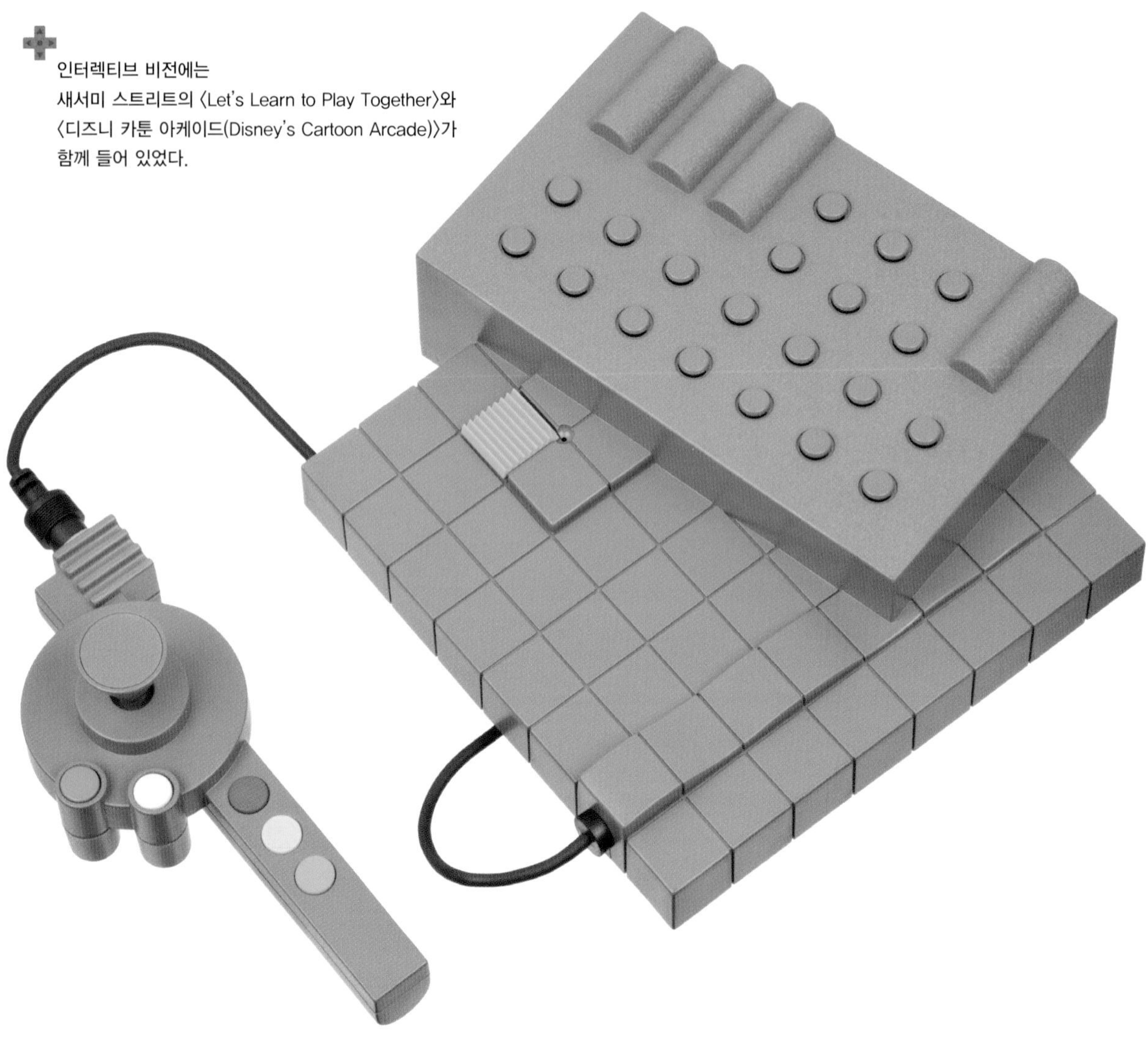

인터렉티브 비전에는 새서미 스트리트의 〈Let's Learn to Play Together〉와 〈디즈니 카툰 아케이드(Disney's Cartoon Arcade)〉가 함께 들어 있었다.

GAMATE

1990

출시 가격: $69	**판매량:** 알려져 있지 않음
프로세서: 2.22MHz 속도의 NCR 65CX02	**RAM:** 1KB **VRAM:** 8KB
색상: 4(단색)	**출시된 게임:** 50~60종

Gamate는 대만 회사인 비트 코퍼레이션Bit Corporation이 개발한 휴대용 게임기이다. 이 게임기는 90년대 초에 동아시아에서 나온 일련의 저가 게임보이 복제품 중 첫 번째 게임기였다. 각 게임기마다 다른 게임기의 인기 있는 타이틀을 복제한 자체 게임들이 있었다. GAMATE는 전 세계에서 팔렸지만 (미국에서는 우편 주문 판매 회사인 알스톤 인포메이션 리서치를 통해 팔렸다.) 실질적인 영향이 적었고 수명은 짧았다. GAMATE는 다른 게임보이 모조품과 마찬가지로 광고 부족과 지원 부족으로 덤핑 판매됐고 출시 몇 년 후에 사라졌다.

GAMATE는 카트리지가 아니라 PC 엔진처럼 얇은 게임 카드를 사용했다.

네오지오 AES

출시 가격: $649	**판매량:** 30만~60만 대(CD 포함, 추정)
프로세서: 12MHz 속도의 모토로라 68000	**RAM:** 64KB **VRAM:** 84KB
색상: 65,536	**출시된 게임:** 150종 이상

1989년 일본의 게임 회사 SNK는 교체가능한 대형 게임 카트리지를 이용해 하나의 기계에서 여러가지 게임을 실행할 수 있는 아케이드용 게임 플랫폼인 멀티 비디오 시스템MVS, Multi Video System를 만들었다. 1990년 SNK는 가정용 게임기 시장을 위해 MVS의 가정용 게임기 버전인 네오지오 AESNeo Geo AES를 만들었다. 게임기의 강력한 성능은 아케이드 품질의 게임을 거실로 가져왔지만 덕분에 거대한 게임 카트리지는 하나에 200~300달러라는 비싼 가격이 됐다. 비싼 가격이었으나 AES는 마니아와 대여용 시장을 위한 것이었고, 오늘날 SNK 아케이드 게임들의 골수 팬들의 성배가 됐다. SNK는 여러 네오지오 CD 모델을 출시했으며 마지막 모델은 2배속 CD 드라이브가 특징인 CDZ이다.

네오지오 AES는 저장 데이터를 2KB까지 저장할 수 있는 카드를 사용하는 메모리 카드 슬롯이 특징인 첫 번째 게임기였다.

SNK는 여러 네오지오 CD 모델을 출시했다. 마지막 모델인 CDZ는 2배속 CD 드라이브가 특징이었다.

네오지오 CD

AES의 비싼 게임 카트리지로 인해 많은 사람이 게임기에 접근할 수 없었기 때문에 SNK는 1994년 네오지오 CD를 출시했다. AES와 동일한 하드웨어로 제작된 새 게임기는 카트리지 버전보다 좀 더 저렴한 CD로 게임을 실행할 수 있었다. 그러나 1배속 시디롬 드라이브[CD drive]와 게임기의 램에 많은 양의 데이터를 로드해야 할 필요로 인해 로딩 시간이 길어지고 20~40초 정도의 중지현상이 반복되는 것에 대한 비판이 나왔다. 또한 2D 스프라이트만 사용 가능했던 네오지오는 플레이스테이션과 새턴의 3D그래픽과 비교당하며 시장에서 패배했다. 틈새시장에서만 인기를 끌고 판매량이 부진했던 네오지오 CD는 SNK의 마지막 가정용 게임기가 됐다.

세가 게임 기어

출시 가격: $159	**판매량:** 1000만 대 이상
프로세서: 3.58MHz 속도의 자일로그 Z80	**RAM:** 8KB **VRAM:** 16KB
색상: 4,096	**출시된 게임:** 350종 이상

게임 기어Game Gear는 세가의 총천연색 백라이트 화면을 가진 휴대용 게임기이다. 기본적으로 더 많은 색을 표현할 수 있는 휴대용 마스터 시스템인 게임 기어는 세가의 급성장하는 휴대용 게임 시장으로의 첫걸음이었다. 게임 기어는 성능과 디자인 면에서 아타리 링크스와 비슷했지만 더 나은 마케팅과 〈소닉 더 헤지혹Sonic the Hedgehog〉과 같은 히트게임의 휴대용 이식 버전 덕분에 세가의 게임기는 링크스보다 더 잘 팔리며 시장에서 그 자리를 뛰어넘었다. 게임보이를 따라잡을 뻔한 적도 없었고 이후에도 고군분투했지만 게임 기어는 게임보이의 시장 지배에 실제로 도전했던 유일한 게임기였다.

게임 기어의 형광등 백라이트는 6개의 AA건전지를 3~5시간만에 써버렸다.

세가는 또한 게임 기어에서
외부입력을 사용하거나 TV를 볼 수 있는
TV 튜너를 판매했다.

하르퉁 게임 마스터

1990

출시 가격: 알려져 있지 않음	**판매량:** 알려져 있지 않음
프로세서: NEC D78C11APF	**RAM:** 2KB
색상: 2(흑백)	**출시된 게임:** 18종 이상

게임 마스터Game Master는 독일의 장난감 제조사인 하르퉁Hartung이 만들었다고 여겨지는 유럽의 휴대용 게임기다. 종종 게임보이의 복제품으로 설명되는 게임 마스터는 유사한 프로세서와 2색의 저해상도 화면을 같이 썼기 때문에 오래된 에폭의 게임 포켓 컴퓨터Epoch Game Pocket Computer와 더 닮았다. 하르퉁이 실제로 휴대용 게임기를 만들었는지는 알 수 없지만 게임기와 게임이 홍콩에서 개발되고 여러 유럽 시장에서 브랜드가 변경됐을 가능성이 더 크다. 게임 마스터는 얼마 지나지 않아 메가덕이나 와타라 슈퍼비전 같은 고급 휴대용 게임기로 대체됐다.

게임 마스터는 다양한 색상과 브랜드로 등장했다. 영국에서는 시스테마 2000 (Systema 2000)이었다.

암스트라드 GX4000

출시 가격: £99	**판매량:** 1만5천 대
프로세서: 4MHz속도의 자일로그 Z80A	**RAM:** 64KB **VRAM:** 16KB
색상: 4,096	**출시된 게임:** 25종 이상

GX4000은 영국의 전자회사 암스트라드Amstrad가 유럽에서만 출시한 게임기이다. 이 게임기는 1980년대 유럽에서 유행했던 8비트 컴퓨터 제품군인 암스트라드 CPC를 브랜드를 새로 붙여 게임기로 만든 것이었다. 그러나 1990년대 초기에 이르러 이러한 8비트 컴퓨터들은 이미 게임기와 16비트 컴퓨터에 밀려난 후였다.

암스트라드는 1990년 GX4000으로 CPC 시리즈를 살려보려 했지만 CPC 소유자와 가정용 게임기 게이머가 흥미를 가지지 않았기 때문에 거의 출시하자마자 실패했다. 게임기 출시 몇 달 후 GX4000과 CPC 제품군은 단종됐다.

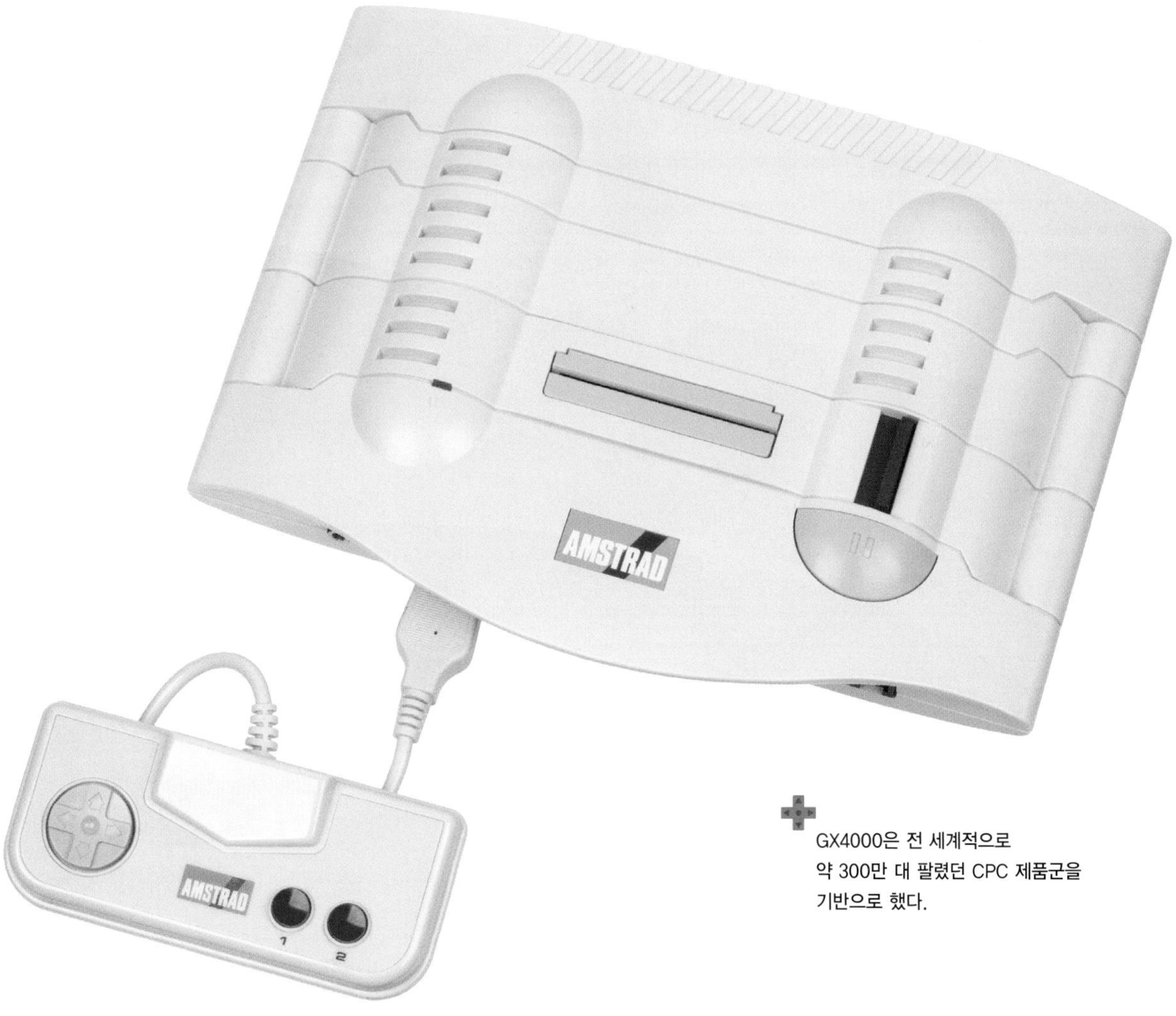

GX4000은 전 세계적으로 약 300만 대 팔렸던 CPC 제품군을 기반으로 했다.

슈퍼 패미컴

출시 가격: ¥25,000	**판매량:** 4100만 대 이상(전 세계)
프로세서: 3.58MHz 속도의 전용 65C816	**RAM:** 128KB **VRAM:** 64KB
색상: 32,768	**출시된 게임:** 1700종(전 세계)

슈퍼 패미컴Super Famicom은 닌텐도의 굉장히 인기 있었던 패미컴/NES 게임기Famicom/NES console의 16비트 후계기이다. 닌텐도가 일본과 미국에서 시장을 지배하면서 회사는 새로운 게임기를 개발하는 데 시간을 쓸 수 있었고, 슈퍼 패미컴은 16비트 라이벌인 세가 메가 드라이브와 PC 엔진에 비해 몇 년 늦게 출시됐다. 출시 당시 슈퍼 패미컴은 경쟁 기기들에 비해 비해 앞선 그래픽 기술과 풍부한 사운드를 가지고 있었으며, 히트작인 〈슈퍼 마리오 월드Super Mario World〉와 함께 출시됐다. 품질 좋은 자사 타이틀과 〈드래곤 퀘스트Dragon Quest〉나 〈파이널 판타지Final Fantasy〉 같은 독점적인 서드파티 게임들은 닌텐도가 일본의 4세대 시장도 지배하게 했다.

미국의 슈퍼 NES는 독특한 모양을 가지고 있었지만 나머지 국가들은 곡선의 슈퍼 패미컴 디자인을 사용했다.

슈퍼 패미컴은 숄더 버튼을 사용한 최초의 컨트롤러를 가진 게임기였다.

코모도어 CDTV

출시 가격: $999	**판매량:** 2만 5000~5만 대(추정)
프로세서: 7.16MHz 속도의 모토로라 68000	**RAM:** 1MB
색상: 4,096	**출시된 게임:** 2000종 이상(대부분 아미가 게임)

코모도어 CDTV[Commodore CDTV]는 내장형 CD 드라이브가 포함된 재포장된 아미가 500 컴퓨터[Amiga 500 computer]였으며, CD 기반의 고품질 멀티미디어 기기의 시작이었다. CD 형식이 등장하면서 전자 산업은 거실 텔레비전을 가족이 공부하고, 음악을 들으며, 게임을 즐기거나 영화를 볼 수 있는 미디어 허브로 바꾸는 형식을 구상했다. 하지만 기술은 비쌌고 대부분의 소비자는 그 돈을 가지고 훨씬 더 많은 기능이 있는 컴퓨터에 투자했을 것이다. 믿기지 않을 만큼 비쌌던 CDTV는 출시하는 동시에 실패했고, TV 박스 형식의 초기 희생자였다.

추가 장치인 키보드, 플로피 디스크(Floppy Drive), 마우스를 사용해서 CDTV를 보통 컴퓨터처럼 쓸 수 있었다.

슈퍼 NES

1991

출시 가격: $199	**판매량:** 4100만 대 이상(전 세계)
프로세서: 3.58MHz 속도의 전용 65C816	**RAM:** 128KB **VRAM:** 64KB
색상: 32,768	**출시된 게임:** 1700종(전 세계)

닌텐도의 16비트 슈퍼 패미컴은 전 세계에 슈퍼 닌텐도 엔터테인먼트 시스템SNES으로 알려져 있다. 미국에서 SNES는 닌텐도를 상대로 빠르게 점유율을 차지한 제네시스와 치열한 게임기 전쟁을 촉발했다. SNES와 제네시스는 막상막하였으며, 대히트작인 〈동키콩 컨트리Donkey Kong Country〉가 출시되고 나서야 SNES가 제네시스를 앞설 수 있었다. 제네시스가 약해졌던 SNES의 말년까지도 SNES는 기세를 이어갔고 4세대의 끝에 가서는 미국에서 가장 많이 팔린 게임기가 됐다.

ABS 플라스틱(ABS plastic)이 자외선에 약해 게임기가 노란색으로 변색됐기 때문에 현재에 들어서 원래의 회색 SNES를 찾는 것은 어렵다.

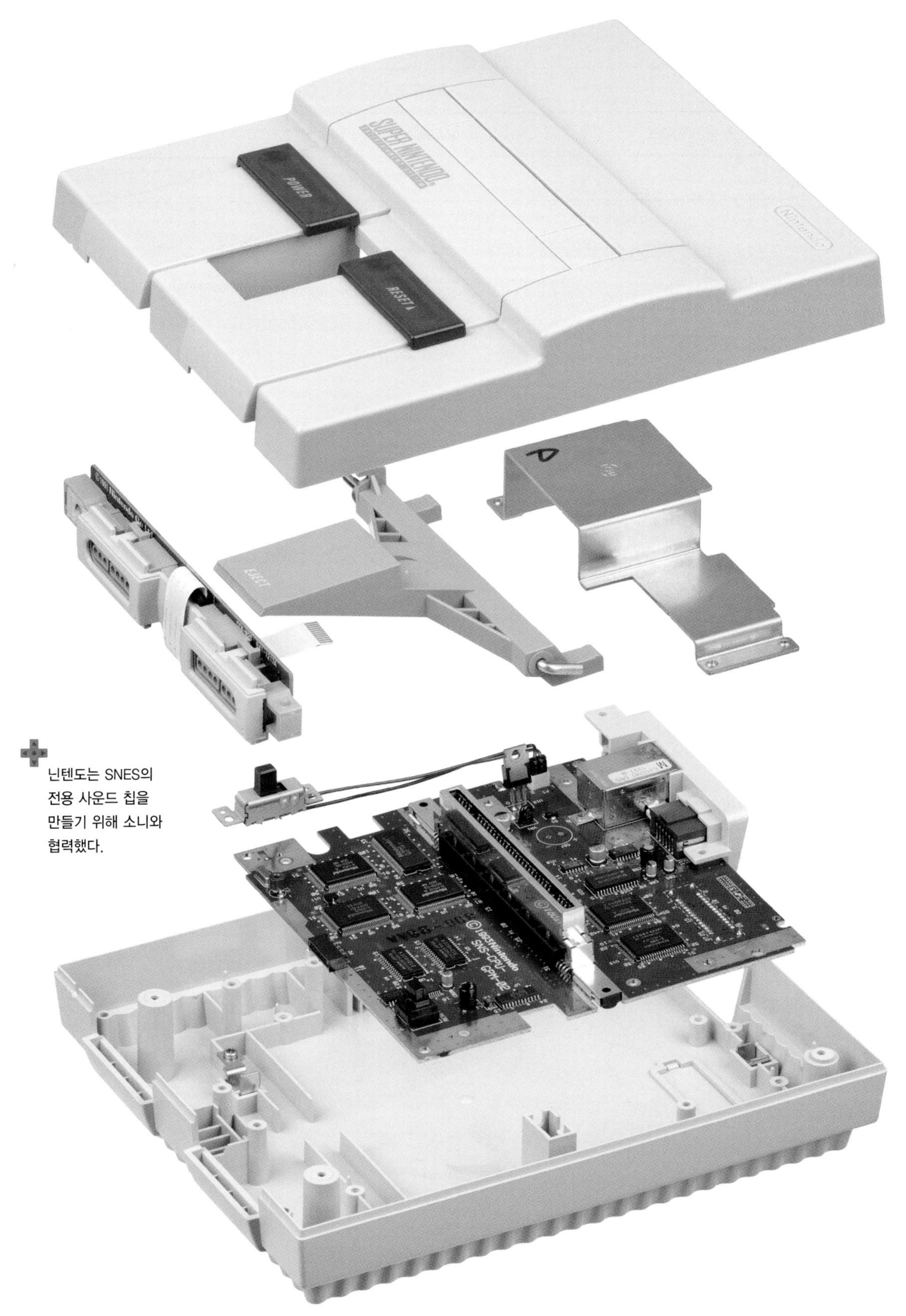

닌텐도는 SNES의 전용 사운드 칩을 만들기 위해 소니와 협력했다.

필립스 CD-i

1991

출시 가격: \$800~\$1000	**판매량:** 100만 대 이상(추정)
프로세서: 15MHz 속도의 모토로라 68070	**RAM:** 1MB
색상: 16,777,216	**출시된 게임:** 190종 이상

필립스가 제작한 CD-i는 다양한 전용 기기에서 재생할 수 있는 CD 기반의 하드웨어 표준과 멀티미디어 형식이다. CD-i 플랫폼은 텔레비전으로 사용자가 게임을 하고, 디지털 비디오를 시청하며, 음악을 듣거나 교육용 소프트웨어를 사용할 수 있는 미디어 허브로 디자인 됐다. 하지만 불행하게도 값비싼 기계와 재미없는 게임, 비디오 CD는 인기를 끌지 못했다. 사람들은 음악과 소프트웨어를 위해 스테레오와 컴퓨터를 사용하는 것을 선호했다. CD-i는 오늘날 닌텐도와 필립스가 SNES에 CD를 추가하기 위한 협력관계가 실패하면서 나온 예기치 못한 결과인 형편없는 〈젤다Zelda〉와 〈마리오Mario〉 게임들로 잘 알려져 있다.

CD-i는 비디오 CD와 대부분의 FMV 게임들을 실행하기 위해 추가 MPEG 디지털 비디오 카트리지가 필요했다.

첫 번째로 출시된 CD-i 플레이어는 거대한 910모델이었다.

450은 게임기처럼 보이는 후속 CD-i 모델이었다.

CD-i 모델과 변형판

필립스와 소니Sony와 금성Goldstar 같은 제조사들은 휴대용 기기, 튼튼한 상업용 기기, 심지어 플레이어가 포함된 텔레비전까지 다양한 CD-i 모델을 만들었다. 필립스는 CD-i를 일반 소비자 및 전문가들을 위한 표준 미디어 형식으로 만들려고 시도했지만 채택률은 낮았다. 90년대 초 멀티미디어 TV기기에 대한 과대광고에도 불구하고 이 장치는 큰 실패를 겪었으며, 판매 부진으로 인한 큰 손실 때문에 필립스는 1996년 CD-i를 포기했다.

메모렉스 VIS

1992

출시 가격: $699	**판매량:** 1만~1만 5천대(추정)
프로세서: 12MHz 속도의 인텔 286	**RAM:** 1MB
색상: 16,777,216	**출시된 게임:** 60종 이상

메모렉스Memorex 비디오 인포메이션 시스템VIS, Video Information System는 탠디 코퍼레이션Tandy Coporation이 제작한 CD 기반의 멀티미디어 기기로 미국의 전자 소매점인 라디오샤크에서 독점적으로 판매됐다. 개조된 윈도우 3.1이 탑재된 VIS는 텔레비전용으로 경량화한 x86 컴퓨터였다. 소프트웨어들은 대부분 어린이를 위한 교육용 타이틀과 〈셜록홈즈: 컨설팅 디텍티브Sherlock Holmes: Consulting Detective〉 같은 포팅된 일부 도스게임들로 이루어져 있었다. 비싸고, 제약이 심하며 재미가 없던 게임기는 1994년 VIS에 대한 지원을 중단하고 남은 재고를 청산업체에 매각한 탠디에게는 완전히 실패한 사업이었다.

VIS는 출시 2년도 되지 않아 20개의 소프트웨어 타이틀들과 함께 99달러에 세트로 구입할 수 있었다.

와타라 슈퍼비전

1992

출시 가격: $49	**판매량:** 알려져 있지 않음
프로세서: 4MHz 속도의 WDC 65C02	**RAM:** 8KB **VRAM:** 8KB
색상: 4(단색)	**출시된 게임:** 60종 이상

와타라 슈퍼비전WATARA SUPERVISION은 1990년대 초 동아시아에서 나온 닌텐도 게임보이 복제품 중 하나였다. 홍콩에서 개발되고 다양한 배급사와 이름으로 전 세계에 판매된 슈퍼비전은 더 적은 비용으로 유사한 경험을 제공함으로써 게임보이를 약화시키려고 했다. 그러나 이 휴대용 게임기는 광고를 거의 하지 않았고, 전국 소매 유통보다는 지역 유통에 의존했기 때문에 게임기를 아는 사람들도 거의 없다. 서드파티 지원이 거의 없었고 게임들은 인기 게임작의 실망스러운 복제품들이었기 때문에 슈퍼비전은 결국 시장에서 사라졌다.

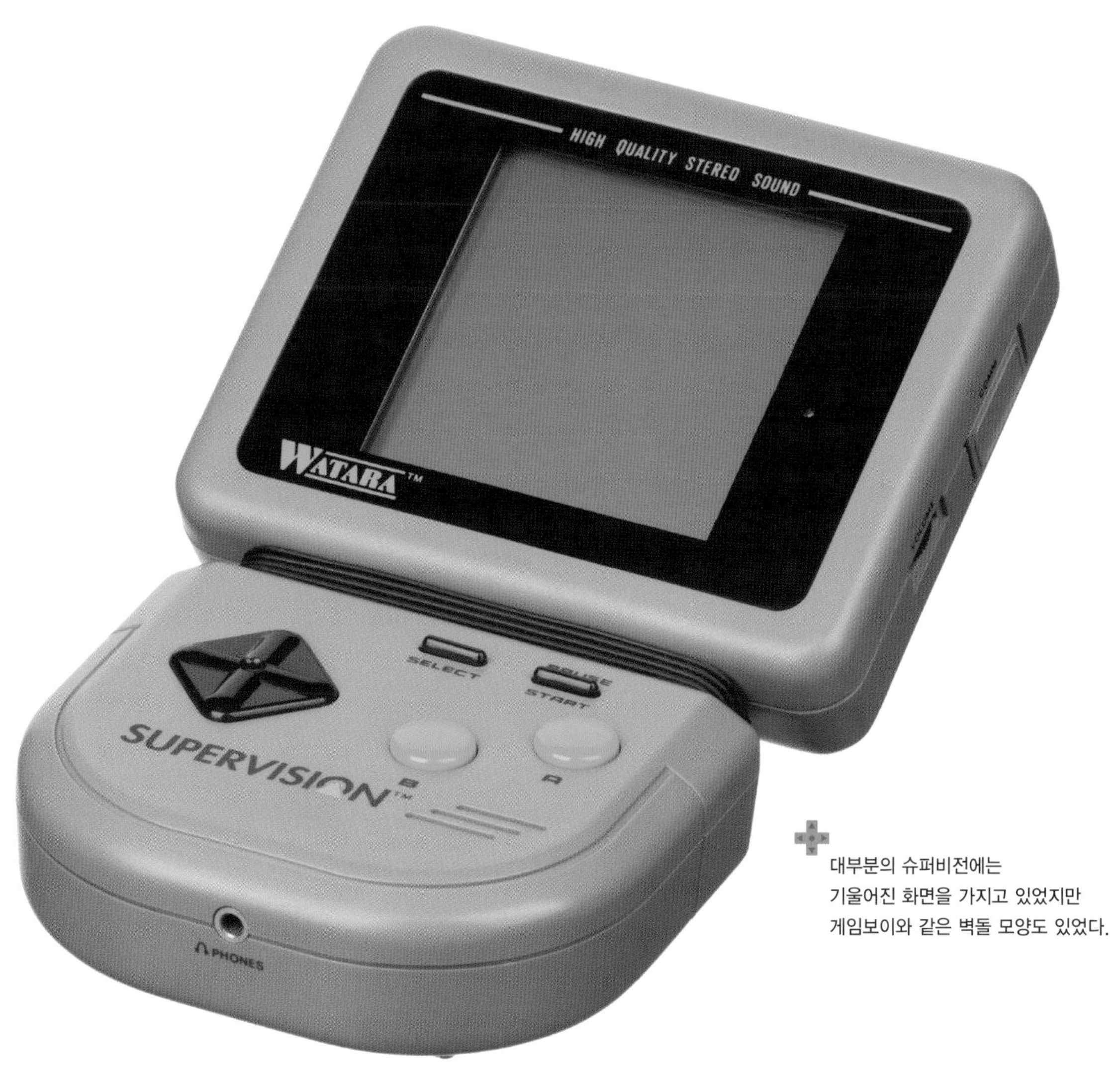

대부분의 슈퍼비전에는
기울어진 화면을 가지고 있었지만
게임보이와 같은 벽돌 모양도 있었다.

메가 덕

1993

출시 가격: €60(근사치)	**판매량:** 알려져 있지 않음
프로세서: 4.19MHz 속도의 LR35902/Z80	**RAM:** 8KB **VRAM:** 8KB
색상: 4(단색)	**출시된 게임:** 45종 이상

메가 덕Mega Duck은 홍콩 전자 회사 웰백 홀딩스Welback Holdings에서 개발한 휴대용 게임기이며 유럽과 남미 전역에서 여러 회사에 의해 판매됐다. 게임기는 와타라 슈퍼비전과 같은 게임보이 모조품이었지만 메가덕은 사양면에서 게임보이와 완전히 일치했다. 메가덕용 게임들은 거의 유명한 게임들의 복제품들이었고 대만 개발자들이 만든 약 24개의 타이틀로 구성된 게임들이 있었다. 게임기는 슈퍼비전, 게임 마스터, GAMATE와 같이 판매량이 낮았을 것 같고, 지금 와서 찾아서 즐기기는 어려울 수 있다.

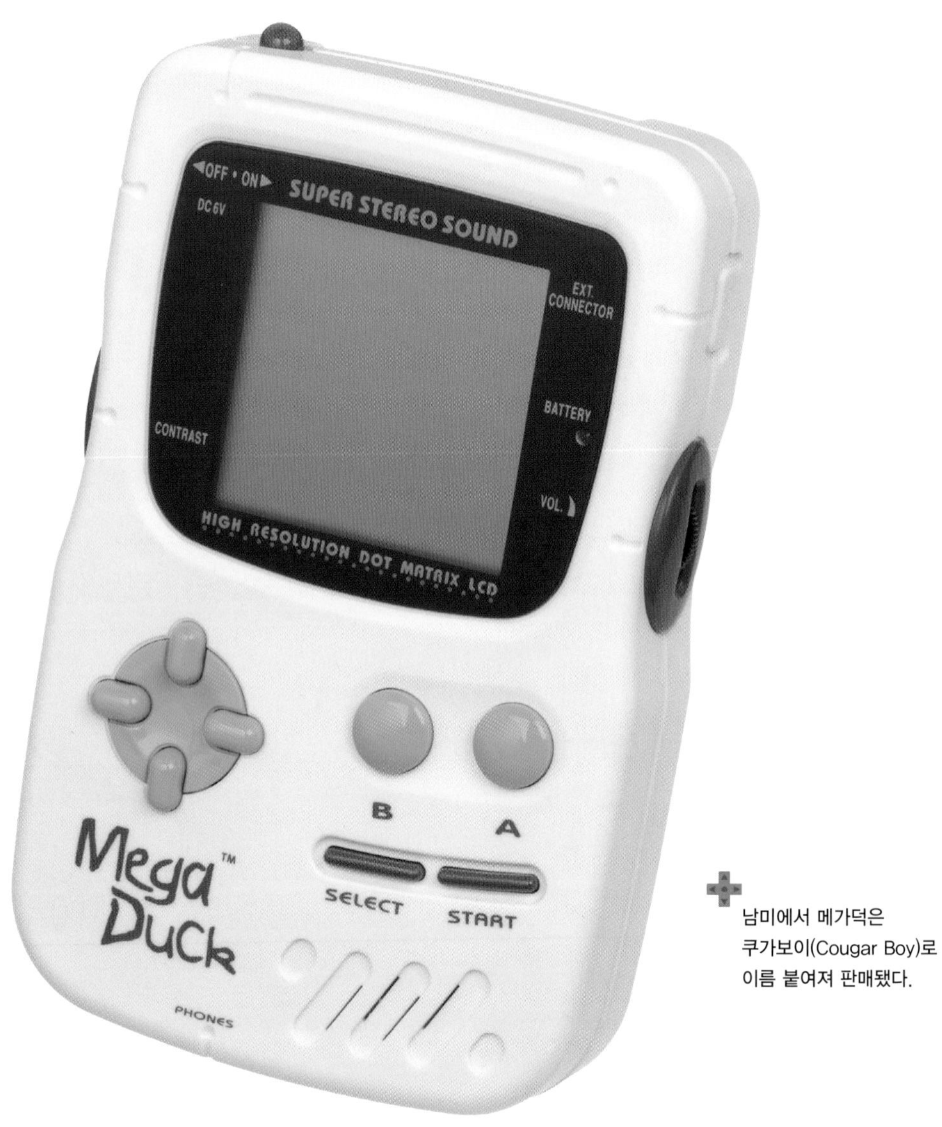

남미에서 메가덕은 쿠가보이(Cougar Boy)로 이름 붙여져 판매됐다.

파이오니어 레이저액티브

1993

출시 가격: $970(레이저디스크 플레이어만)	**판매량:** 4만 대(레이저디스크 플레이어만)
프로세서: 68000(제네시스), Hu6280(Tg-16)	**RAM:** 64KB(제네시스), 8KB(터보그래픽스)
색상: 512(레이저디스크 비디오에 덮어쓸 수 있음)	**레이저 디스크 게임의 수:** 31종

레이저액티브LaserActive는 추가 PAC 확장장치를 사용하면 게임기가 되는 독특한 기능을 가진 CD와 레이저디스크 플레이어이다. 터보그래픽스-16TurboGrafx-16이나 세가 제네시스 확장Sega Genesis expansion을 설치하면서 레이저액티브는 게임기용 게임과 CD 게임 그리고 적지만 전용 레이저디스크 게임들까지 실행할 수 있었다. 레이저액티브는 범용 미디어 기기를 만들기 위한 야심찬 시도였으나 가격 또한 엄청나게 비쌌다. 전체 게임기를 구성하려면 2,000달러가 훨씬 넘었기 때문에 잘 팔리지 않았다. 낮은 판매량과 소비자에게 관심을 끌지 못하면서 파이오니아Pioneer는 레이저액티브 형식을 포기하고 일반 전자 제품에 집중하기 위해 비디오 게임 시장을 포기했다.

대부분의 레이저액티브 PAC 확장은 축전기 누출로 더 이상 동작하지 않는다.

PU-7
SONY JAPAN CXD2516Q 508D24E
SONY JAPAN CXD1199BQ 513D87E
SONY CXD2923AR JAPAN 515E03E
SONY CXA1645M
SONY JAPAN CXD2922Q 515E54E
TOSHIBA TC51V4260BJ-80
NEC JAPAN D482445LGW-A70-S
SONY
SONY CXD8514Q 1994 Sony Computer Entertainment Inc. JAPAN 9511ECI
SONY © Sony Computer Entertainment Inc. CXD8530BQ LSIL L9A0025 WK77550 TBG 9515 HONG KONG
©SONY COMPUTER ENTERTAINMENT INC. RS534340F 1002 5CF 71
SEC KOREA 516Y KM48V514BJ-6

5세대

비디오 게임 산업은 5세대 게임기에서 기술이 빠르게 발전하고 시장 참여자가 흥하고 망하면서 큰 전환을 겪었다. 광미디어는 저렴한 생산비용과 넉넉한 저장 용량으로 카트리지를 넘어섰으며 강력한 맞춤형 프로세서는 게임을 2D에서 3D로 옮겼다. 또한 이 시대는 아타리나 NEC, 3DO와 코모도어[Commodore] 같은 하드웨어 제조업체가 문을 닫거나 게임기의 판매 부진으로 인해 철수하면서 이탈하는 것을 볼 수 있다. 가장 중요한 것은 개발자 친화적이고 잘된 마케팅으로 역사상 가장 많이 팔린 게임기 중 하나가 된 게임기로 게임 시장에 혜성같이 새로 등장한 소니가 세가와 닌텐도를 2등으로 몰아냈다는 것이다.

세가 새턴 마더보드(Sega Saturn motherboard)(위), 소니 플레이스테이션 마더보드(Sony PlayStation motherboard)(맞은편)

FM 타운즈 마티

1993

출시 가격: ¥98,000	**판매량:** 5만~7만 5천 대(추정)
프로세서: 16MHz 속도의 AMD 386SX	**RAM:** 2MB **VRAM:** 640KB
색상: 16,777,216	**출시된 게임:** 500개 이상

FM 타운즈 마티는 후지츠FM Towns Marty가 일본에서만 판매했던 기능을 줄인 컴퓨터와 게임기가 합쳐진 제품이다. 마티는 1989년에 자체 운영체제와 CD 드라이브가 내장된 일본의 컴퓨터 제품인 FM타운즈를 기반으로 만들어졌다. x86 컴퓨터는 멀티미디어에 강하다고 여겨졌지만 비쌌고 포팅된 고품질 아케이드 게임들과 독창적인 소프트웨어로 틈새시장에서만 인기를 끌었다. 1993년 게임기 버전인 마티가 일본시장에 출시했을 때 높은 가격과 한정된 기능 탓에 판매량이 낮았으며 2년만에 생산중단됐다.

후지츠(Fujitsu)는 1994년 더 저렴하고 짙은 회색이었던 개선된 마티 II 모델도 출시했다.

아미가 CD32

1993

출시 가격: $399~$1,000	**판매량:** 5만~7만5천 대(추정)
프로세서: 14MHz 속도의 모토로라 68EC020	**RAM:** 2MB
색상: 16,777,216	**출시된 게임:** 140개 이상

아미가 CD32[Amiga CD32]는 코모도어가 자사의 32비트 아미가 컴퓨터 제품군을 멀티미디어 게임기로 재포장하려는 또다른 시도였다. CDTV가 실패한지 불과 2년 만에 코모도어는 다른 아미가 기반의 게임기로 빠르게 방향을 바꿨다. 새로운 CD32는 CDTV보다 훨씬 저렴했고 더 나은 사양을 가졌으며 명확히 게임에 집중했다. 그러나 1990년대 초 IBM PC가 컴퓨터 시장에서 코모도어를 추월하기 시작하면서 코모도어의 위상과 영향력은 빠르게 줄어들었고 다른 주요 재정 문제들이 코모도어를 파산하게 만들며 CD32가 출시한지 몇 달 만에 문을 닫게 만들었다.

CD32의 후면 확장 베이에는 선택 사양인 MPEG 비디오 디코더를 장착할 수 있다.

3DO

1993

출시 가격: $699	**판매량:** 100만 대 이상(추정)
프로세서: 12.5MHz 속도의 ARM60 RISC	**RAM:** 2MB **VRAM:** 1MB
색상: 16,777,216	**출시된 게임:** 200개 이상

미국이 디자인한 3DO 게임기는 최초의 출시된 32비트 게임기 중 하나이다. 일반적이지 않고 굉장히 재앙적인 선택으로 3DO 컴퍼니는 VCR과 텔레비전 CD 플레이어의 생산 모델처럼 다른 제조 업체들이 제작하고 판매할 수 있는 라이선스를 부여한 하드웨어 표준이 되는 게임기를 설계했다. 이익을 내기 위해 서드파티 제작사들은 3DO를 비싼 가격에 팔아야 했고(일반적으로 게임기 제조사는 게임기를 손실을 보거나 사업 비용으로써 판매한다) 이것은 3DO를 다른 게임기보다 훨씬 더 비싸게 만들었다. 높은 가격과 치열한 경쟁, FMV 타이틀로 가득 찬 불규칙한 게임들은 낮은 판매로 이어졌고 3DO는 1996년에 단종됐다.

첫 번째 3DO 모델인 파나소닉 FZ-1(Panasonic FZ-1)은 판매 촉진을 위한 노력으로 2년만에 가격을 699달러에서 299달러로 낮췄다.

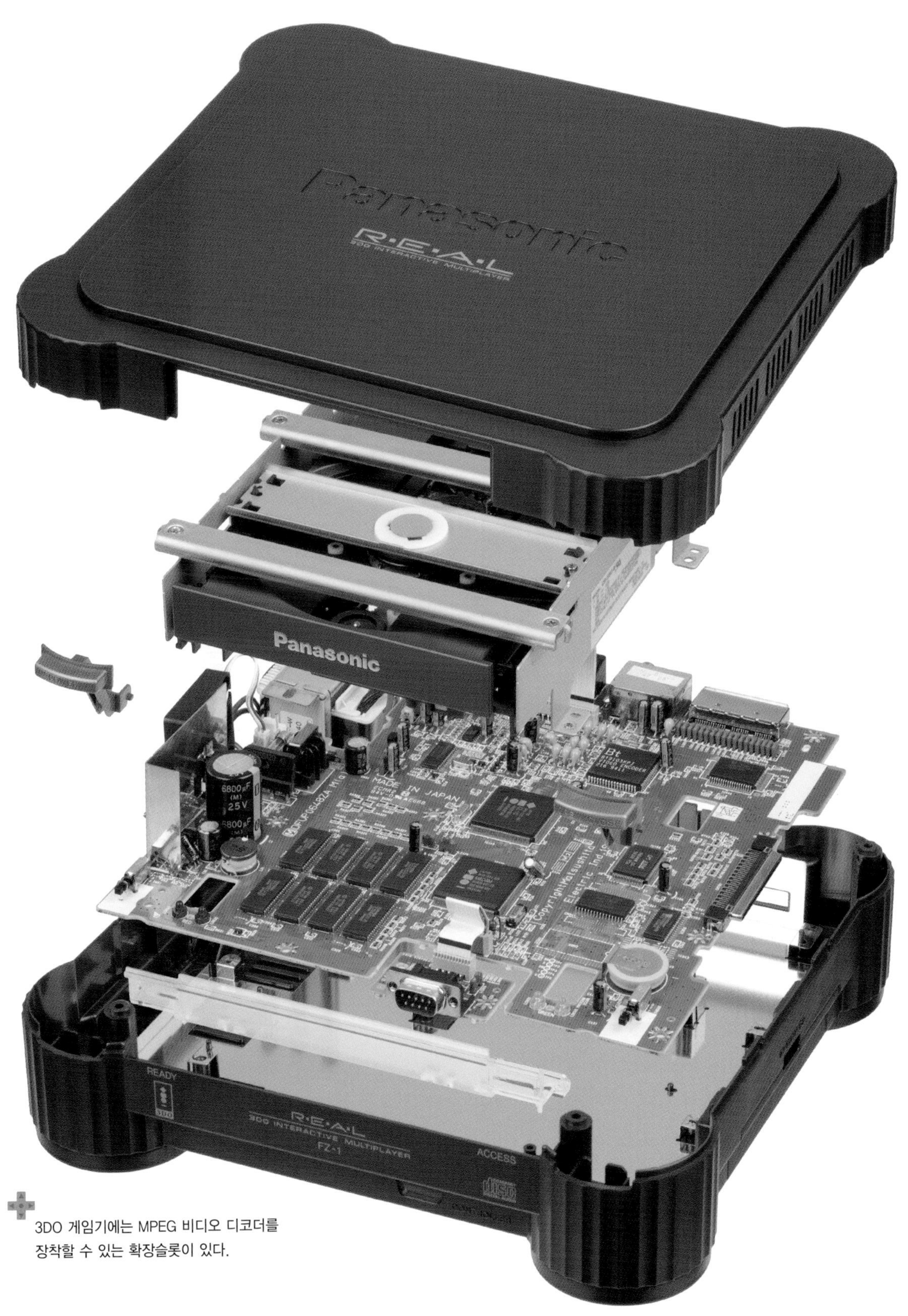

3DO 게임기에는 MPEG 비디오 디코더를
장착할 수 있는 확장슬롯이 있다.

한국 회사인 금성은 파나소닉 이외에 미국에 3DO 게임기를 판매한 유일한 제조사였다.

3DO 변형 모델

소프트웨어 대기업인 EA의 창립자 트립 호킨스Trip Hawkins는 1991년 EA를 떠나 3DO 컴퍼니를 설립했다. 3DO 플랫폼에 대한 그의 급진적인 계획은 서드파티 제조사를 필요로 했으며 호킨스Hawkins는 그의 넓은 산업 연결고리를 사용해서 3DO를 위한 광고를 제작하고 게임기를 제작할 회사들을 끌어들였다. 많은 하드웨어 제조사가 처음엔 3DO 게임기를 만들겠다고 약속했지만 대부분은 치열한 경쟁과 예측할 수 없는 게임기 시장 때문에 참여를 주저하거나 상황을 기다렸다. 플래그십 3DO 모델들이 출시하자마자 어려움을 겪는 것을 보고 대부분의 제조사들은 계획을 완전히 중단했다. 이는 계획 중인 게임기 중 일부만 출시됐다는 것을 뜻한다.

1994년에 출시된 파나소닉 FZ-10
(Panasonic FZ-10)은 상단 투입 CD 트레이가
특징인 FZ-1의 비용절감 개선판이다.

산요가 제작한 트라이는
일본에서만 판매된 3DO 모델이다.

아타리 재규어

출시 가격: $249	**판매량:** 12만 5천~17만 대 (추정)
프로세서: 26.6MHz 속도의 'Tom'과 'Jerry'	**RAM:** 2MB
색상: 16,777,216	**출시된 게임:** 63개

재규어Jaguar는 아타리의 마지막 게임기이자 1986년에 나온 아타리 7800의 진정한 후계자였다. 강력하지만 심각한 결함이 있는 게임기였던 카트리지 기반의 재규어는 복잡하고 사용하기 힘든 멀티프로세서 구조를 가지고 있었다. 이 게임기는 부족한 게임들, 적은 소매점 판매, 부족한 서드파티 지원 같은 다른 시장붕괴 이후의 아타리 게임기가 가지고 있는 모든 문제점을 전부 가지고 있었으며, 이러한 문제점들은 개발자와 소비자들이 떠나게 만드는 아타리의 오명을 더했다. 재규어는 어려움을 겪었고 여러 번 가격 할인을 했음에도 불구하고 3년동안 15만 대도 팔지 못했다. 이 실패는 운영을 중단하고 자산을 매각하게 해서 사실상 회사로서의 아타리의 끝을 의미했다.

1990년대 초 아타리가 컴퓨터 산업에서 밀려난 후 재규어는 아타리가 살아남을 수 있는 마지막 기회였다.

재규어는 IBM이 노스캐롤라이나 (North Carolina)에서 제조했다.

재규어 CD

재규어가 출시된 1993년 후반 이전 아타리는 게임기용 추가 CD 드라이브가 곧이어 출시될 것이라 발표했다. 많은 연기 끝에 재규어 CD는 1995년 9월 출시됐다. 그때까지 재규어는 성공할 가망 없이 실패한 상태였고 세가 새턴과 플레이스테이션이 이미 출시된 후에 나왔던 CD 드라이브의 출시는 무의미한 것으로 증명됐다. 재규어 CD[Jaguar CD]는 아타리의 지원이 종료되기 전까지 짧은 시간 동안만 구할 수 있었고, 그 결과 이 추가 장치용으로 출시된 게임은 13개 밖에 되지 않았다.

아타리 재규어 CD(Atari Jaguar CD)는 자체 포맷을 사용해서 디스크 한 장에 최대 790메가까지 데이터를 저장할 수 있었다.

일부 재규어 게임에는 컨트롤러의 숫자 패드 위에 끼워 쓸 수 있는 덮개가 함께 제공됐다.

세가 새턴

1994

출시 가격: $399	**판매량:** 900만 대 이상
프로세서: 28.6MHz 속도의 두 개의 히타치 SH-2 CPU	**RAM:** 2MB(확장 가능) **VRAM:** 1.5MB
색상: 16,777,216	**출시된 게임:** 1,000종 이상

1994년 가을 아케이드게임 성공작들로 유명했던 세가Sega가 새턴 게임기를 출시할 무렵 일본 아케이드 게임계는 번창하고 있었다. 일본에서 새턴은 〈버추어 파이터Virtua Fighter〉, 〈데이토나 USADaytona USA〉, 〈버추어 캅Virtua Cop〉 같은 세가의 3D 오락실용 독점 이식으로 좋은 평가를 받았다. 게임기의 구조가 플레이스테이션의 그것보다 더 2D 격투게임에 적합했기 때문에 많은 2D 격투게임들이 새턴을 선택했다. 새턴은 일본의 하드코어 게이머들에게 큰 인기를 얻었으며 일본에서 처음 성공한 세가 게임기가 됐다. 하지만 이 성공은 외국에서는 일어나지 않았으며 새턴의 실패는 세가에게 큰 타격을 주었다.

32비트 새턴은 8개의 다른 프로세서로 구동하는 복잡한 게임기였다.

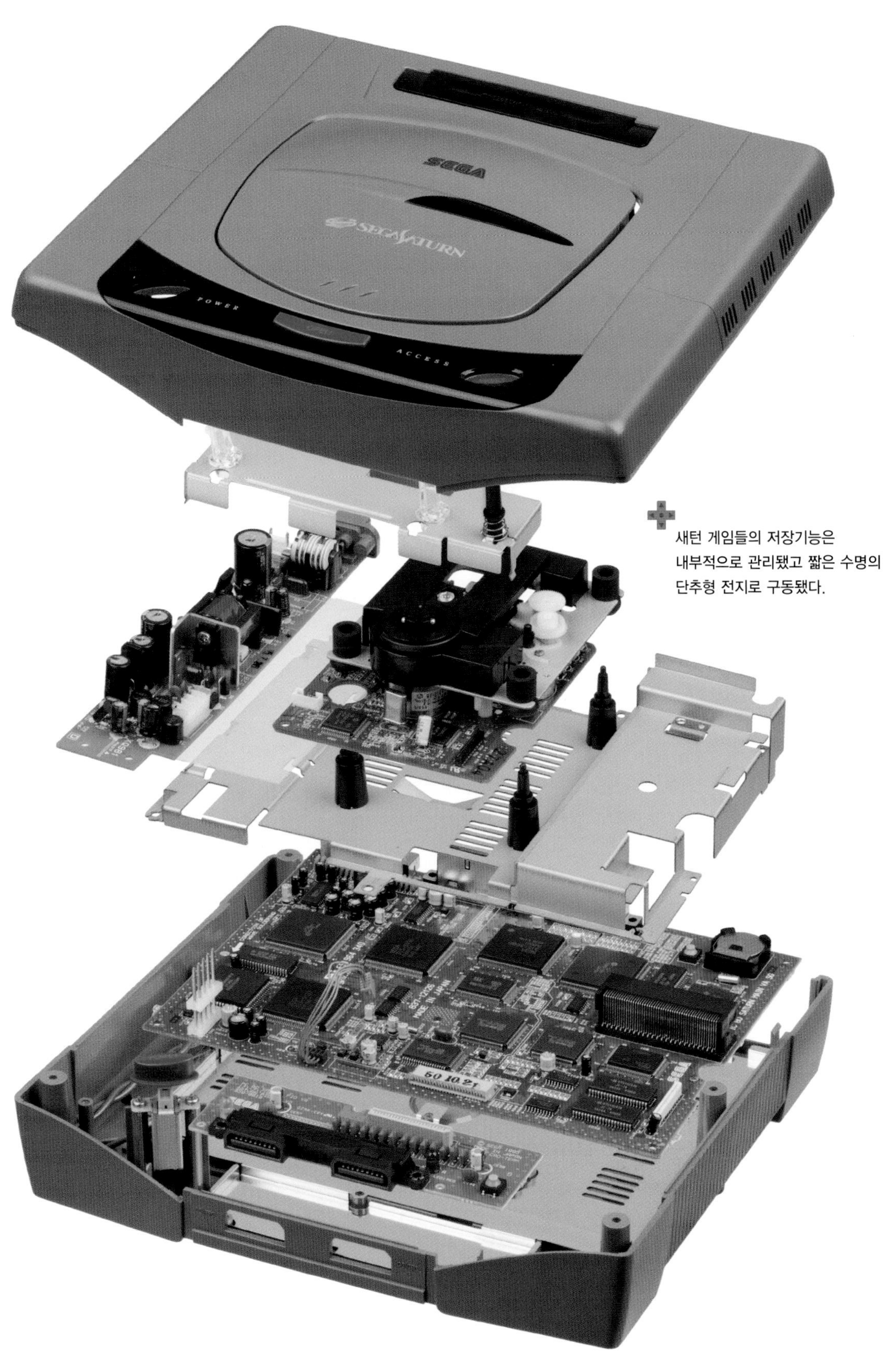

새턴 게임들의 저장기능은
내부적으로 관리됐고 짧은 수명의
단추형 전지로 구동됐다.

미국의 세가 새턴

소니가 플레이스테이션의 미국 출시 가격을 299달러라고 발표하자 세가는 소니를 겨냥해 새턴을 399달러의 가격으로 먼저 발매하기로 갑작스럽고 전격적으로 결정했다. 지금은 실패로 드러난 이 결정은 빠른 발매에 대해 준비가 되지 않았던 개발자와 소매업자들에게 혼란과 분노를 일으켰다. 얼리어답터Early adopter들은 새 게임들을 몇 달 동안 기다려야 했고, 플레이스테이션이 출시되고 새턴이 가격을 100달러 인하하자 속았다고 느꼈다. 추가적으로 개발자들이 새턴과 플레이스테이션에 비해 어려운 새턴의 아키텍처를 버리면서 서드파티의 지원이 줄어들었다. 다음해 판매량은 급격하게 줄어들었고 세가는 제네시스로 얻은 엄청난 미국 시장 점유율을 잃어버렸다.

미국 새턴 컨트롤러는 부피가 크고 나쁜 평가를 받아 결국 일본판으로 교체됐다.

새턴의 넷링크(Saturn's NetLink) 이전에 세가 제네시스는 일대일 플레이(XBAND) 혹은 게임 다운로드(세가 채널)에 사용되는 두 가지 다른 형태의 모뎀이 있었다.

넷링크 모뎀 및 인터넷 기능

인텔리비전[Intellivision] 이전부터 지역 통신사와 협력해서 제작된 게임기용 모뎀이 존재했다. 이러한 장치들은 인터넷 접속이나 제한적이고 실험적인 짧은 수명의 서비스 같은 것들을 제공했다. 세가 새턴은 추가 넷링크 어댑터를 통해 완전한 인터넷 경험을 제공하는 첫 번째 게임기 중 하나였다. 이용자는 이 28.8 Kbps모뎀으로 웹을 검색하고, 이메일을 보내고, 다른 넷링크 소유자와 게임을 할 수 있는 다섯 개의 게임을 할 수 있었다.

소니 플레이스테이션

1994

출시 가격: $299	**판매량:** 1억대 이상
프로세서: 33.8MHz 속도의 LSI/MIPS R300A	**RAM:** 2MB **VRAM:** 1MB
색상: 16,777,216	**출시된 게임:** 2,400종 이상

플레이스테이션PlayStation은 일본의 대형 전자 제품 제조사인 소니Sony의 32비트 게임기이다. 소니는 플레이스테이션에 엄청난 자원을 투자했고, 엄청난 마케팅 캠페인과 다양한 게임들을 준비해서 게임기를 출시했다. 플레이스테이션과 그의 인상적인 3D그래픽은 소니를 게임기 시장의 주요 업체로 빠르게 자리잡게 했다. 서드파티 개발자들이 게임기에서 프로그래밍하기 힘들게 만든 세가와 닌텐도의 개발자들을 소니에게 몰아주는 실수 덕분에 이 게임기는 엄청난 이점을 얻었다. 그 결과였던 많은 수의 게임은 플레이스테이션이 역사상 가장 많이 팔린 게임기 중 하나가 되도록 도움을 줬다.

출시 전 플레이스테이션은 소니와 언론에게서 (게임기의 원래 암호명이었던) PSX로 종종 불렸다.

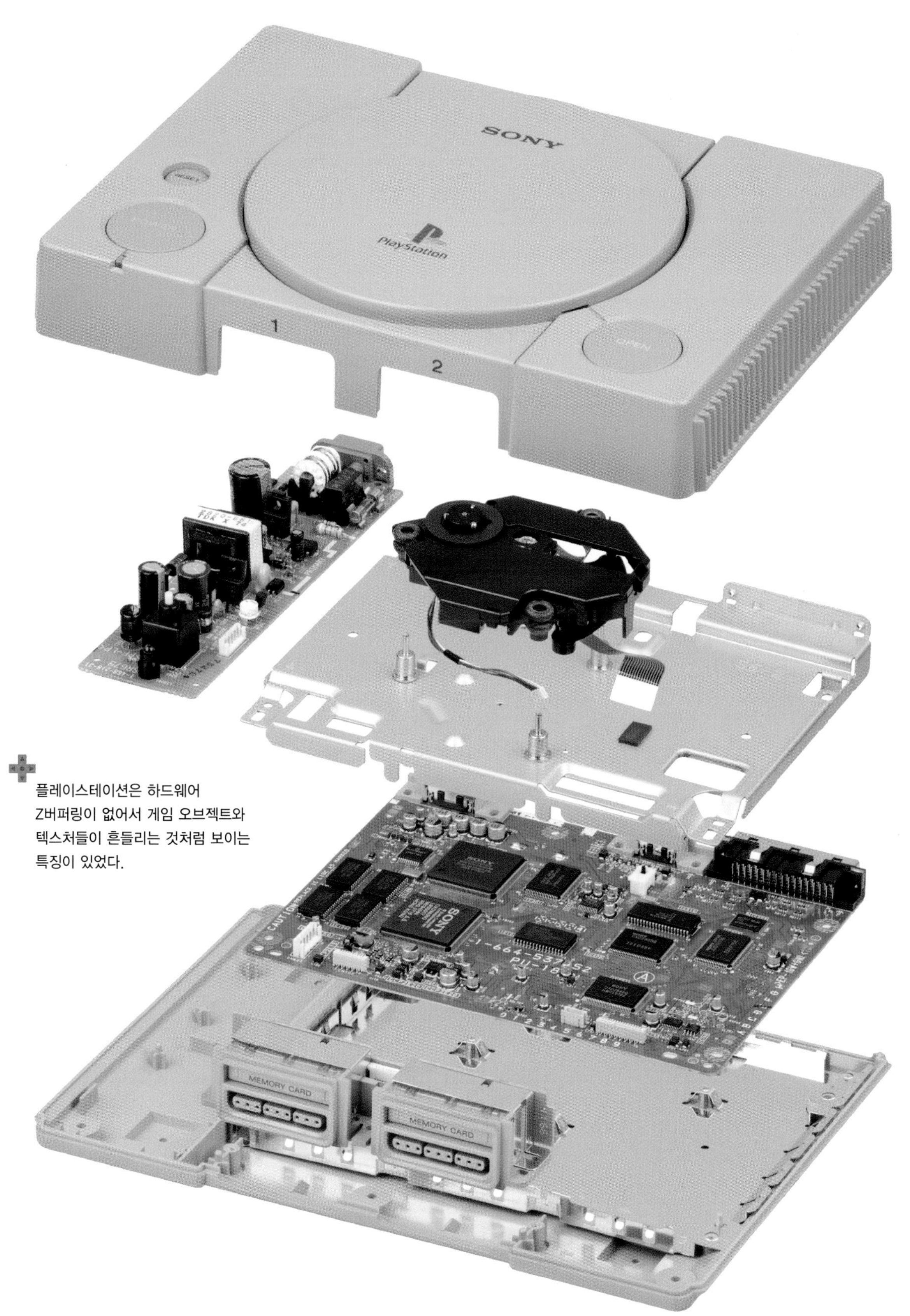

플레이스테이션은 하드웨어 Z버퍼링이 없어서 게임 오브젝트와 텍스처들이 흔들리는 것처럼 보이는 특징이 있었다.

소니 포켓스테이션(오른쪽)은 작은 LCD 화면으로 게임을 즐길 수 있는 일본에서만 판매된 메모리 카드였다.

메모리 카드

CD는 게임 개발자에게 싸고 많은 용량을 가진 미디어를 제공했지만 많은 카트리지 게임에서 제공하던 내장 저장 기능도 제거했다. 새턴, 3DO, 세가 CD 같은 게임기는 게임 진행 상황을 저장하기 위해 내부 메모리에 의존했지만 소니는 플레이스테이션 게임기에 외부 메모리 카드 방식을 선택했다. 플레이스테이션의 엄청난 성공 이후 이 단순하고 교체가능한 메모리는 후기 6세대 가정용 게임기의 표준이 됐다.

1997년에 출시된 소니의 듀얼쇼크 컨트롤러(Sony's DualShock controller)는 아날로그 조이스틱(analog joystick)과 두 개의 진동모터가 추가됐다.

PS one

2000년 소니는 PS one이라는 새로운 모델로 플레이스테이션의 개선판을 냈다. 새로워진 디자인은 원래보다 훨씬 작고 가벼웠으며 준 휴대용으로 즐길 수 있게 추가 LCD 화면을 붙일 수 있었다. 미국에서 소니의 새로운 플레이스테이션 2와 함께 단돈 99달러에 출시됐다. 다음 세대 가정용 게임기와 경쟁했음에도 불구하고 PS one의 저렴한 가격과 히트작들로 이루어진 할 만한 게임이 많았기 때문에 전 세계적으로 2800만 대 이상 게임기를 판매하며 엄청난 성공을 거뒀다.

소니의 공식 4인치 LCD 화면 추가 부품은 129달러에 출시됐으며 PS One과 함께 판매되는 번들은 199달러였다.

플레이스테이션의 병렬 포트는 주로 게임샤크(GameShark) 같은 서드파티 치트 기기에 사용됐다.

플레이스테이션의 변화

소니는 자신의 게임기와 소형기기들을 더 작고 저렴하며 안정적으로 만들기 위해 지속적으로 수정했다. 일부 게임기는 시간이 지남에 따라 거의 사용하지 않는 기능들을 제거하면서 더 간소화됐다. A/V 잭A/V jacks, 병렬 포트parallel port, 직렬 포트serial port가 게임기가 생산되는 동안 사라졌으며 초기 플레이스테이션에서만 찾아볼 수 있다.

반다이 플레이디아

1994

출시 가격: ¥24,800	**판매량:** 20만 대 이상(추정)
프로세서: 8MHz 속도의 도시바(Toshiba) TMP87C800F	**RAM:** 256KB **VRAM:** 512KB
색상: 16,777,216	**출시된 게임:** 33종

플레이디아Playdia는 일본의 장난감회사 반다이Bandai에서 만든 CD기반 게임기이다. 일본에서만 판매된 플레이디아는 아이들과 가족들을 위해 디자인된 전통적이지 않은 게임기였다. 게임기보다 비디오 플레이어에 가까웠던 게임기는 제한된 상호 작용만 가능했던 FMV 타이틀들만 플레이할 수 있었다. 대부분의 게임들은 교육용이거나 세일러문, 건담, 드래곤볼Z같은 유명한 반다이의 IP를 기반으로 했다. 플레이디아는 보통의 게임기와 경쟁할 의도가 전혀 없었지만 게임기 판매는 매우 적었고 서드파티 게임은 출시된 적이 없었다. 플레이디아에 대한 지원은 1996년 반다이 피핀Bandai Pippin이 출시되면서 종료됐다.

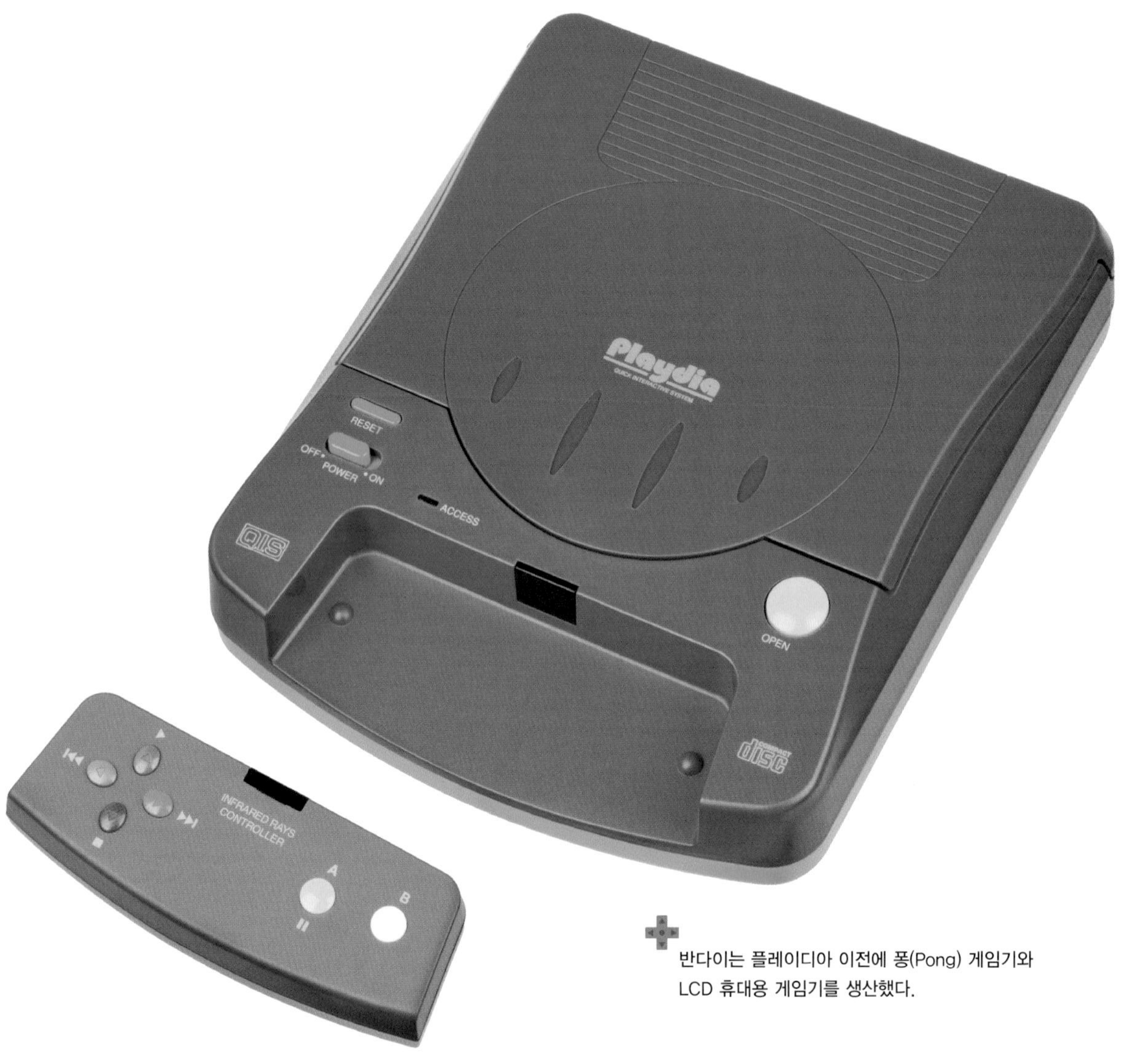

반다이는 플레이디아 이전에 퐁(Pong) 게임기와 LCD 휴대용 게임기를 생산했다.

NEC PC-FX

1994

출시 가격: ￥49,800	**판매량:** 40만 대(추정)
프로세서: 21.5MHz 속도의 NEC V810	**RAM:** 2MB **VRAM:** 1.25MB
색상: 16,777,216	**출시된 게임:** 62종

PC-FX는 NEC가 오랫동안 기다렸던 PC 엔진의 후계자로 새턴Saturn과 플레이스테이션과 함께 일본에서만 출시됐다. 그러나 같이 나온 게임기들과 달리 PC-FX는 폴리곤 3Dpolygonal 3D 그래픽을 렌더링할 수 없었고 대신 2D 스프라이트2D sprites와 풀 모션 비디오full motion Video에 초점을 뒀다. 이러한 선택은 치명적인 실수였고 업계가 빠르게 3D로 바뀌면서 비쌌던 PC-FX가 나쁜 성능과 구식으로 보이게 만드는 원인이었다. 이전의 PC 엔진 팬들은 새로운 게임기로 몰려갔고 게임기가 새턴, 플레이스테이션, N64에 이어 4위를 차지하자 NEC는 게임기 시장에서 완전히 철수했다.

FMV 컷씬(cutscenes)이 많은 일본 애니메이션 게임이 PC-FX용의 적은 게임 중 대부분을 차지했다.

버추얼 보이

1995

출시 가격: $179	판매량: 77만~100만 대
프로세서: 20MHz 속도의 NEC V810	RAM: 1MB
색상: 4색(적색 단색)	출시된 게임: 22종

버추얼 보이Virtual Boy는 붉은색 LED로 만든 단색 입체 3D 디스플레이가 특징인 닌텐도의 준 휴대용 게임기였다. 원래는 헤드 트래킹head tracking 기능이 있는 쓸 수 있는 바이저visor로 구상됐지만 여러가지 기술적 타협과 제약으로 탁상용 경험을 주는 반쪽짜리 게임기가 됐다. 버추얼 보이는 출시 당시 게임기 가격, 기만적인 기능, 두통을 유발하는 화면 등 비판적인 리뷰와 함께 미지근한 반응을 받았다. 몇 달 후 가격 인하에도 불구하고 판매량이 잘 나오지 않아 닌텐도는 버추얼 보이를 중단했고, 이는 닌텐도의 드문 실패작 중 하나가 됐다.

버추얼 보이는 고속 진동 거울을 사용해서 각 눈에 이미지를 투사했다.

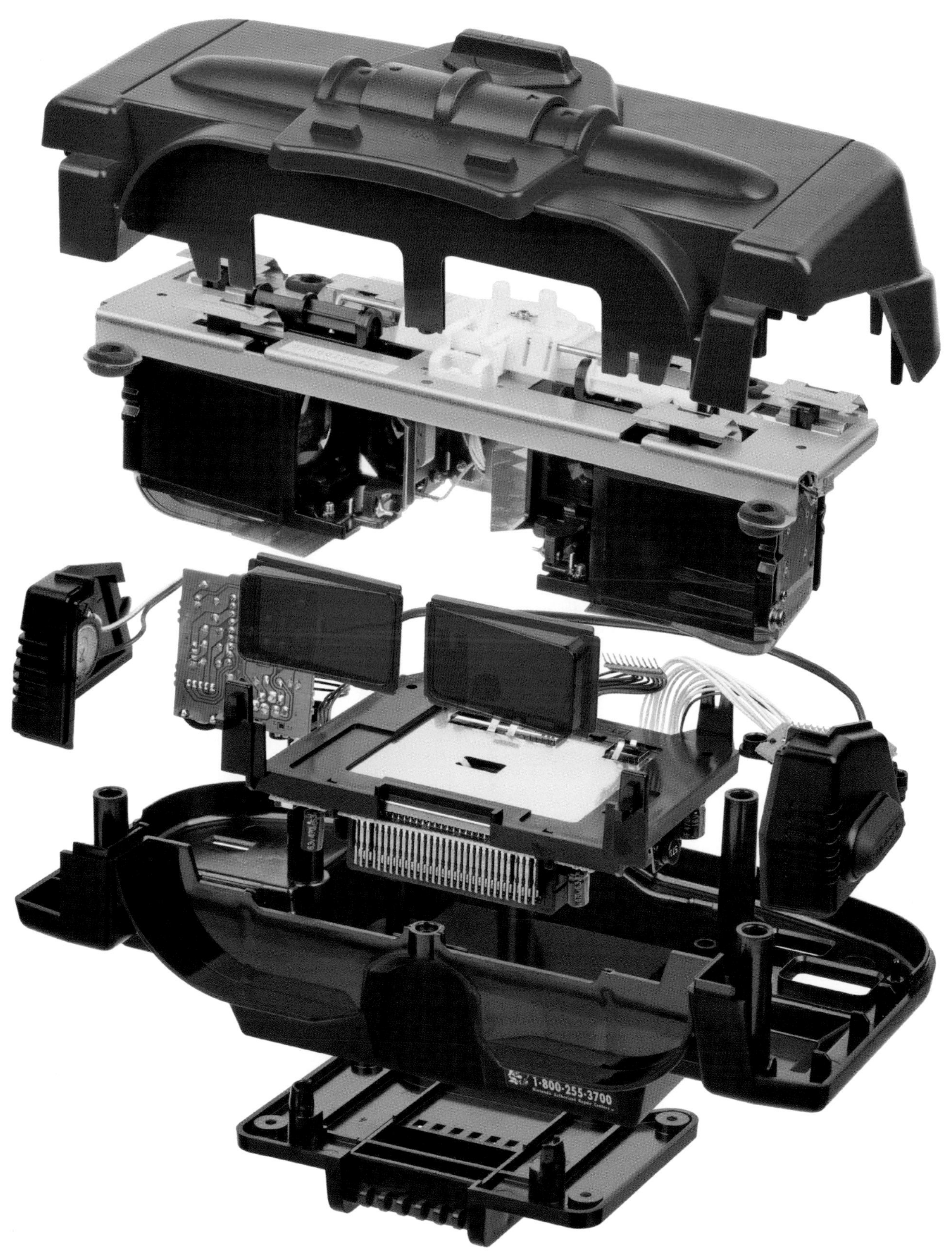
1-800-255-3700

타이거 R-존

출시 가격: $29	**판매량:** 알려져 있지 않음
프로세서: 샤프 SM51X(카트리지 내장, 다양함)	**RAM:** 없음
색상: 2(흑백)	**출시된 게임:** 25종 이상

타이거 일렉트로닉스Tiger Electronics는 1980, 1990년대 휴대용 LCD 게임으로 잘 알려진 미국의 장난감 및 게임회사이다. 1995년 타이거는 휴대용 게임들을 투명한 창 같이 LCD 스크린을 집어넣은 교체가능한 카트리지를 사용한 게임기인 R-존에 집어넣기 위해 재작업했다. R-존의 첫 번째 게임기는 작은 아이 바이저에 카트리지의 LCD 화면을 투영하는 특이한 머리띠로 고정하는 헤드셋이었다. 결과는 보기도 힘들고 게임하기도 어색하고 재미도 없었다. 저렴한 가격과 배트맨, 스타워즈, 모탈 컴뱃 같은 히트 프랜차이즈를 기반으로 한 게임들이 있었지만 값싼 LCD 게임의 인기는 급격하게 하락했고 R-존 제품군은 1997년 단종됐다.

타이거 일렉트로닉스는 인기있는 영화, TV쇼, 게임기용 게임을 기반으로 저렴한 LCD 게임을 빠르게 준비해 대량 생산하는 전문가였다.

R-존 X.P.G.는 작은 전구로 카트리지의 LCD 화면을 바이저 대신 붉은색 거울에 투영했지만 그 결과는 여전히 보고 플레이하기 어색했다.

다양한 R-존 제품

첫 번째 R-존 헤드셋R-Zone's headset 디자인은 독특하고 사용하기 어려웠지만, 타이거는 종래 방식의 여러가지 R-존 재생장치를 출시하는 것으로 문제를 해결했다. 익스트림 포켓 게이머X.P.G., Xtreme Pocket Gamer는 LCD 카트리지를 붉은색 거울로 투영하는 휴대용 게임기였다. 슈퍼스크린은 전구로 게임의 LCD 를 큰 화면에 투영하는 탁상용 게임기였다. 가장 희귀한 R-존 제품은 R-존 카트리지를 삽입할 수 있는 슬롯이 있는 10대를 위한 전자수첩인 데이터존DataZone이었다.

슈퍼아칸

1995

출시 가격: NT$2,900	**판매량:** 1만~2만 대(추정)
프로세서: 10.7MHz 속도의 모토로라 68000	**RAM:** 64KB **VRAM:** 128KB
색상: 32,786	**출시된 게임:** 12종

슈퍼아칸Super A'can은 대만에서만 출시된 카트리지 기반의 16비트 게임기이다. 이 게임기는 복제 게임기와 해적판 게임을 위한 칩을 생산했던 것으로 알려진 대만의 반도체 제조사인 UMC에 의해 만들어졌다. UMC는 표준 68000 CPU와 짝을 이루는 게임기를 위한 맞춤형 사운드와 그래픽 칩을 디자인했다. 그 결과 새로운 최첨단 32비트 게임기와 성숙한 16비트 슈퍼 패미컴Super Famicom과 메가 드라이브 게임기들과 같은 시기에 출시된 평균적이고 구식인 16비트 게임기가 탄생했다. 출시 당시 슈퍼아칸은 엄청난 실패작이었고, 출시된 지 몇 달 만에 단종됐다.

추가 CD 드라이브와 32X 스타일 확장 장치가 출시 당시 발표됐지만 실제로 나온 적은 없었다.

카시오 루피

1995

출시 가격: ￥25,000	**판매량:** 15만~20만 대(추정)
프로세서: 20MHz 속도의 히타치 SH7021	**RAM:** 512KB
색상: 32,786	**출시된 게임:** 10종

PV-1000을 제작한지 12년 후 카시오Casio는 소녀들을 위해 개발되고 판매된 최초의 게임기인 루피Loopy로 가정용 게임기 시장에 돌아왔다. 일본에서만 판매된 이 카트리지 기반의 게임기는 2D 그래픽의 간단한 게임만 할 수 있었지만 가장 눈에 띄는 내장 프린터 기능이 있었다. 열전사 프린터thermal printer는 특수 처리된 종이 카트리지를 이용해 컬러 스티커를 만들 수 있었고 루피의 옷 입히기와 로맨스로 이루어진 적은 게임들은 모두 스티커 인쇄 기능이 중심이었다. 이용자는 TV와 VCR 혹은 캠코더에서 추가 악세서리를 통해 비디오를 가져와 자신만의 맞춤 스티커를 만들 수 있었다.

일본에서는 1990년대 중반 스티커에 귀여운 그림들을 덧씌워서 인쇄하는 새로운 포토부스가 인기를 끌었다.

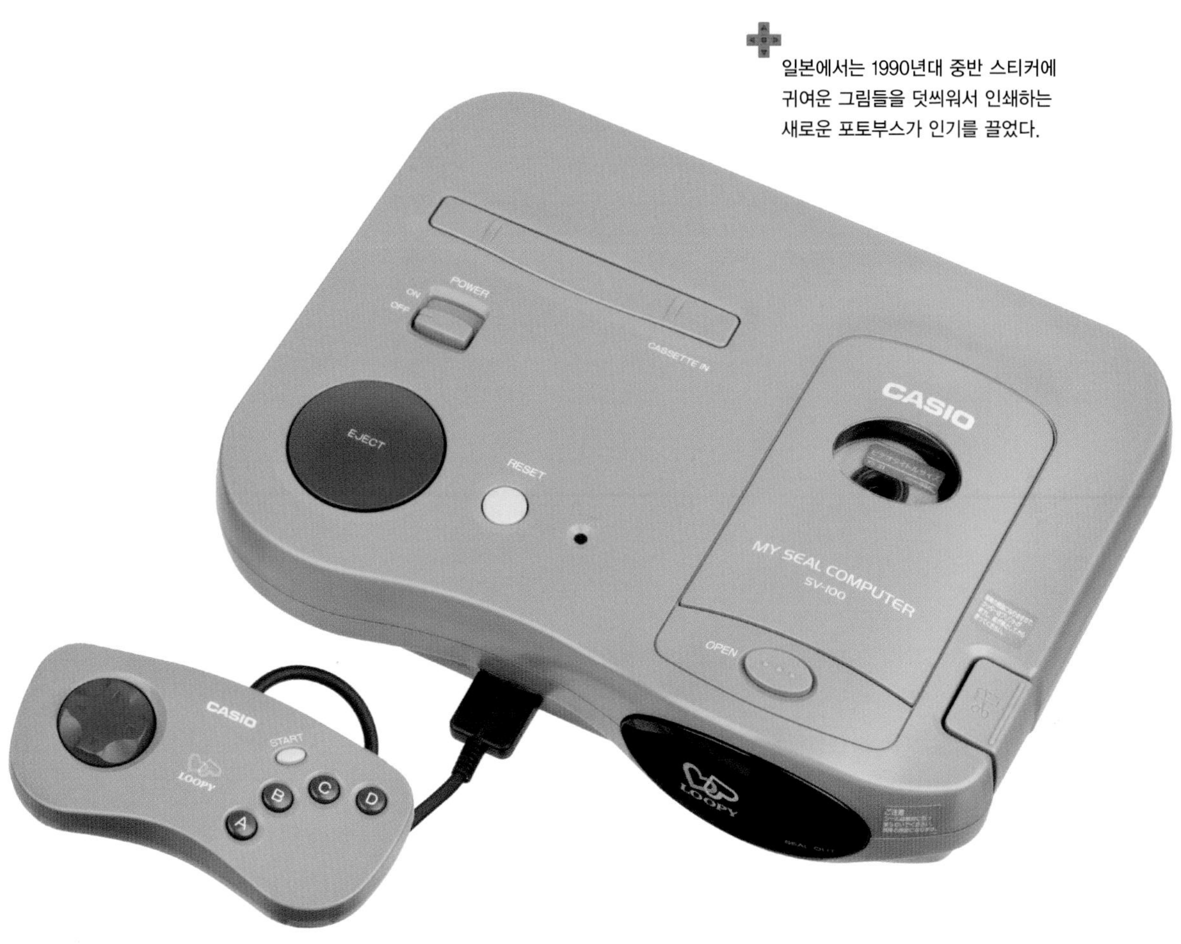

닌텐도 64

1996

출시 가격: $199	**판매량:** 3,000만 대 이상
프로세서: 93.75MHz 속도의 NEC/MIPS 4300i	**RAM:** 4.5MB(확장 가능)
색상: 16,777,216	**출시된 게임:** 380종 이상

5세대의 마지막 주요 가정용 게임기는 향상된 3D그래픽을 가진 카트리지 기반의 64비트 게임기 닌텐도 64(N64)였다. 닌텐도 64는 출시가 여러 번 연기됐고, 그 사이 소니의 인기있는 플레이스테이션이 닌텐도를 크게 앞섰다. N64는 출시 후 카트리지가 너무 비싸고 프로그래밍하기 어려운 아키텍처를 가졌기 때문에 서드파티 개발자들을 끌어들이기 힘들었다. 비록 닌텐도는 게임 시장의 선두를 소니에게 뺏겼지만 〈슈퍼마리오64Super Mario 64〉와 〈젤다의 전설: 시간의 오카리나The Legend of Zelda: Ocarina of Time〉 같은 평단의 찬사를 받은 게임들 덕분에 오늘날에도 사랑받고 기억되고 있는 성공을 거뒀다.

닌텐도 64의 값비싼 카트리지는 플레이스테이션이나 새턴의 CD 게임보다 평균 20달러 이상 비쌌다.

닌텐도 64는 확장팩(expansion pack) (맨 위의 붉은색 부품)을 통해 4MB의 램을 추가하는 업그레이드를 할 수 있었다.

닌텐도 64 컨트롤러와 주변기기들

닌텐도 64의 특이한 삼지창 모양의 컨트롤러는 다양한 플레이 설정을 위해 여러 가지 방법으로 잡을 수 있었지만 실제로 D패드를 사용한 게임은 매우 적었다. 컨트롤러 아래의 확장 포트는 메모리카드, 게임보이 카트리지 어댑터, 화면 동작과 동기화해서 진동하는 모터인 진동팩Rumble Pak에 사용할 수 있었다.

닌텐도 64 컨트롤러의 아날로그 스틱은 시간이 지남에 따라 닳아서 헐거워지는 플라스틱 부품으로 만들어졌다.

닌텐도 64DD

64DD는 더 많은 저장 공간과 실시간 시계와 다시 쓰기 가능한 디스크를 사용할 수 있는 자기 디스크 드라이브였다. 이 장치는 고유한 디스크 게임(젤다 64가 플래그십 타이틀로 고려됐다.)을 갖추거나, 카트리지 게임에 추가 콘텐츠가 동작할 수 있도록 계획됐다. 그러나 닌텐도 64가 출시되기 전에 발표됐음에도 불구하고, 64DD는 여러 가지 이유로 3년 동안 연기됐고 예정된 게임들의 대부분은 취소되거나 카트리지로 이식됐다. 1999년 일본에서만 작게 출시됐으며 닌텐도는 DD용으로 10개 미만의 게임만을 출시한 후 이 추가 장치를 조용히 포기했다.

대부분의 64DD는 모뎀과 랜드넷(Randnet)이라는 온라인 웹 브라우징(web-browsing) 서비스 구독과 함께 번들로 제공됐다.

아이큐 플레이어

일반적으로 아이큐 플레이어iQue Player라고 불렸던 '디바인 게임 머신Divine Gaming Machine'은 중국 회사인 iQue와 협력해서 중국시장을 위해 개발된 N64이다. 게임기의 하드웨어는 모두 컨트롤러에 포함돼 있으며 게임들은 교체가능한 플래시 드라이브에 들어 있었다. 키오스크kiosks나 온라인 PC 스토어에서 새 게임을 구매해 플래시 드라이브flash drive에 저장할 수 있었다.

애플 피핀

1996

출시 가격: $599	**판매량:** 4만 대
프로세서: 66MHz 속도의 모토로라 파워PC 603	**RAM:** 6MB(확장 가능)
색상: 16,777,216	**출시된 게임:** 20종

피핀Pippin은 애플 컴퓨터에서 개발하고 반다이Bandai가 판매한 하이브리드 컴퓨터hybrid computer 게임기이다. 애플은 맥 운영체제가 담긴 기기를 멀티미디어 박스 및 비디오 게임 시장으로 확장하기 위해 플랫폼을 설계했지만 게임기 및 게임 제작과 광고 등 출시에 관한 거의 모든 것을 반다이에게 맡겼다. 출시 당시 이 게임기는 높은 가격, 적은 게임들, 한정적인 컴퓨터 기능, 소매점에서 찾아보기 힘든 점 등 여러 가지 이유로 반다이와 애플에게 즉각적인 재앙으로 다가왔다. 미국과 일본에서 엄청나게 낮은 판매량을 보이면서 반다이는 회사가 마비될 정도의 큰 손실을 입었다.

피핀은 하드 드라이브(hard drive) 용량이 부족했기 때문에 운영 체제를 CD마다 모두 저장하고 게임기를 켤 때마다 불러와야 했다.

타이거 게임닷컴

출시 가격: $69.99	**판매량:** 20만~30만 대(추정)
프로세서: 샤프 SM8521	**RAM:** 없음
색상: 4(단색)	**출시된 게임:** 20종

타이거 일렉트로닉스Tiger Electronics는 실패한 R-존 제품군을 8비트 프로세서로 구동되는 흑백 그래픽의 저렴한 휴대용 게임기인 게임닷컴Game.Com으로 이어갔다. 게임닷컴은 터치스크린과 스타일러스stylus 펜과 달력과 전화번호부, 계산기가 들어 있는 PDA 기능이 특징이었다. 게임기는 〈레지던트 이블 2Resident Evil 2〉처럼 인상깊어 보이는 게임들이 포함돼 있긴 하지만 할 게임이 적었고 대부분은 좋지 않은 게임 플레이와 프레임레이트framerate가 고르지 않던 적은 수고를 들인 포팅 게임이었다. 타이거는 게임닷컴 출시 1년 후 더 작고 기능을 줄인 버전의 게임닷컴을 출시했지만 낮은 판매량으로 인해 이 휴대용 게임기는 결국 1999년에 단종됐다.

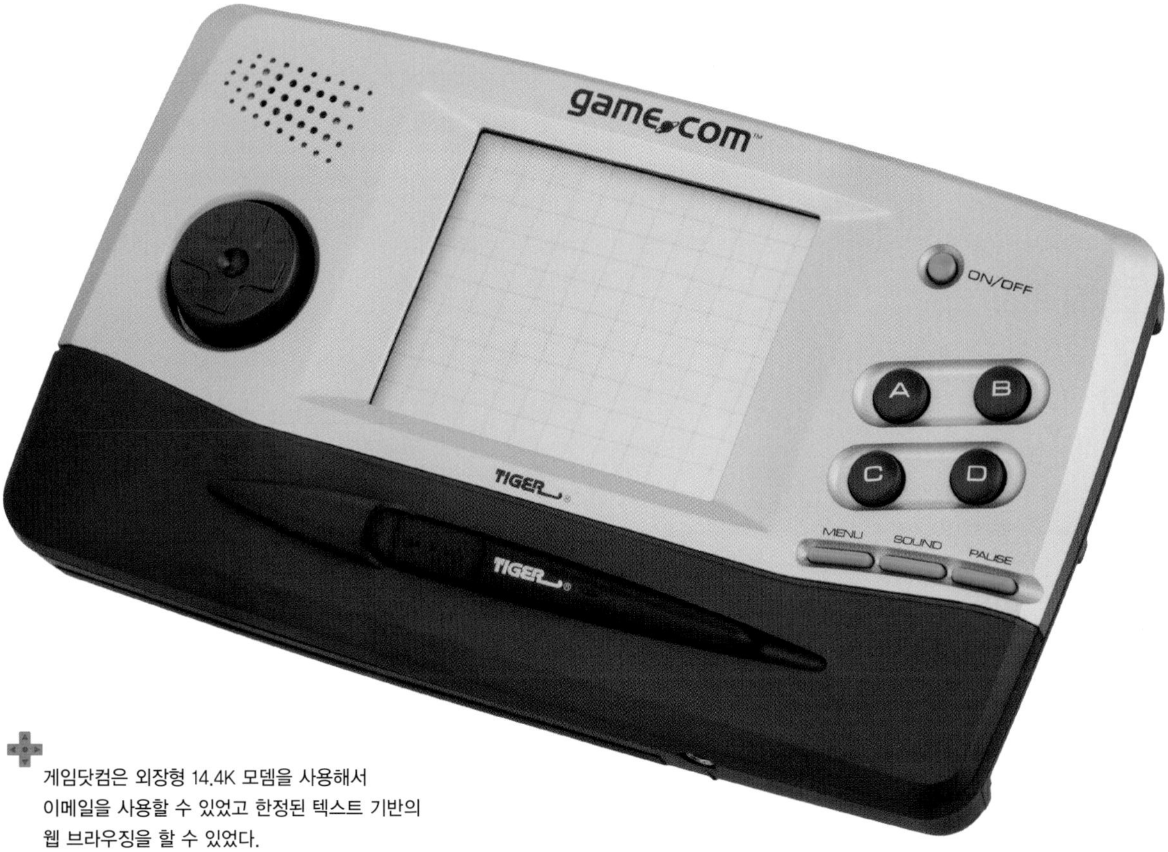

게임닷컴은 외장형 14.4K 모뎀을 사용해서 이메일을 사용할 수 있었고 한정된 텍스트 기반의 웹 브라우징을 할 수 있었다.

게임보이 컬러

출시 가격: $69

판매량: 1억 1800만 대 이상(전체 모델 기준)

프로세서: 4.19 또는 8.39MHz 속도의 샤프 LR35902

RAM: 32KB **VRAM:** 16KB

색상: 32,768

출시된 게임: 1,000종 이상(전체 모델)

게임보이 컬러는 컬러 화면, 더 빠른 프로세서, 더 많은 메모리를 갖추는 방식으로 향상됐다. 새로운 컬러 휴대게임기는 일반 게임보이와 완벽하게 호환됐으며 컬러 게임보이만의 향상된 게임들도 플레이할 수 있었다. 이전 게임보이에 비해 완벽하게 세대를 넘어선 건 아니지만 부분적으로 새로운 게임보이용 게임 시리즈인 〈포켓몬스터Pokémon〉 덕분에 닌텐도의 또다른 히트작이 됐다. 싸우는 생물을 수집하고 교환하는 게임인 〈포켓몬스터〉는 인기 TV시리즈와 수많은 장난감을 만들어내며 전 세계적인 현상이 됐으며 게임보이가 출시된 후 10년이 지나 다시 활력을 얻었다.

게임보이 컬러는 단 2개의 AA 건전지로 30시간 이상 구동가능한 배터리 수명의 왕이었다.

POWER
GAME BOY COLOR
Nintendo
SELECT START
CGB-CPU-02

네오지오 포켓

1998

출시 가격: $69	**판매량:** 100만 대 이상(전체 모델 기준)
프로세서: 6.144MHz 속도의 TLCS-900H	**RAM:** 12KB **VRAM:** 16KB
색상: 초기모델: 8(단색), 컬러모델: 4,096	**출시된 게임:** 9종(초기 모델), 80종 이상 (컬러 모델)

네오지오 포켓Neo Geo Pocket은 일본 게임시장을 주요 목표로 출시된 SNK의 16비트 휴대용 게임기이다. 버튼 두 개의 수수해 보이는 휴대용 게임기는 흑백 LCD 화면이 특징이었으며 인기있던 오락실용 SNK 게임들의 단순화된 판을 실행할 수 있었다. 출시 후 네오지오 포켓은 새로운 게임보이 컬러와 원더스완WonderSwan 휴대용 게임기와 치열한 경쟁에 직면했고, SNK는 1999년 게임기의 새로운 컬러버전을 빠르게 출시했다. 그러나 게임보이가 시장을 계속 지배하고 원더스완이 주요 서드파티 지원을 가져가면서 네오지오 포켓은 3등이 됐다.

초기 네오지오 포켓은 일본에서만 출시됐으나 이후 나온 컬러 모델은 1999년 전 세계에 발매됐다.

네오지오 포켓 컬러는 한 번에 146개의 색을 표시했으며 이는 초기 모델의 8단계의 회색보다 훨씬 많았다.

원더스완

1999

출시 가격: ¥4,800	판매량: 350만 대
프로세서: 3.072MHz 속도의 NEC V20	RAM: 16KB(초기 모델), 64KB(컬러 모델)
색상: 초기 모델: 8(단색), 컬러 모델: 4096	출시된 게임: 100개 이상(초기 모델), 90개 이상(컬러 모델)

원더스완WonderSwan은 게임보이를 만든 전 닌텐도 엔지니어인 요코이 군페이Gunpei Yokoi가 고안한 16비트 흑백 휴대용 게임기이다. 요코이 군페이의 새로운 회사인 코토 연구소Koto Laboratory는 장난감과, 전자 게임과 원더스완을 만들었다. 이 게임기는 반다이에게 선택돼 1999년 일본에서만 판매됐다. 원더스완은 게임보이처럼 AA건전지 한 개로 24시간 이상 동작하는 엄청나게 배터리 효율이 좋은 게임기였다. 또한 게임기를 가로로 혹은 세로로 플레이할 수 있는 기발한 이중 조종방식이 있어서 원더스완의 퍼즐 게임에 유용했다.

비극적이게도 요코이 군페이는 1997년 자동차 사고로 사망해서 그가 설계에 도움을 준 게임기의 출시를 보지 못했다.

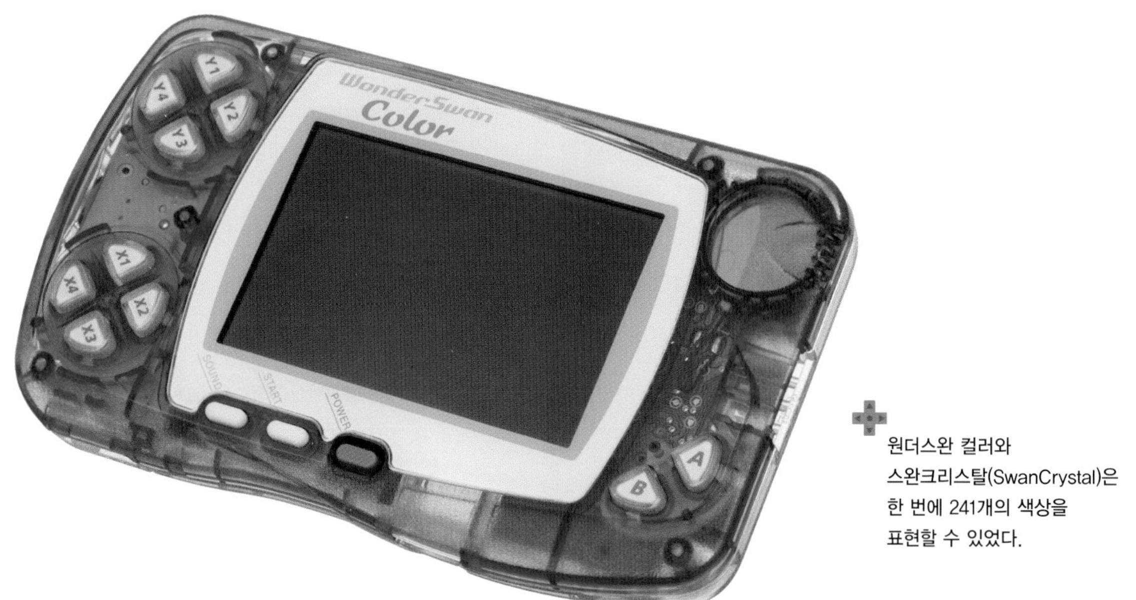

원더스완 컬러와 스완크리스탈(SwanCrystal)은 한 번에 241개의 색상을 표현할 수 있었다.

스퀘어는 〈파이널 판타지(Final Fantasy)〉와 다른 RPG들을 2000년부터 원더스완 컬러로 가져오기 시작했고 이것은 게임기의 판매량을 크게 늘렸다.

원더스완 컬러와 스완크리스탈

원더스완의 가장 큰 도전은 컬러 그래픽을 휴대용 게임기의 새로운 표준으로 만든 게임보이 컬러가 출시된 지 몇 달만에 나온 것이다. 반다이는 첫 번째 게임기의 출시 1년만에 새로운 컬러 버전 휴대용 게임기인 원더스완 컬러를 출시하는 것으로 대응했다. 전반적으로 원더스완 시리즈는 서드파티의 엄선된 고품질의 독점 게임들 덕분에 약간의 성공을 거뒀지만 제왕 닌텐도를 따라잡을 수는 없었다. 2002년 반다이는 개선된 컬러 화면을 가진 최종버전 스완 크리스탈SwanCrystal을 출시했지만 그 다음해에 단종됐다.

Sony Computer
Entertainment Inc.
EE
EmotionEngine TM
©2001 SCEI ALL RIGHTS RESERVED
CXD9832GB 0523HKL
H2273Y
MX S052833
MX23L8400YC-10G
©2004 SCEI
B1110A D1010U
M84
2M437405
GH-032-54
P1-6PS2K4M
-42NY
78M05G
RE521
RS2004FS

6세대

새로운 게임기를 출시하고 지원하는 막대한 비용을 감당할 수 있는 회사가 점점 줄어들면서, 6세대 게임기들의 하드웨어 제조사는 3개의 주요 업체로 축소됐다. 소니는 새로운 플레이스테이션 2 게임기로 계속 우위를 이어갔고, 남은 회사들은 2위를 놓고 경쟁했다. 세가는 새턴Saturn과 드림캐스트Dreamcast로 막대한 재정적 손실을 입은 후 게임기 시장을 떠나 서드파티 게임 개발사가 됐다. 새로운 도전자인 마이크로소프트Microsoft는 Xbox 게임기를 자리잡게 하기 위해 막대한 재정적 손실을 견디며 많은 자금을 쏟아부었다. 닌텐도는 플레이스테이션 2와 Xbox에 맞서 견디기 위해 분투했으며 이는 닌텐도가 다음세대 게임기에서 직접적인 경쟁을 포기하고 새로운 아이디어와 이용자층으로 방향을 전환하게 했다.

게임 큐브 마더보드(GameCube motherboard)(위), 플레이스테이션 2 슬림 마더보드(PlayStation 2 Slim motherboard)(맞은편)

세가 드림캐스트

1998

출시 가격: $199	**판매량:** 900만 대 이상
CPU: 200MHz 속도의 히타치 SH-4	**RAM:** 16MB **VRAM:** 8MB
GPU: 100MHz 속도의 NEC PowerVR2	**출시된 게임:** 600종 이상

새턴Saturn 게임기의 실패 이후 세가는 플레이스테이션에게 많은 팬 기반을 뺏겼다. 회사의 자산손실로 세가는 더 이상 실패를 감당할 수 없었다. 다음 게임기였던 드림캐스트는 잃어버린 시장 점유율을 되찾고 수익성을 회복하기 위한 최후의 수단이 돼야 했다. 출시 당시 게임기와 게임들은 좋은 평가를 받았지만 세가가 살아남기 위해 필요한 정도까지는 아니었다. 2000년 연말 시즌의 실망스러운 판매량 이후 세가는 더이상 하드웨어 사업을 하지 않고 다른 게임기들에 들어갈 게임의 개발과 퍼블리싱만 할 것이라 발표했다.

미국에서 드림캐스트(Dreamcast)는 1999년 9월 9일 출시했다.

드림캐스트는 고속통신망 접속 어댑터로 업그레이드할 수 있는 전화 접속 모뎀이 포함돼 있었다.

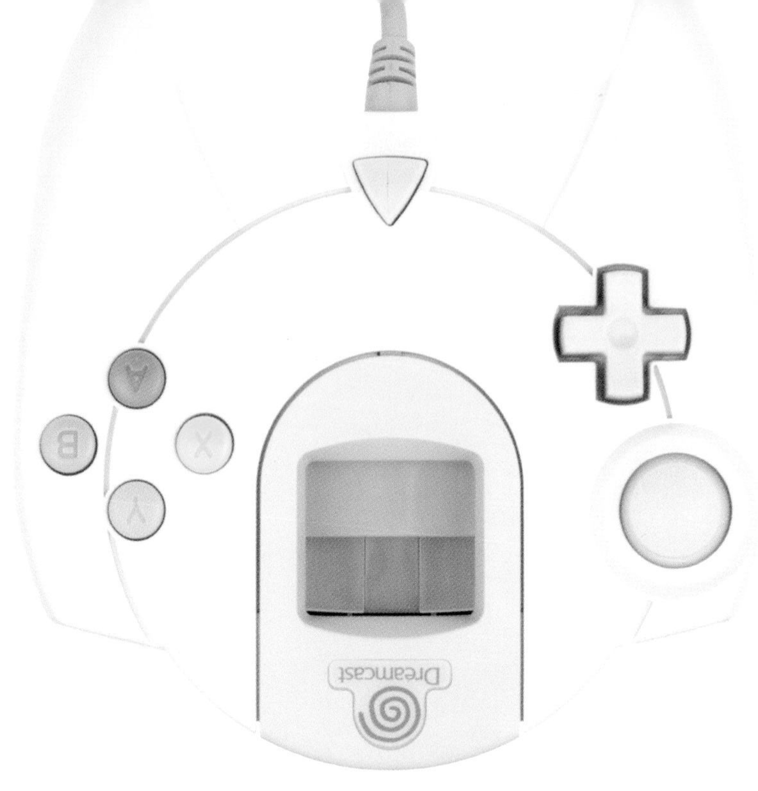

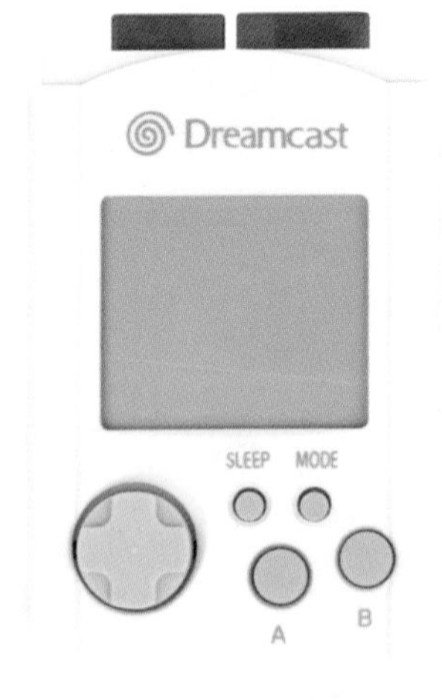

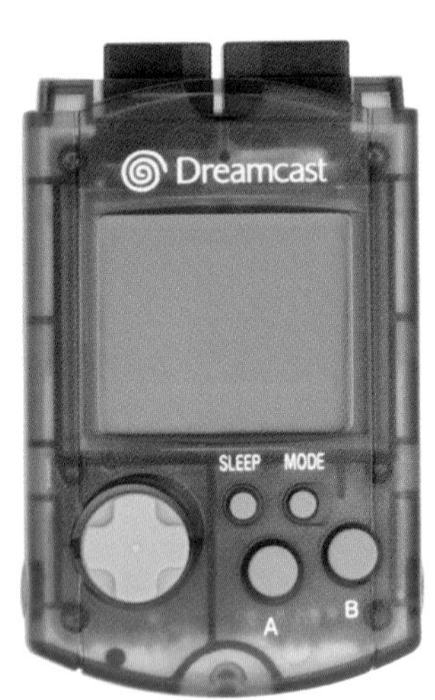

비주얼 메모리 유닛

드림캐스트의 커다란 컨트롤러에는 메모리 카드, 진동 팩rumble pack 혹은 마이크에 사용할 수 있는 두 개의 확장 슬롯이 있었다. 비주얼 메모리 유닛VMU, Visual Memory Unit라 불리는 메모리카드는 N64의 그것보다 더 개선됐으며 게임기와 독립적으로 사용할 수 있게 화면과 조작이 분리돼 있었다. 사용자는 그것만으로 세이브파일을 관리하고 전송하거나, 〈소닉 어드벤처Sonic Adventure〉와 같은 일부 타이틀에서 미니게임을 다운로드해서 플레이할 수도 있었다. 컨트롤러에 끼웠을 경우 플레이 중에 비주얼 메모리의 작은 화면에 캐릭터의 체력 같은 수치를 표시해줬다.

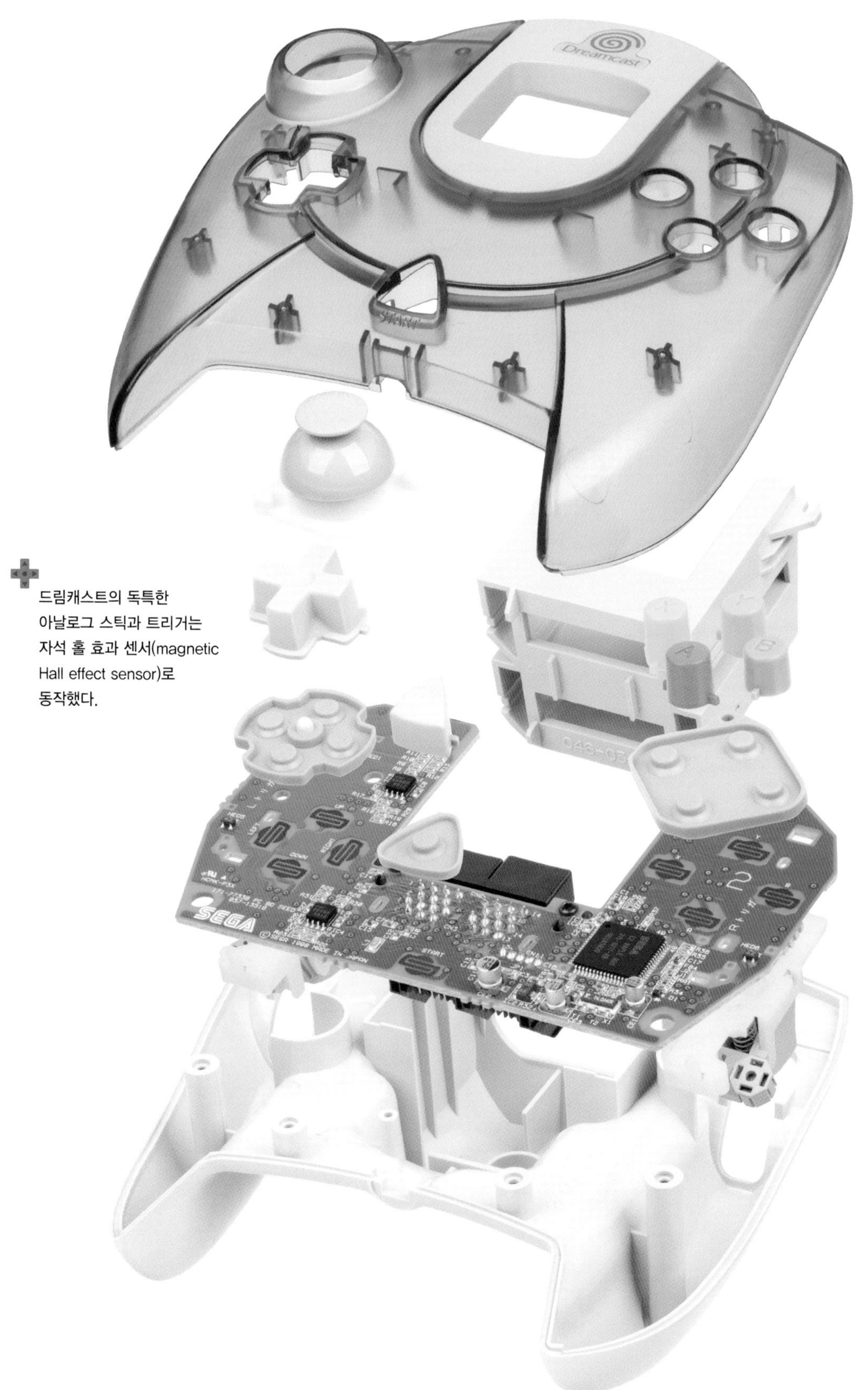

드림캐스트의 독특한 아날로그 스틱과 트리거는 자석 홀 효과 센서(magnetic Hall effect sensor)로 동작했다.

플레이스테이션 2

2000

출시 가격: $299	**판매량:** 1억 5,500만 대 이상
CPU: 295MHz 속도의 전용 '이모션 엔진'	**RAM:** 32MB
GPU: 147MHz 속도의 전용 '그래픽 신디사이저'	**출시된 게임:** 2,400종 이상

역사상 가장 많이 팔린 게임기인 플레이스테이션 2PS2, Playstation 2는 전 세계적으로 1억5천5백만 대 이상 판매되며 가정용 게임기 6세대를 지배했다. 첫 번째 플레이스테이션의 성공은 PS2에 대한 홍보를 도왔고, PS2는 출시 동시에 엄청난 군중이 몰려들어 빠르게 매진됐다. 강력한 서드파티 지원과 비평가들의 찬사를 받은 많은 게임으로 PS2는 시장에서 세가의 드림캐스트를 밀어냈고, 닌텐도의 게임 큐브GameCube와 마이크로소프트의 Xbox와의 경쟁을 떨쳐버렸다. 이 게임기는 플레이스테이션 3가 출시된 후에도 몇 년 동안 더 얇게 재설계된 모델이 잘 팔리면서 10년 동안 계속 인기를 끌었다.

PS2는 플레이스테이션의 게임들과 컨트롤러 그리고 메모리카드와 하위 호환됐다.

별도로 판매된 PS2 리모컨은 영화를 더 쉽게 볼 수 있게 만들어주었다.

DVD 영화 재생

플레이스테이션 2 출시 당시에도 DVD 플레이어는 여전히 상대적으로 새로웠으며 비쌌다. DVD 영화도 재생할 수 있는 게임기의 (그리고 단독 DVD 플레이어보다 그렇게 비싸지 않은 가격이었던) 소니의 기술은 게임기의 큰 판매 포인트였다. 많은 게이머에게 PS2는 첫 번째이자 주요 DVD 플레이어였다.

플레이스테이션 2 슬림 시리즈

소니는 첫 번째 플레이스테이션이 그랬듯이 전통을 이어가며 2004년 더 작고 더 전력 효율적인 디자인으로 플레이스테이션 2 게임기를 개선했다. '슬림'이라 불리는 새로운 플레이스테이션 2(오른쪽 위)는 크기와 무게를 극적으로 줄였다. 2007년 새롭게 출시한 슬림 모델(왼쪽 위)은 전원공급장치를 게임기 안에 집어넣고 외부 전원 공급장치를 완전히 제거할 수 있을 정도로 내부 구성요소를 줄였다.

PS2 슬림 모델(PS2 Slim models)에는
온라인 게임을 위한 랜선 어댑터와
DVD 리모컨을 위한 적외선 센서가
내장돼 있었다.

누온

2000

출시 가격: $350	**판매량:** 알려져 있지 않음
프로세서: 전용 쿼드 코어 '아리스' 칩	**RAM:** 32MB(기기마다 다름)
제조사: 도시바, 삼성, RCA	**출시된 게임:** 8종

누온Nuon[1]은 2000년 VM랩스에서 출시했던 단명한 하이브리드 DVD 플레이어 겸 비디오 게임 플랫폼이다. 누온은 대부분의 DVD 플레이어에서 볼 수 있는 표준 비디오 디코더를 VM랩스에서 제작한 칩으로 대체해서 게임기의 성능을 크게 향상시켰다. 누온 칩을 설치하면서 DVD 플레이어는 실질적으로 닌텐도 64와 맞먹는 3D 그래픽 성능을 갖춘 비디오 게임기로 바뀌었다. 그러나 대부분의 전자기기 제조업체는 제조 단가 증가를 이유로 관심을 가지지 않았으며 소수의 누온 모델만 생성됐다. 평가가 좋지 않은 게임 몇 개만 출시된 후 VM 랩은 2001년 말에 파산 신청을 했다.

누온의 향상된 기능을 사용한 DVD영화는 〈일곱 가지 유혹(Bedazzled)〉(2000), 〈닥터 두리틀 2(Dr. Dolittle 2)〉(2001), 〈혹성탈출(Planet of the Apes)〉(2001), 〈카우보이 밴자이의 모험(The Adventures of Buckaroo Banzai the 8th Dimension)〉(1984) 4편뿐이다.

1 삼성에서도 엑스티바란 이름으로 누온이 출시됐다. – 옮긴이

GP32

2001

출시 가격: 179,000원	**판매량:** 3만 대
프로세서: 삼성 ARM920T	**RAM:** 8MB
해상도: 320×240 픽셀	**출시된 게임:** 25종 이상

GP32는 한국의 회사 게임파크가 한국과 일부 유럽 시장에 판매한 휴대용 게임기다. 전통적인 게임기들과 다르게 GP32는 오픈소스 플랫폼이었고, 자신들만의 게임 카트리지가 아니라 표준 규격 메모리카드를 사용했다. 게임기는 적은 공식 게임들과 몇 가지 주목할 만한 자작 게임들이 있지만 많은 GP32 소유자는 주로 GP32를 이전 세대 8비트 및 16비트 게임기를 플레이하는 휴대용 에뮬레이터로 사용했다. 출시 후 GP32 부서에서 여러 기술자들이 나왔고, 새로운 회사를 만들어 2000년대 동안 에뮬레이션에 초점을 둔 오픈소스 게임기를 계속 개발했다.

세 가지 다른 GP32 모델이 출시됐다.
첫 번째는 조명 없는 LCD였으며 두 번째로
앞에 조명을 넣은 디스플레이로 개선했으며,
'블루'는 여기 보이는 대로 백라이트를 사용했다.

게임보이 어드밴스

출시 가격: $99	**판매량:** 8천만 대 이상
프로세서: 16.8MHz 속도의 ARM7TDMI	**RAM:** 32KB+256KB **VRAM:** 96KB
해상도: 240×160 픽셀	**출시된 게임:** 1,000종 이상

닌텐도는 엄청난 인기를 끈 휴대용 게임기 게임보이의 진정한 후계기를 만드는 데 12년이 걸렸다. 2001년 게임보이 어드밴스는 32비트 프로세서, 새로운 숄더버튼, 더 큰 컬러 화면을 갖추며 첫 번째 게임보이보다 개선됐다. 강력한 서드파티 지원과 〈포켓몬스터〉과 〈마리오카트〉 같은 퍼스트 파티 인기작들을 갖춘 화려한 게임들과 함께 어드밴스는 6년만에 8천만 대 이상 팔리면서 닌텐도의 또다른 인기작이 됐다. 그러나 이 게임기는 백라이트가 없는 LCD 스크린 때문에 직사광선 없이는 보기 어렵다는 결점이 있어 후기 디자인에서 수정됐다.

게임보이 어드밴스는 첫 번째 게임보이 게임들을 완벽하게 하위 호환되도록 지원돼서 전체 게임의 수가 두 배가 됐다.

닌텐도는 SP의 전면 조명 LCD 화면을 2005년 백라이트 디스플레이로 교체해 밝기와 선명함을 대폭 향상시켰다.

게임보이 어드밴스 SP와 미크로

게임보이 어드밴스 출시 2년 후 닌텐도는 접이식 디자인으로 게임기를 갱신해 게임보이 어드밴스 SP를 출시했다. 원래 크기의 거의 절반이었던 SP는 충전식 베터리와 전면조명 LCD 화면을 가지고 있었다. 닌텐도는 2005년, 변형판인 게임보이 미크로를 짧은 기간 동안 출시했다. 미크로는 원래 게임보이보다 훨씬 작고 페이스플레이트를 교체할 수 있었다.

게임보이 어드밴스 e리더

닌텐도의 e리더 추가장치를 사용하면 게임보드 어드밴스 이용자는 수집용 카드를 통해 게임과 기능을 해금할 수 있었다. 플레이어들은 초기 NES시대의 〈발룬 파이트〉, 〈테니스〉, 〈어반 챔피언쉽〉 같은 게임의 카드 팩을 사서 카드 가장자리의 특별히 인쇄된 바코드를 읽어 불러들일 수 있었다.

e리더는 게임 워치 게임인 〈맨홀〉의 전체 버전이 들어 있는 샘플 카드들과 함께 제공됐다.

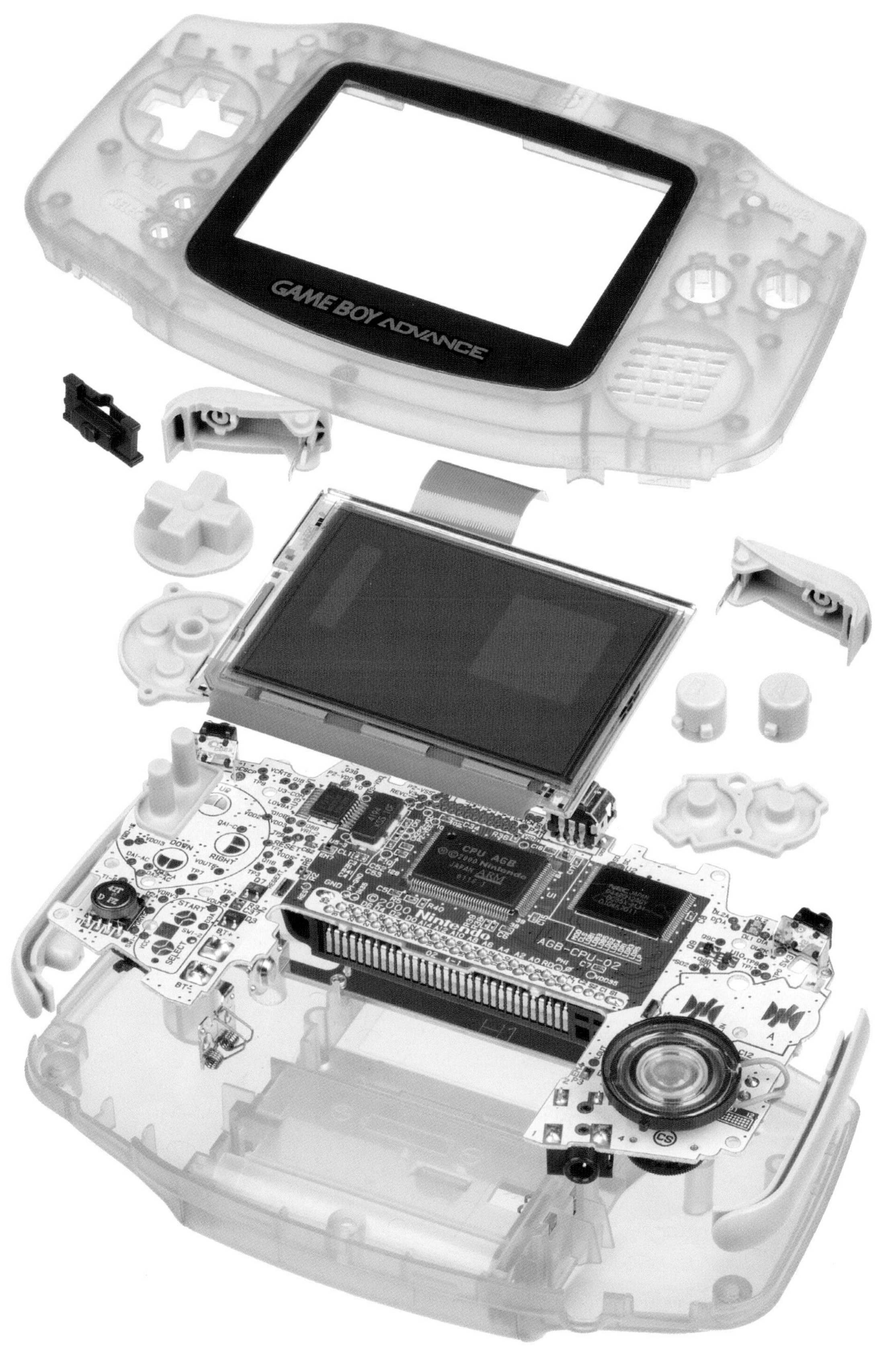
GAME BOY ADVANCE
CPU AGB
©2000 Nintendo
JAPAN ARM
©2000 Nintendo
AGB-CPU-02
START
SELECT
RIGHT
DOWN

닌텐도 게임 큐브

2001

출시 가격: $199	**판매량:** 2,100만 대 이상
CPU: 485MHz 속도의 전용 파워PC '게코'	**RAM:** 24MB
GPU: 162MHz 속도의 전용 ATI '플리퍼'	**출시된 게임:** 650종 이상

게임 큐브는 닌텐도에서 만든 N64의 작은 후속기이자 광학 미디어를 이용한 닌텐도의 첫 번째 게임기다. 게임 큐브는 확실히 자리잡은 플레이스테이션 2와 충분한 예산을 가진 신흥 Xbox가 맞붙는 치열한 경쟁시장에 진입했다. 게임 큐브는 그래픽이 좋고 재미를 강조했으며, 강력한 독점 퍼스트파티와 서드파티 게임들을 지원받았지만 어린이 친화적인 이미지의 상자 모양 때문에 나이가 있는 게이머들은 거리를 뒀다. 충성스러운 팬 기반에도 불구하고 이 게임기는 닌텐도의 가정용 게임기 판매량 하락세를 이어갔고, 닌텐도는 이후 시장에서의 위치를 재고하게 됐다.

게임 큐브의 가장 많이 팔린 게임은 전 세계에서 700만 개 넘게 팔린 〈대난투 스매시 브라더스 DX〉다.

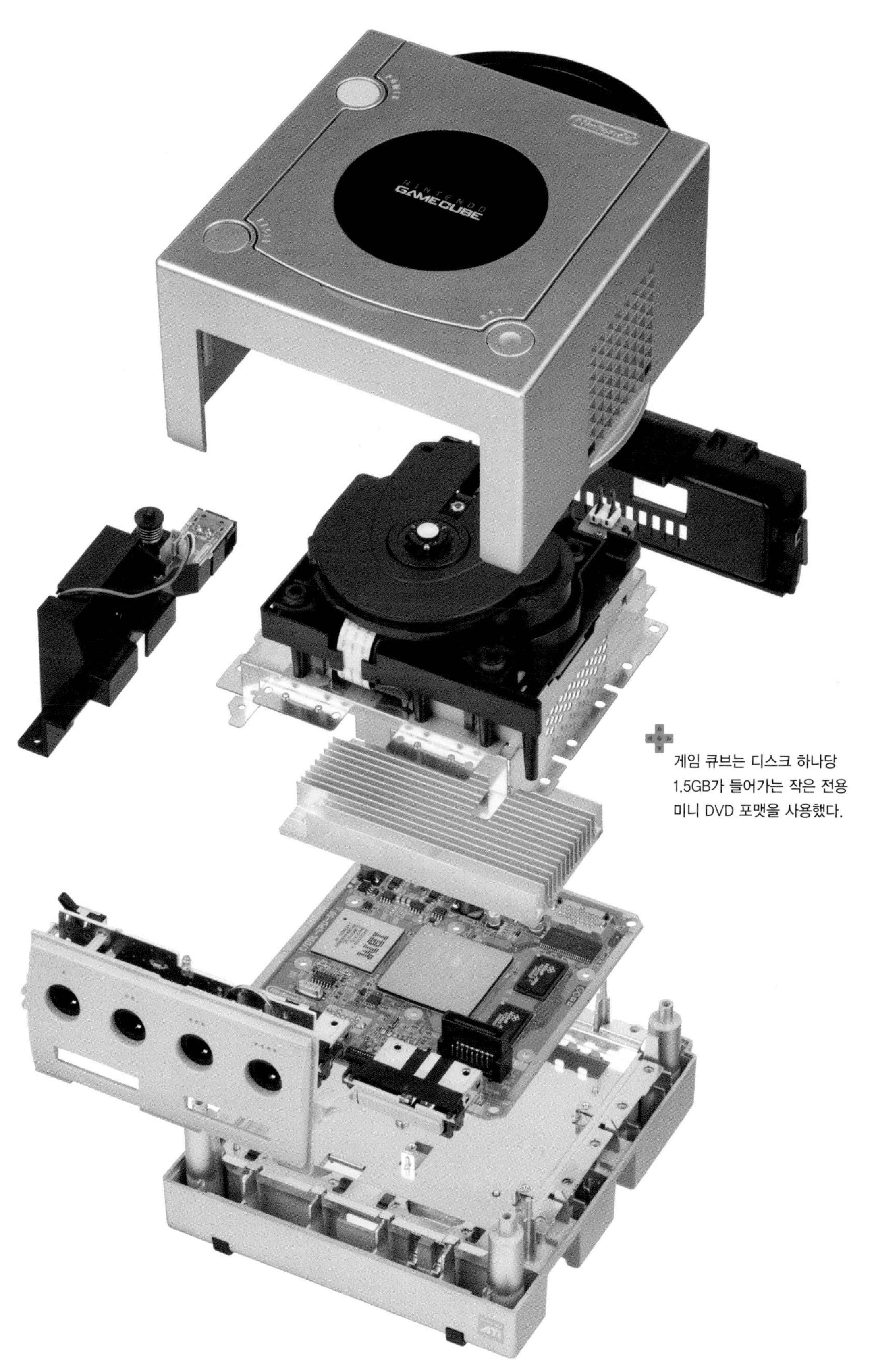

게임 큐브는 디스크 하나당 1.5GB가 들어가는 작은 전용 미니 DVD 포맷을 사용했다.

파나소닉 큐

게임 큐브가 주로 비판받는 점 중 하나는 주요 라이벌인 플레이스테이션 2와 Xbox가 제공하던 기능인 DVD 영화 재생을 할 수 없다는 것이었다. 닌텐도는 DVD 라이센스 비용을 지불하는 것을 피하기 위해 영화 재생 기능을 뺐다. 또한 불법복제를 방지하고자 선택한 작은 디스크 포맷 탓에 게임기에 DVD가 들어가지 않았다. 그러나 DVD 영화를 재생할 수 있는 게임큐브는 일본에서만 발매됐다. DVD 플레이어와 게임기 복합기인 ‘큐Q’는 파나소닉에서 제작했으며, 오디오와 비디오를 직접 출력할 수 있는 강철 외관이 특징이었다. 큐는 비싼 틈새시장을 노린 생산량이 적었던 게임기이기 때문에 희귀하고 오늘날 수집가들에게 인기가 많은 제품이다.

파나소닉 Q 출시 당시 미국의 게이머들은 지역이 변경된 게임기의 수입품 가격이 400~500달러가 될 것으로 기대했다.

NINTENDO
GAMECUBE
MITSUMI
UP
LEFT
RIGHT
DOWN

마이크로소프트 Xbox

2001

출시 가격: $299	**판매량:** 2,400만 대 이상
CPU: 733MHz 속도의 전용 인텔 펜티엄 III	**RAM:** 64MB
GPU: 233MHz 속도의 전용 엔비디아 XGPU	**출시된 게임:** 1,000종 이상

소니 플레이스테이션의 엄청난 성공은 1990년대 후반부터 자체 게임기 개발을 시작한 거대 소프트웨어 회사인 마이크로소프트의 관심을 끌었다. 그 결과 플레이스테이션 2와 닌텐도 게임 큐브보다 더 많은 기능과 더 좋은 그래픽을 갖춘 강력한 게임기인 Xbox가 탄생했다. 마이크로소프트는 독점 게임과 대규모 광고 캠페인을 밀어붙였으며, 손해를 보면서 게임기를 판매했다. 이들은 이러한 대규모 손실을 감수하며 시장에 발판을 마련했다. 마이크로소프트의 공격적인 전략은 효과가 있었다. PS2만큼 인기 있지는 않았지만 최종적으로 Xbox는 게임 전문가인 닌텐도를 제치고 2위를 차지했는데, 주로 미국에서의 판매량 덕분이었다.

Xbox는 근거리 통신과 온라인 게임을 위한 랜포트가 내장돼 있었다.

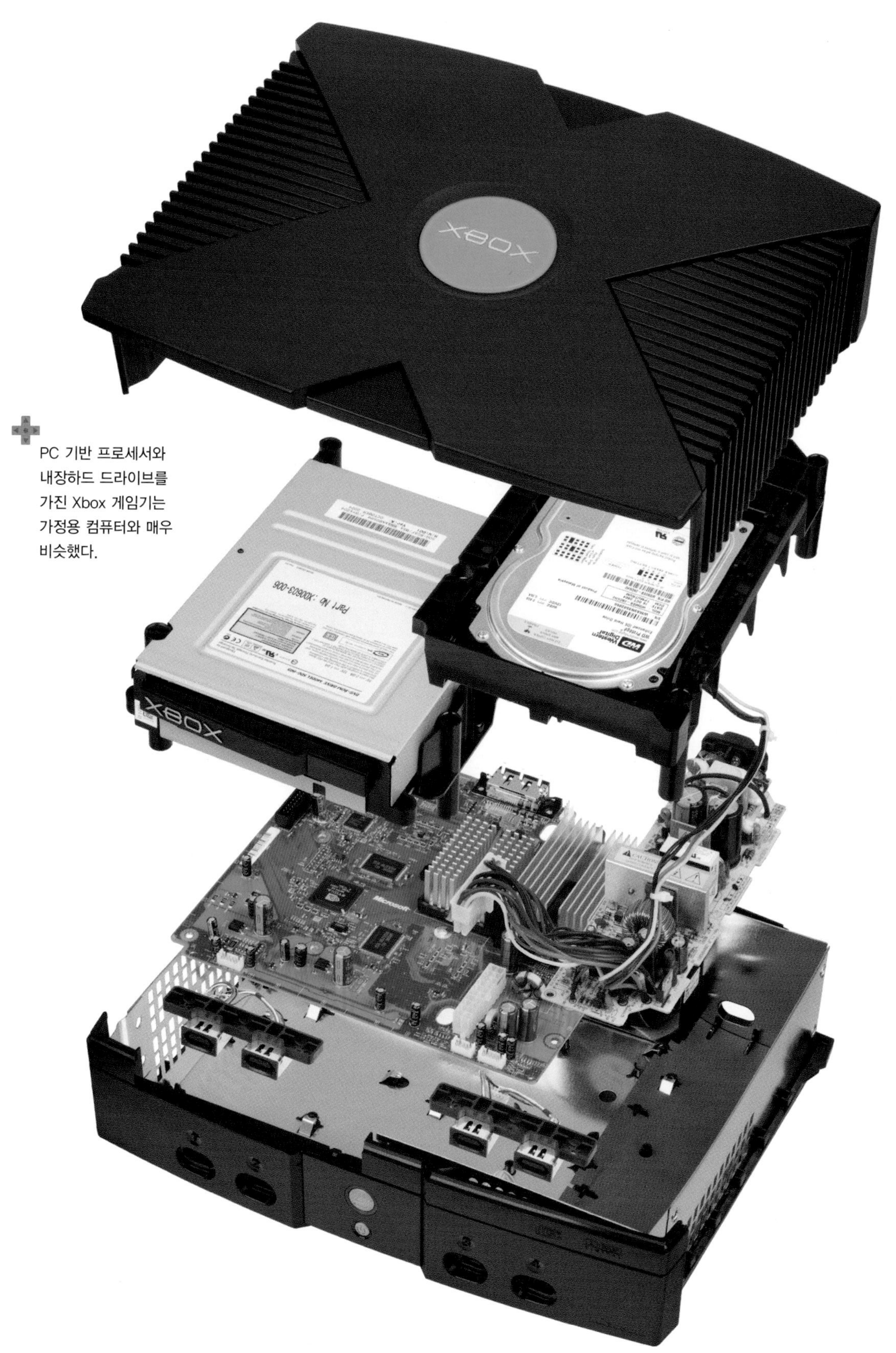

PC 기반 프로세서와 내장하드 드라이브를 가진 Xbox 게임기는 가정용 컴퓨터와 매우 비슷했다.

첫 번째 Xbox '듀크'
컨트롤러(위)는 2002년
더 작은 S 변형판(아래)으로
대체됐다.

Xbox 컨트롤러에는
메모리카드나 채팅용 헤드셋
어댑터를 끼울 수 있는 두 개의
확장 슬롯이 있었다.

노키아 엔게이지

2003

출시 가격: $299	**판매량:** 300만 대 이상
프로세서: 104MHz 속도의 ARM920T	**RAM:** 8MB
해상도: 176×208 픽셀	**출시된 게임:** 50종 이상

엔게이지N-Gage는 노키아에서 개발한 휴대전화 겸 휴대용 게임기다. 출시 당시에 어색한 디자인, 짧은 배터리 수명, 대부분의 게임에 맞지 않는 세로 방향 화면을 비판하는 리뷰어들에게 크게 혹평받았다. 게임보이 어드밴스 같은 게임 전용 휴대용 게임기들을 더 좋아하는 대부분의 게이머들이 이 게임기를 무시했기 때문에 엔게이지의 판매량은 노키아의 기대에 훨씬 못 미쳤다. 2004년에 첫 번째 게임기의 디자인 문제 일부를 고친 'QD'를 출시했으나, 가격 인하에도 불구하고 판매가 부진했다. 결국 2006년 노키아는 엔게이지 판매를 중단했다.

2008년 엔게이지는 일부 노키아 휴대폰에서 이용할 수 있는 디지털 다운로드 게임 플랫폼으로 부활했으나 2009년 서비스가 중단됐다.

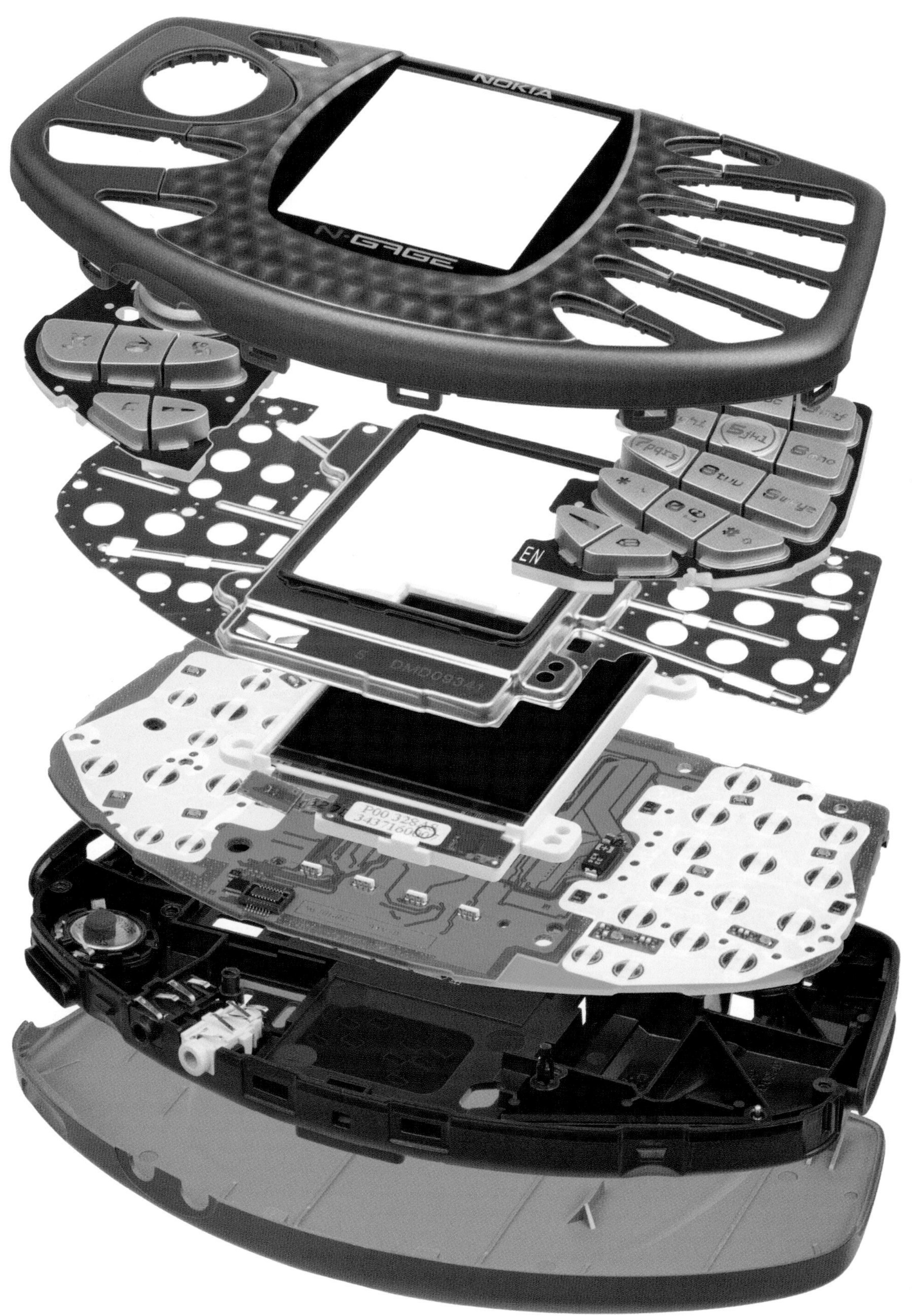
NOKIA
N-GAGE
EN

탭웨이브 조디악

2003

출시 가격: $299(32MB 모델), $399(128MB 모델)	**판매량:** 5만 대 이상
CPU: 200MHz 속도의 모토로라 ARM9	**RAM:** 32 또는 128MB **VRAM:** 8MB
해상도: 480×320 픽셀	**출시된 게임:** 40종 이상

조디악Zodiac은 2003년 후반 탭웨이브Tapwave에서 출시한 고사양, 성인 대상의 휴대용 게임기다. 개인용 휴대 정보 단말기PDA를 구동하는 운영체제인 팜OS 기반의 조디악은 PDA 기능을 가진 휴대용 복합 게임기였다. 출시 당시 언론과 리뷰는 긍정적인 반응을 보였으며 평론가들은 게임기의 큰 컬러 화면과 멀티미디어 기능을 칭찬했다. 그러나 조디악은 틈새 시장, 열악한 소매점 판매, 낮은 소비자 인지도로 어려움을 겪었다. 소니가 2004년 PSP를 공개하면서 게임 플랫폼으로의 조디악에 대한 관심은 크게 줄어들었고 탭웨이브는 2005년 중반 게임기 판매를 중단했다.

조디악은 전용 게임들이 몇몇 있었고 팜OS 5 애플리케이션과 응용프로그램과 게임을 실행할 수 있었다.

자빅스포츠

2004

출시 가격: $79	**판매량:** 알려져 있지 않음
프로세서: 전용 SuperXavix(카트리지에 포함)	**RAM:** 없음
컨트롤러: 볼링공, 배트, 라켓, 낚시대	**출시된 게임:** 10종 이상

자빅스포츠XaviXPORT는 닌텐도 위 스포츠가 아이디어를 대중화하기 2년 전에 출시된 모션 컨트롤 스포츠 게임 기반의 게임기이다. 자빅스포츠는 실제 스포츠 장비처럼 생긴 적외선 움직임 추적 무선 컨트롤러를 사용해 테니스, 볼링, 복싱, 낚시, 야구를 거실에서 물리적인 상호 작용을 할 수 있게 만들어냈다. 위 스포츠와 같은 대략적인 발상을 따라갔지만 자빅스포츠는 2D만 지원했고, 모션 컨트롤러는 훨씬 정확하지 못했다. 일본 제작사인 신세대 주식회사SSD Company Limited의 부족한 소매점 확보와 마케팅 실패로 이 게임기는 거의 알려지지 않았다.

자빅스포츠는 사용자의 체중 감소를 기록하고 운동 루틴을 제공하는 추가 체중계가 있었다.

브이텍 브이스마일

2004

출시 가격: $59	**판매량:** 400만 대 이상(모든 모델, 추정)
프로세서: 선테크 SPG2XX	**RAM:** 없음
변형모델: 포켓, 사이버포켓, 베이비, PC Pal	**출시된 게임:** 70종 이상

브이스마일V.Smile은 장난감, 전화기, 그리고 1988년에 나온 게임기 소크라테스로 알려진 전자기기 제조사인 브이텍의 교육용 게임기이다. 둥글고 화려한 브이스마일 게임기는 플레이스테이션 2나 Xbox를 사주기엔 이른 어린 아이들에게 사줄 수 있는 더 저렴하고 안전한 게임기로 보여 부모들의 관심을 끌었다. 브이스마일은 기본적인 게임 플레이와 만화 같은 2D 그래픽과 숫자 세기, 철자 맞추기 같은 교육적 요소가 포함된 간단하고 저렴한 게임들이 특징이었다. 이 시리즈는 브이스마일 제품군이 2005년에 나온 휴대용 브이스마일 포켓 시리즈와 2008년 모션 컨트롤러 기반의 브이모션을 포함하는 변형기기들로 확장될 정도로 인기가 있었다.

브이스마일의 상단부에는 추가 게임 카트리지를 보관할 수 있는 보관함이 있었다.

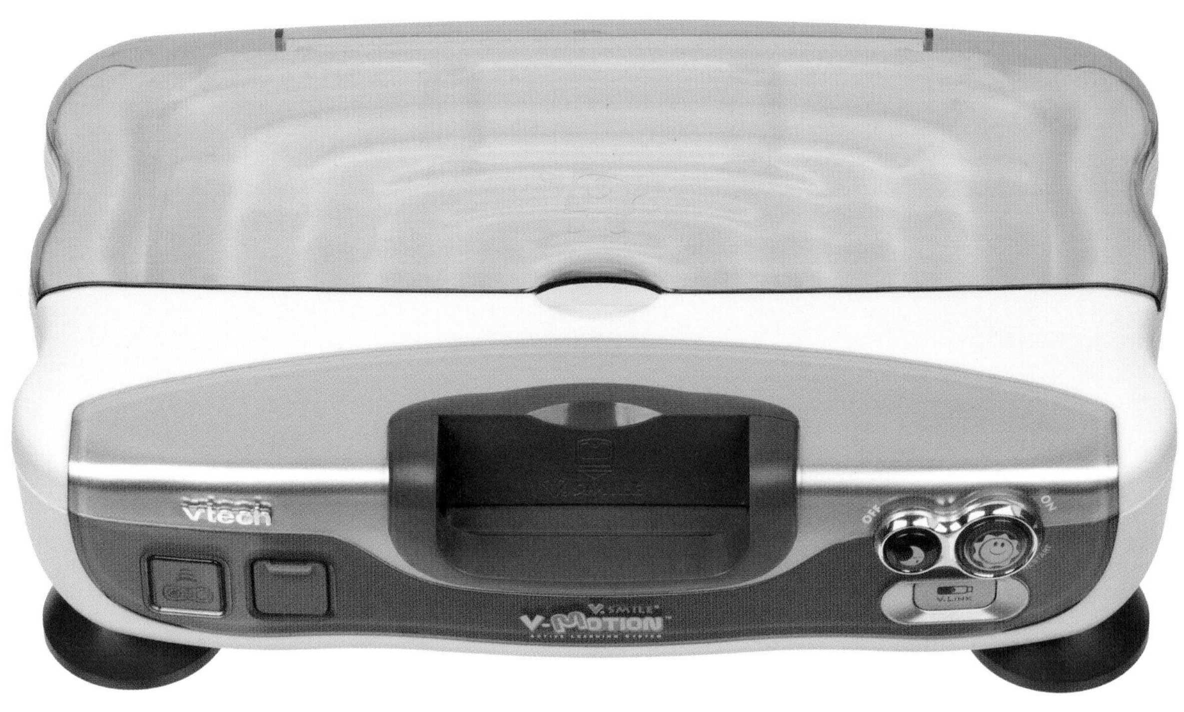

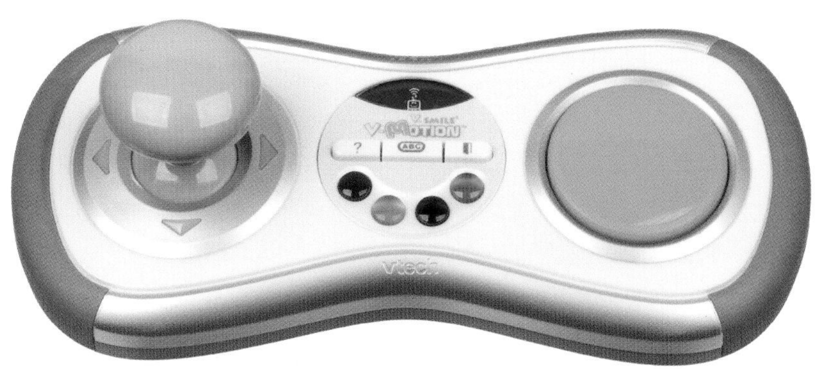

브이스마일 브이모션

2008년 브이텍은 새로운 케이스 디자인과 동작 감지 컨트롤러를 추가한 브이스마일 브이모션V-Motion을 출시했다. 이 게임기는 모션 컨트롤을 기반으로 하는 미니 게임 모음인 액션 매니아와 함께 패키지로 팔렸다. 동작 감지는 제한적이었고 주로 화면에서 캐릭터를 왼쪽이나 오른쪽으로 움직이기 위한 조종기를 기울이는 정도로만 사용됐다. 브이모션은 점수를 저장하고 컴퓨터로 전송할 수 있는 특별한 USB 스틱을 사용할 수 있는 새로운 브이링크VLink 포트도 포함돼 있었다. 또한 브이링크는 공식 브이텍 브이스마일 웹사이트를 연결해 보너스였던 플래시 기반의 웹브라우저 게임의 잠금을 해제할 수 있었다.

Microsoft
XBOX 360
Microsoft
XBOX 360
Microsoft
XBOX360
Microsoft
XBOX 360
SAMSUNG 543
K4J52324QC-BC14
SAMSUNG 543
K4J52324QC-BC14

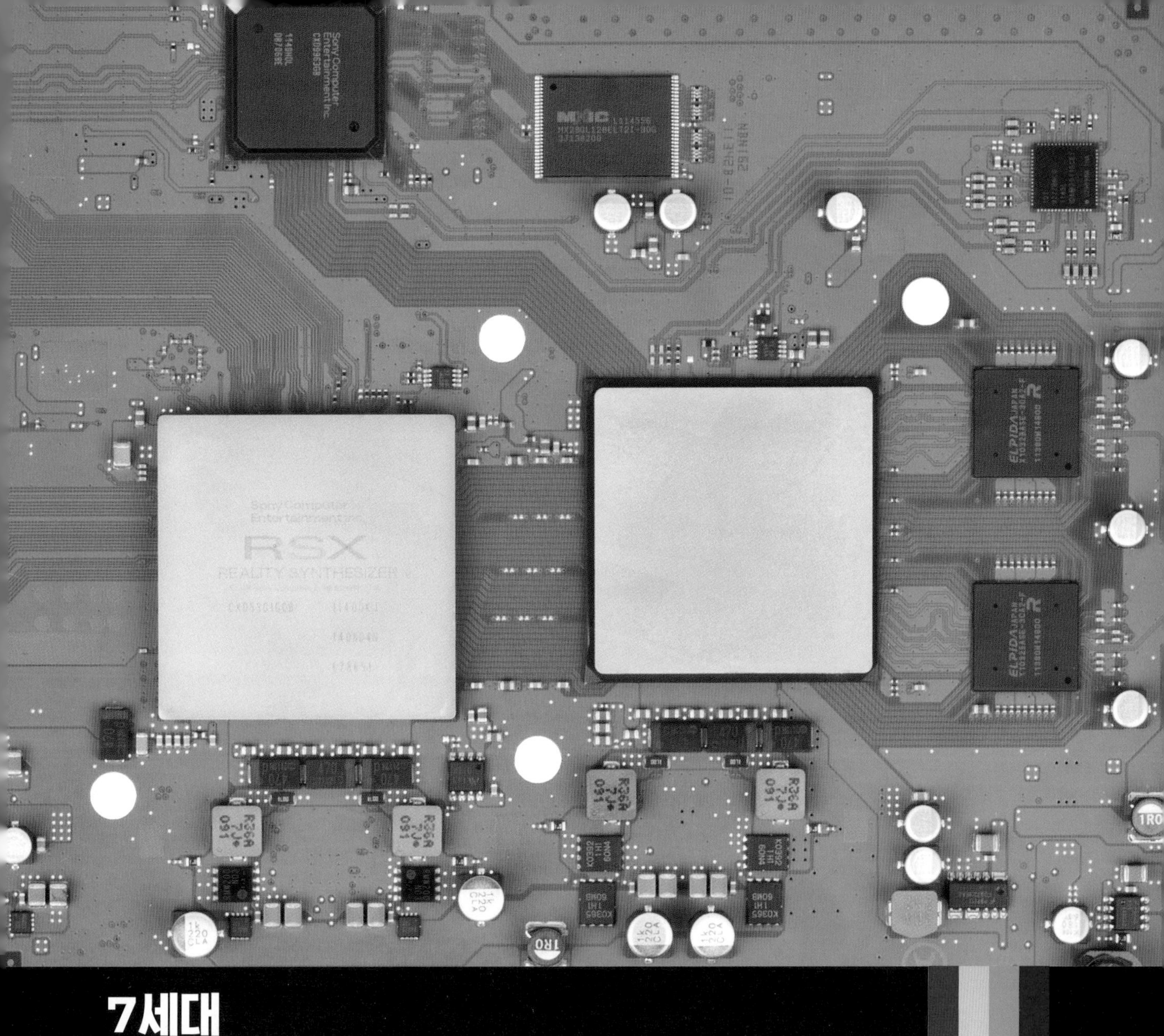

7세대

게임기의 일곱 번째 세대는 고해상도, 온라인 시대가 시작되면서 마이크로소프트, 소니, 닌텐도의 세 주요 업체들이 지배했다. 소니와 마이크로소프트의 최첨단 멀티코어 프로세서는 새로운 HD 텔레비전에서 인상적인 그래픽을 제공했고, 닌텐도는 특이한 모션 제어 게임기와 듀얼 스크린 휴대용 게임기로 놀라운 성공을 거뒀다. 온라인 게임과 게임의 디지털 배포와 스트리밍을 앞으로 이끌어낸 고속 인터넷이 널리 채택되면서 세계가 더욱 연결됐다. 또한 터치스크린 기반의 스마트폰과 태블릿의 도입은 게임 환경을 근본적으로 변화시키며 비디오 게임의 세상을 더 넓고 더 다양한 고객들에게 소개하는 새로운 플랫폼을 만들어냈다.

플레이스테이션 3 마더보드(위), Xbox 360 마더보드(맞은편)

플레이스테이션 포터블

2004

출시 가격: $249	**판매량:** 8,000만 대 이상
CPU: 222MHz(333MHz까지 올라감) 속도의 MIPS R4000	**RAM:** 32MB(후기 모델의 경우 64MB)
해상도: 480×272 픽셀	**출시된 게임:** 1,500종 이상

플레이스테이션 포터블PSP, PlayStation Portable은 소니의 첫 번째 휴대용 게임기이다. 고사양 기기는 향상된 3D 그래픽과 웹브라우징, 멀티미디어 재생 기능을 제공했다. PSP는 강력한 맞춤형 프로세서, 최대 1.8GB 데이터를 저장할 수 있는 디스크를 사용한 작은 광학 드라이브를 갖췄다. 이는 이전 게임기에 비하면 엄청난 도약이었다. PSP에서 플레이할 수 있는 게임들은 에뮬레이션으로 실행되는 클래식 PS1 타이틀 뿐만 아니라 인기 있는 가정용 게임들의 독점 휴대용 버전으로 가득 차 있었다. 플레이스테이션 브랜드의 힘과 다양한 게임은 소니의 다목적 휴대용 기기를 전 세계적으로 8천만 대 이상의 판매된 성공한 게임기로 만들었다.

PSP 게임과 미디어는 전용 온라인 상점을 통해 제공되는 디지털 콘텐츠와 함께 내부 메모리 카드에 저장할 수 있었다.

PSP 고

PSP 고Go는 16GB의 내부 플래시 메모리를 위해 광학 드라이브를 제거한 2009년 변형모델이다. 오늘날 디지털 전용기기는 보편적이지만 PSP 고는 일반 PSP보다 가격이 비쌌으며, 많은 소비자의 눈에는 PSP보다 할 수 있는 것이 적어 보였다. 결국 판매가 부진해 2011년에 단종됐다.

닌텐도 DS

2004

출시 가격: $149	**판매량:** 1억 5,400만 대 이상
CPU: 듀얼 ARM7과 ARM9	**RAM:** 4MB(DSi, DSi XL의 경우 16MB)
해상도: 두개의 256×192 픽셀 화면	**출시된 게임:** 2,000종 이상

닌텐도의 게임보이 어드밴스가 나온지 2년이 지났을 때, 소니는 플레이스테이션 포터블 출시를 발표했다. 이 발표는 닌텐도에게 소니의 3D 게임기와 경쟁해야 한다는 압력을 줬다. 이후 닌텐도는 두 개의 화면을 지닌 게임기 DS를 내놓았다. DS는 PSP만큼 강력하지 않았지만 저렴했고 터치스크린 기반의 스타일러스를 특징으로 한 디자인이었다. 이 게임기는 〈포켓몬〉 같은 닌텐도 독점 게임들뿐만 아니라 〈닌텐독스〉와 〈매일매일 DS 두뇌 트레이닝〉 같은 독특한 게임으로 많은 고객을 캐주얼게이머로 끌어들였다. DS는 예상치 못하게 크게 성공했고, 닌텐도 역사상 가장 많이 팔린 게임기가 됐다.

DS와 DS Lite 둘 다 게임보이 어드밴스 게임들과 하위 호환 되도록 두 번째 카트리지 슬롯을 가지고 있다.

DS Lite와 DSi 모델

2006년 닌텐도는 첫 번째 DS를 더 얇고 가볍고 밝은 DS Lite(이전 페이지)로 교체했다. DS 시리즈는 2008년 더 빠른 프로세서와 더 많은 256MB 내장 메모리, SD카드 슬롯과 두 개의 카메라와 전용 온라인 게임들이 추가된 DSi(오른편)이 출시되면서 다시 업데이트 됐다. 마지막 DS 모델은 2009년에 나온 DSi XL(최상단, 녹색)로, 더 큰 화면을 가진 매우 큰 모델이었다.

기즈몬도

2005

출시 가격: $399	**판매량:** 25,000대(추정)
CPU: 400MHz 속도의 ARM9	**RAM:** 64MB
해상도: 320×240 픽셀	**출시된 게임:** 14종

기즈몬도Gizmondo는 타이거 텔레매틱스Tiger Telematics(타이거 일렉트로닉스와 헷갈리지 말 것)가 개발한 윈도우 CE 기반의 휴대용 게임기다. '뭐든지 할 수 있다'라는 슬로건으로 광고를 했던 기즈몬도는 GPS 추적, 내장 VGA 카메라, 웹브라우징, 멀티미디어 재생 같은 향상된 비게임 기능들을 가지고 있었다. 비싼 게임기는 소매점에서 찾아보기 힘들었기에 주로 쇼핑몰 키오스크와 런던의 하나뿐인 플래그십스토어에서 판매됐다. 이 휴대용 게임기의 판매량은 총 25,000대 정도로 낮았고, 타이거 텔레매틱스가 기즈몬도 출시 후 몇 달 만에 파산하는 데 기여했다.

기즈몬도는 문자메시지를 보내고 받을 수 있었지만 전화를 걸거나 받을 수는 없었다.

게임 웨이브

출시 가격: $99	**판매량:** 5만~7만 대(추정)
프로세서: 미디어매틱스 8611	**RAM:** 16MB
코프로세서: 알테라 CPLD	**출시된 게임:** 13종

게임 웨이브Game Wave는 자핏 게임즈ZAPiT Games에서 만든 게임기와 DVD 플레이어가 합쳐진 기기다. 게임기보다 DVD 플레이어에 더 가까웠던 게임 웨이브는 낮은 성능의 프로세서를 사용해 정적이고 메뉴 기반의 화면과 미리 렌더링된 비디오를 배치한 제한적인 게임 플레이를 제공했다. 게임 웨이브에서는 이러한 기능을 사용해 캐주얼하고 가족 친화적인 고객들을 대상으로 여럿이서 즐길 수 있는 간단한 퀴즈, 카지노, 퍼즐 게임을 제공했다. 플레이어들은 TV리모컨 같은 모양의 컨트롤러를 사용했고 게임 웨이브는 한 번에 6명의 이용자를 지원했다. 자핏은 낮은 판매량, 마케팅 부족과 소매점에서 찾아보기 어렵다는 점 때문에 2009년 게임 웨이브를 포기했다.

게임 웨이브는 캐나다에서 만들어진 유일한 게임기다.

Xbox 360

2005

출시 가격: $299(하드드라이브 없는 버전), $399(20GB)	**판매량:** 8,400만 대 이상
CPU: 3.2GHz 속도의 트리플 코어 IBM '제논'	**RAM:** 512MB
GPU: 500MHz ATI '제노스'	**출시된 게임:** 2,000종 이상

마이크로소프트는 출시 당시 고사양 PC와 맞먹는 HD 그래픽을 갖춘 Xbox 360으로 가정용 게임 환경을 새로운 시대로 밀어넣었다. 광대역 통신 시대를 위해 디자인된 360은 온라인 게임 플레이에 중점을 뒀으며 디지털 마켓플레이스와 게임 안의 도전 과제 같은 새로운 기능으로 최신 게임기를 재정의했다. 플레이스테이션 3보다 1년 빠르게 출시되고, 가격도 쌌으며 멀티플랫폼 게임들이 보통 성능이 더 나왔다. 그런 점 덕분에 360은 마이크로소프트를 소니와 맞붙을 수 있는 주요 경쟁자로 만들 수 있었다. 게임기는 8400만 대 이상 판매되며 마이크로소프트 역사상 가장 많이 팔린 게임기가 됐다.

초기 360은 게임기 오류로 이어지는 하드웨어 문제가 자주 발생했으며 벽돌이 된 게임기는 악명높은 '죽음의 레드링'이 떴다.

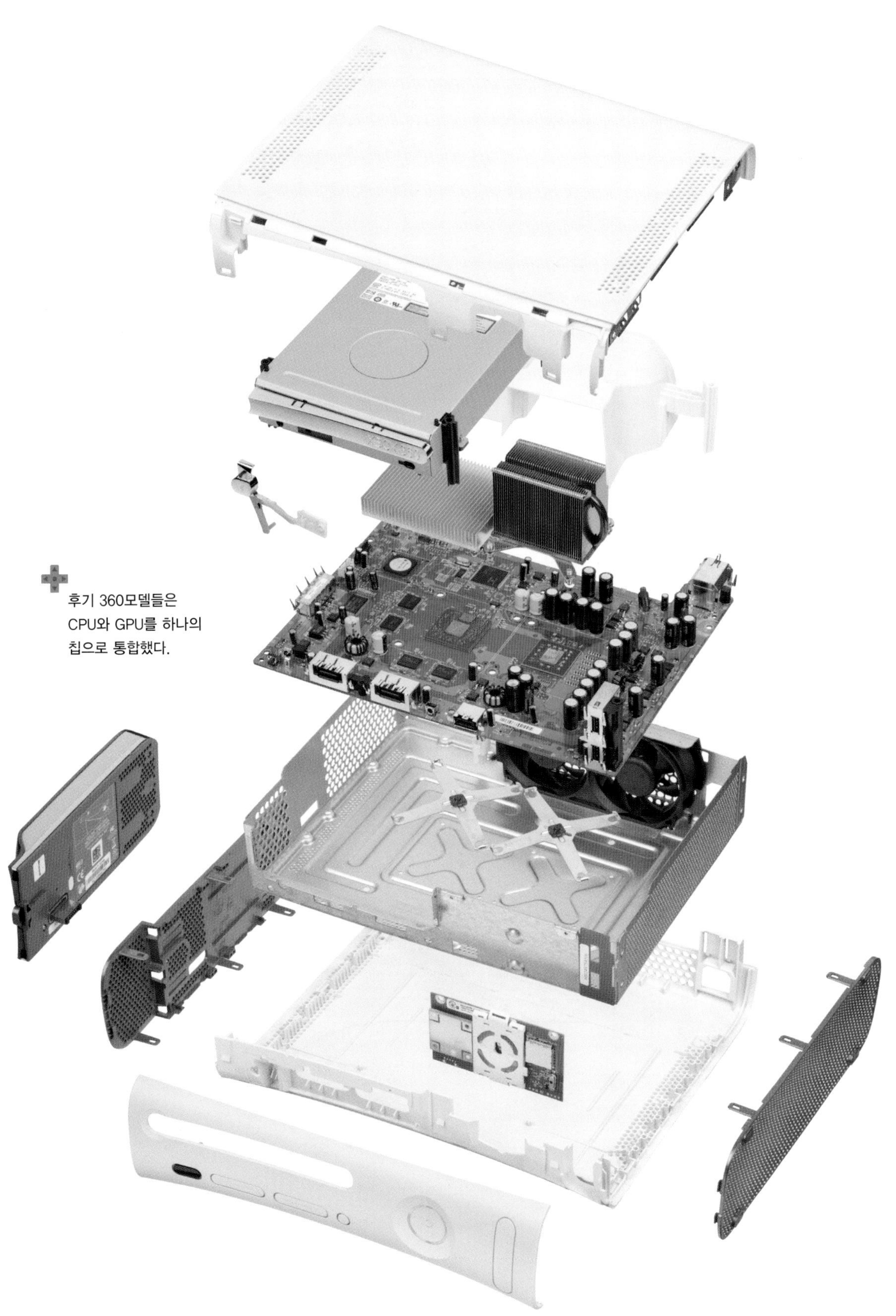

후기 360모델들은 CPU와 GPU를 하나의 칩으로 통합했다.

Xbox 360 모델들과 개선판들

2007년에 출시된 Xbox 엘리트는 120GB 하드 드라이브가 내장돼 있고 이후 모델에서 표준이 되는 HDMI 포트가 추가됐다. 이 버전의 모델은 프리미엄으로 479달러에 판매됐다.

Xbox 360 S는 2010년에 출시됐으며 Wi-Fi 지원을 내장하고 더 가볍고 전력 효율적으로 재설계된 모델이다.

2013년 'E' 모델은 새로 발표된 Xbox One 게임기와 쌍을 이루도록 S의 외관을 다시 설계했다.

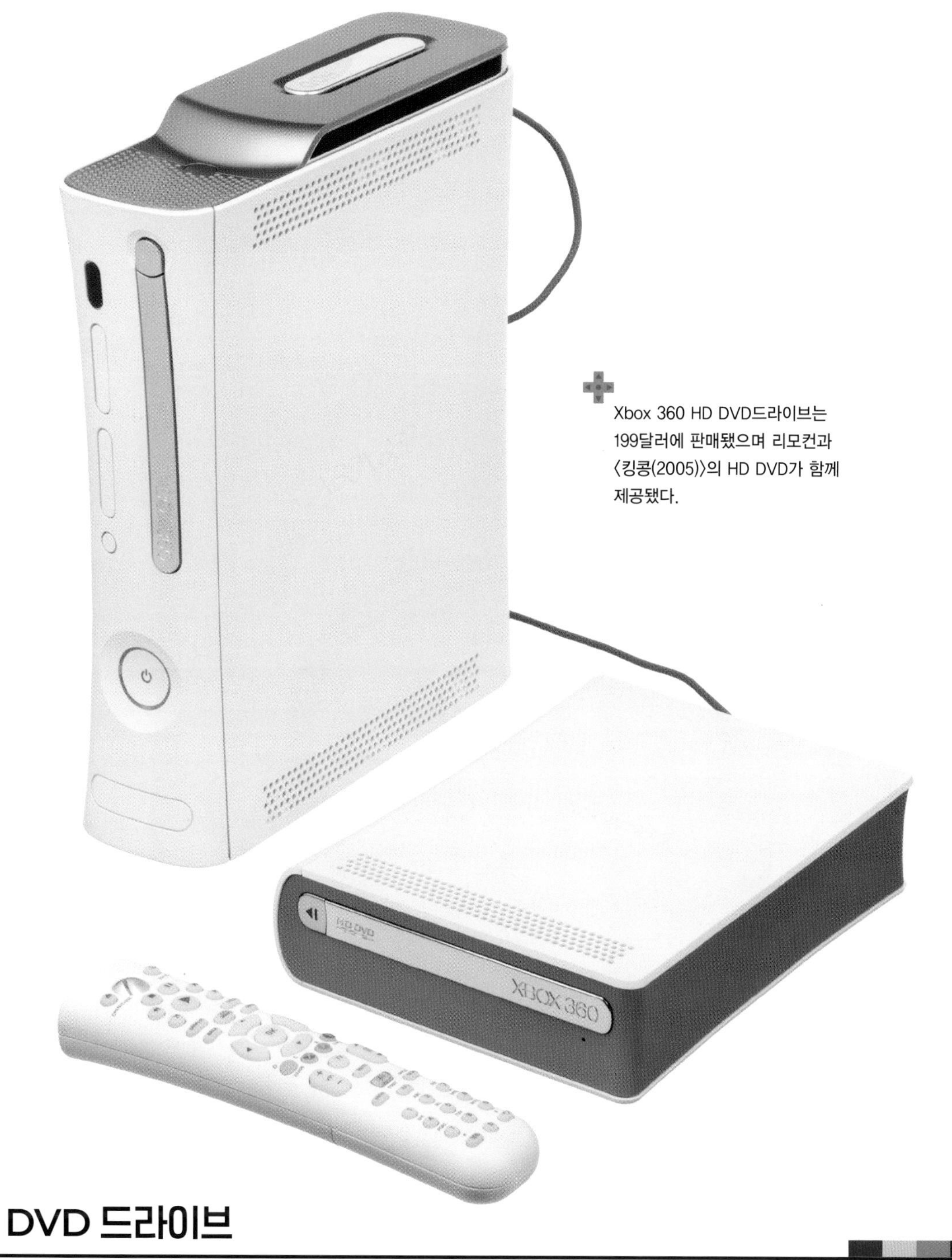

Xbox 360 HD DVD드라이브는 199달러에 판매됐으며 리모컨과 〈킹콩(2005)〉의 HD DVD가 함께 제공됐다.

HD DVD 드라이브

2006년 데이터와 표준 고해상도 영화를 모두 저장할 수 있는 고밀도 광학 디스크 표준인 HD DVD와 블루레이가 출시되면서 새로운 포맷 전쟁이 시작됐다. 소니는 블루레이를 지원하고 플레이스테이션 3를 위한 포맷으로 사용했으며 마이크로소프트는 HD DVD를 지원하며 Xbox 360용 영화 재생을 위한 외장형 드라이브를 출시했다. HD DVD 드라이브는 2008년 생산이 중단됐고 블루레이가 포맷 전쟁에서 승리하면서 HD DVD 표준은 버림받았다.

키넥트

키넥트Kinect는 2010년에 출시된 360을 위한 모션 기반 컨트롤러다. 이 장치는 카메라와 센서를 사용해 플레이어의 신체를 추적하고 그 움직임을 화면상의 동작으로 변환했다. 〈저스트 댄스Just Dance〉 시리즈와 같은 캐주얼 파티 게임에서 인기를 얻었지만 컨트롤러를 핵심 게임에 통합하려는 노력은 크게 실패했다. 키넥트의 참신함이 시들해지면서 게임과 개발자들의 지원도 시들해졌고 2013년 새로운 Xbox One(311페이지)으로 업데이트되면서 두 번째로 지원을 했지만 마이크로소프트는 공식적으로 2017년 키넥트 제품군을 종료시켰다.

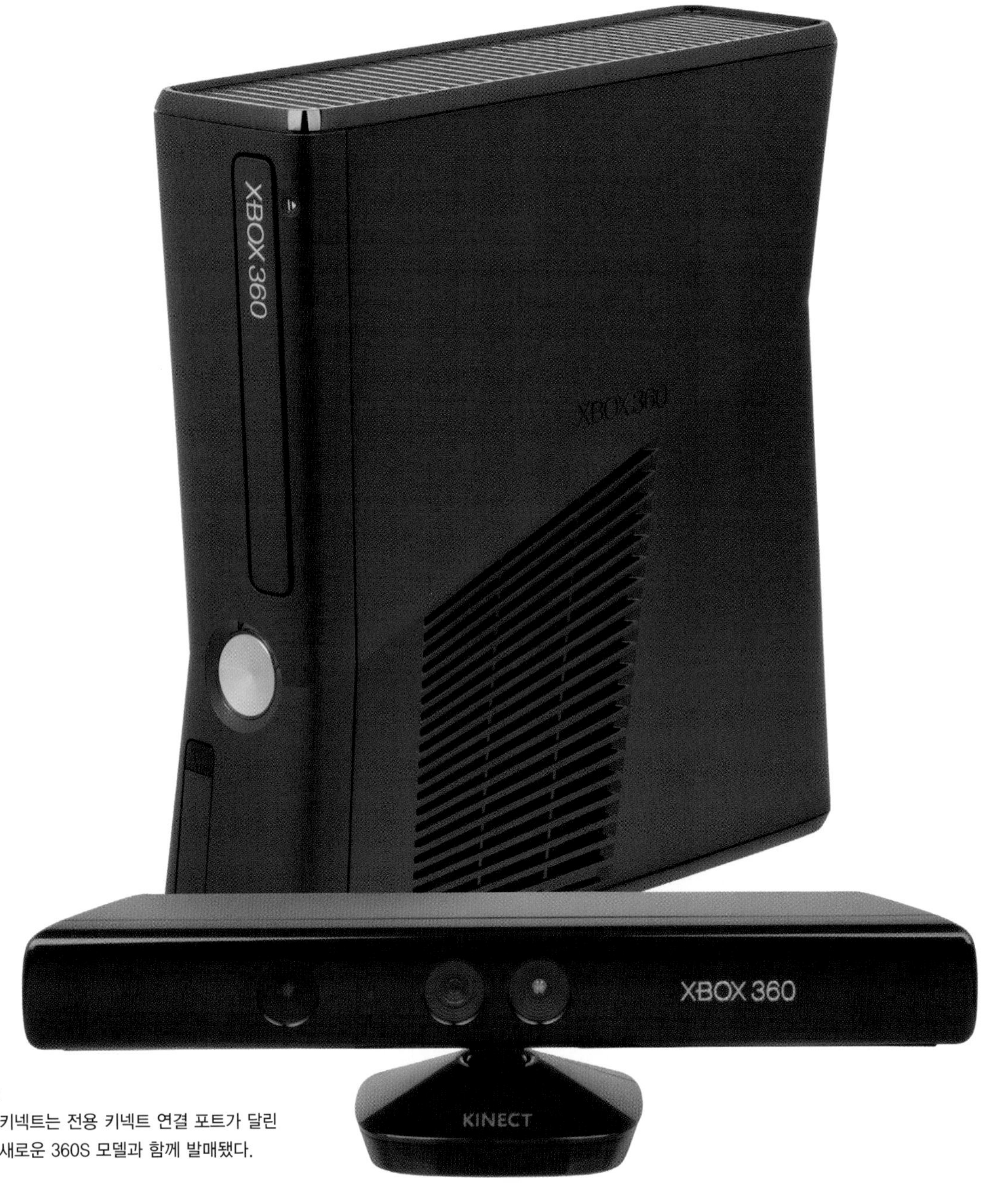

키넥트는 전용 키넥트 연결 포트가 달린 새로운 360S 모델과 함께 발매됐다.

USB와 기본 윈도우 지원으로 360 컨트롤러 유선 버전은 PC 게임에서 널리 사용됐다.

하이퍼스캔

2006

출시 가격: $69	**판매량:** 2만~3만 대(추정)
프로세서: 슈퍼플러스 SPG290	**RAM:** 16MB
색상: 65,536	**출시된 게임:** 5종

하이퍼스캔[HyperScan]은 미국의 장난감 제조사 마텔이 인텔리비전 이후 처음 만든 아이들을 위한 저렴한 게임기였다. 하이퍼스캔의 게임은 9.99달러에 6개가 들어 있는 부스터팩으로 팔리는 RFID칩이 내장된 수집을 위한 카드에 의존했다. 이 카드를 게임기에 스캔하면 캐릭터나 기술 같은 게임 콘텐츠를 사용할 수 있게 됐다. 아이디어는 혁신적이었지만 하이퍼스캔은 철 지난 2D 그래픽과 끔찍하고 투박한 적은 게임들로 어려움을 겪었다. 하이퍼스캔은 출시하자마자 실패했고 게임기는 단종돼서 몇 달 만에 쓰레기통에 버려졌다.

하이퍼스캔의 게임은 부스터 팩 구매를 유도하기 위해 수집용 카드를 사용해야 하는 콘텐츠를 적극적으로 막아 놓았다. 한 격투게임은 20개의 캐릭터 중 18개가 추가카드를 구매해야 하도록 막혀 있었다.

브이텍 브이플래시

2006

출시 가격: $99	**판매량:** 6만~8만 대(추정)
CPU: 150MHz 속도의 LSI 로직 제비오 1020 ARM9	**RAM:** 16MB
GPU: 75MHz 속도의 전용 LSI 로직 그래픽 코어	**출시된 게임:** 9종

아이들을 위한 게임기인 브이스마일 출시 2년 후 브이텍은 브이플래시V.Flash로 교육용 제품군을 확장했다. 좀 더 나이 든 6~10세 아이들을 대상으로 한 브이플래시는 소니의 첫 번째 플레이스테이션과 비슷한 그래픽의 폭력적이지 않고 교육적인 3D 게임들을 제공했다. 각 디스크는 〈네모바지 스폰지밥〉이나 픽사의 〈카〉 같은 IP기반의 게임이 들어 있었고 해당 게임에는 기본 게임 모드와 교육용 모드, 예술 창작 모드가 들어 있었다. 그러나 게임기는 브이텍의 브이스마일 제품군만큼 성공하지 못했고 브이플래시는 9개의 게임만 출시된 후 단종됐다.

브이플래시는 브이택과 휴대용 게임기 원더스완의 디자인을 만든 코토연구소가 함께 개발했다.

플레이스테이션 3

2006

출시 가격: $499(20GB), $599(60GB)	**판매량:** 8,000만 대 이상
CPU: 3.2GHz 속도의 전용 '셀'	**RAM:** 256MB **VRAM:** 256MB
GPU: 530MHz 속도의 전용 '리얼리티 신디사이저'	**출시된 게임:** 2,200종 이상

소니 플레이스테이션 제품군의 성공은 사람들이 다음 게임기인 플레이스테이션 3[PS3, Playstation 3]를 주목하게 했지만 많은 소비자들은 높은 출시 가격 때문에 싫어했다. 게임기의 비싼 가격(가장 비싼 모델이 599달러)은 비싼 블루레이 드라이브와 셀 프로세서가 포함된 기능이 많은 디자인의 결과였다. PS3는 생산 문제, 치열한 경쟁, 예상보다 낮은 수요로 출시 첫 해에는 불안정했다. 하지만 제작 단가를 줄이고 그에 따라 가격을 인하한 것이 게임의 기세를 재구축하는 데 도움이 됐다. 게임기는 게임기 판매량 순위의 2위 자리를 놓고 Xbox 360과 치열한 경쟁을 벌였고 (1위는 닌텐도 Wii였다) 전 세계적으로 8000만 대 이상 판매됐다.

첫 출시된 599달러 모델은 전용 하드웨어를 통해 자체 역호환성을 제공했다.

SONY
SELECT
START
RECYCLE

플레이스테이션 3 모델들과 개선판들

첫 번째 플레이스테이션 3(나중에 팻(phat 혹은 fat)[1]이라는 별명이 붙음)는 크고 무겁고 비쌌다. 이후 모델에서는 PS2 하위 호환, 메모리카드 리더 같은 내장된 기능들을 삭제해서 비용을 절감했으며 사이즈와 무게를 줄여 재설계했다. 마지막 PS3 재설계판인 슈퍼 슬림 모델은 더 저렴한 탑로딩 블루레이 드라이브로 비용을 더욱 줄였다.

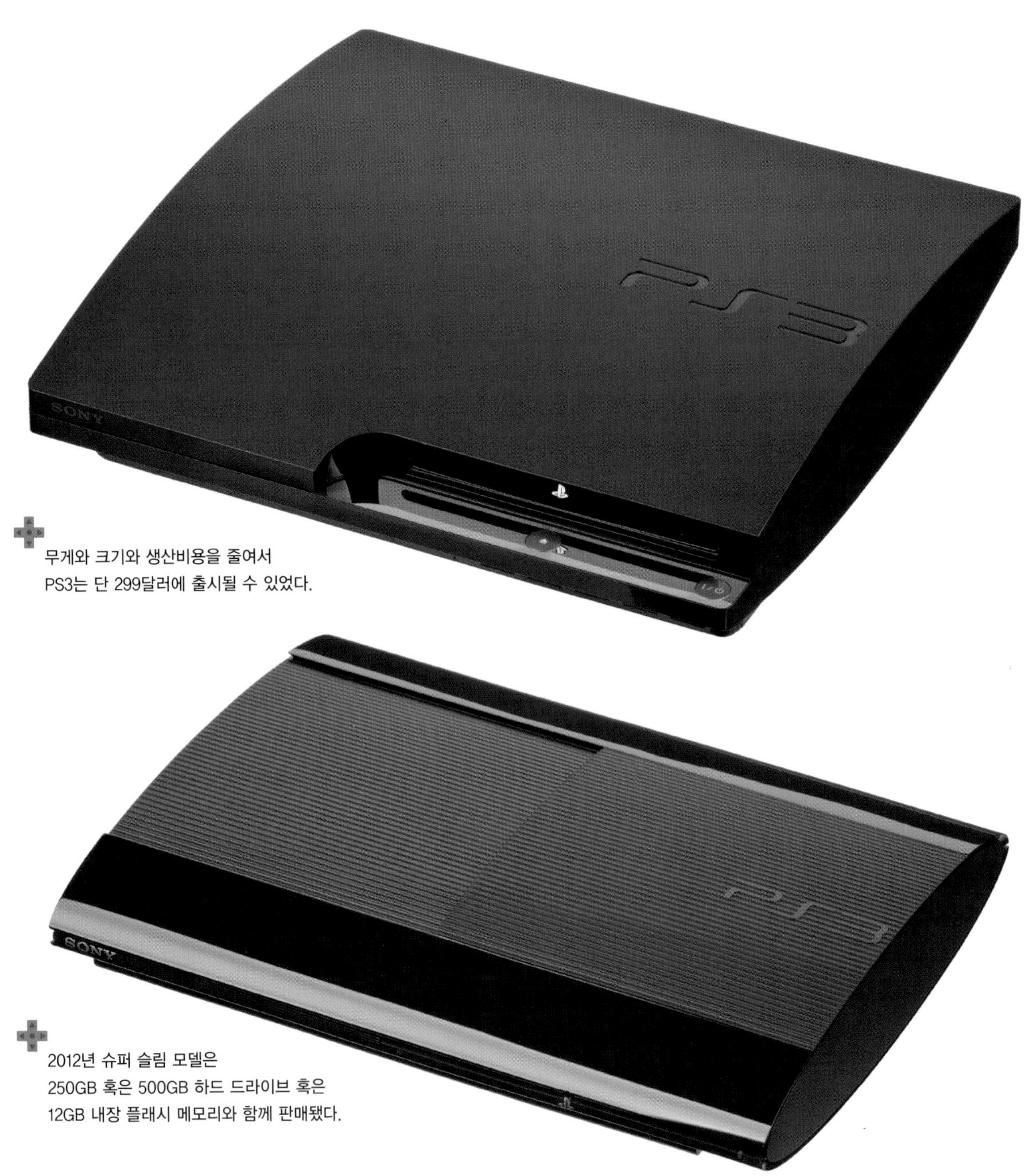

무게와 크기와 생산비용을 줄여서
PS3는 단 299달러에 출시될 수 있었다.

2012년 슈퍼 슬림 모델은
250GB 혹은 500GB 하드 드라이브 혹은
12GB 내장 플래시 메모리와 함께 판매됐다.

1 한국에서는 주로 참치라고 불렸다. - 옮긴이

PS3의 셀 프로세서는
강력했지만 많은 개발자들이
그 구조 때문에 어려움을 겪었다.

플레이스테이션 무브

플레이스테이션 무브는 2010년에 나온 PS3을 위한 모션 기반 컨트롤러 플랫폼이다. PS 무브의 끝에 공이 달린 '막대' 컨트롤러는 여러 센서들을 사용하고 외부의 카메라가 3D 공간의 위치를 추적해 닌텐도의 Wii 리모트보다 더 정확했다. 평론가들이 반응 속도를 칭찬했지만 PS MOVE를 게임 디자인에 의미 있게 활용한 게임은 거의 없었으며 시간이 지남에 따라 플랫폼에 대한 지원이 약해졌다. PS 무브는 플레이스테이션 4의 가상현실 플랫폼에 맞춰진 컨트롤러로 활력을 되찾았다.

플레이스테이션 무브의 대표 게임은 〈Wii 스포츠〉와 명백하게 비슷한 〈스포츠 챔피언〉이다.

PS 무브의 가장 좋은 사용법은 광선총이었다.
추가 부품으로 무브를 권총이나 소총 형태로
만들 수 있었다.

닌텐도 Wii

2006

출시 가격: $249	**판매량:** 1억대 이상
CPU: 729MHz 속도의 히타치 SH-4	**RAM:** 88MB
GPU: 100MHz 속도의 NEC PowerVR2	**출시된 게임:** 1,500개 이상

7세대 게임기들 사이에 닌텐도는 마이크로소프트와 소니의 게임기들과 직접 경쟁하는 것을 포기하고 캐주얼 게임에 집중한 비HD 게임기인 Wii를 출시했다. 움직임을 추적하는 독특한 리모컨 모양 컨트롤러를 기반으로 한 Wii는 게이머가 물리적으로 움직여 게임을 하도록 만들었다. Wii에 포함된 〈Wii 스포츠〉는 컨트롤러를 사용해 볼링과 테니스 같은 활동을 모방했으며, 이 게임은 게이머와 비게이머들 모두 비슷하게 인기를 끌었다. 〈Wii 스포츠〉는 닌텐도의 고객을 크게 확장시켰고, 닌텐도 Wii를 역사상 가장 많이 팔린 게임기로 만들어줬다.

Wii의 버추얼 콘솔은 NES, SNES, N64시대 게임의 디지털 버전을 제공했다.

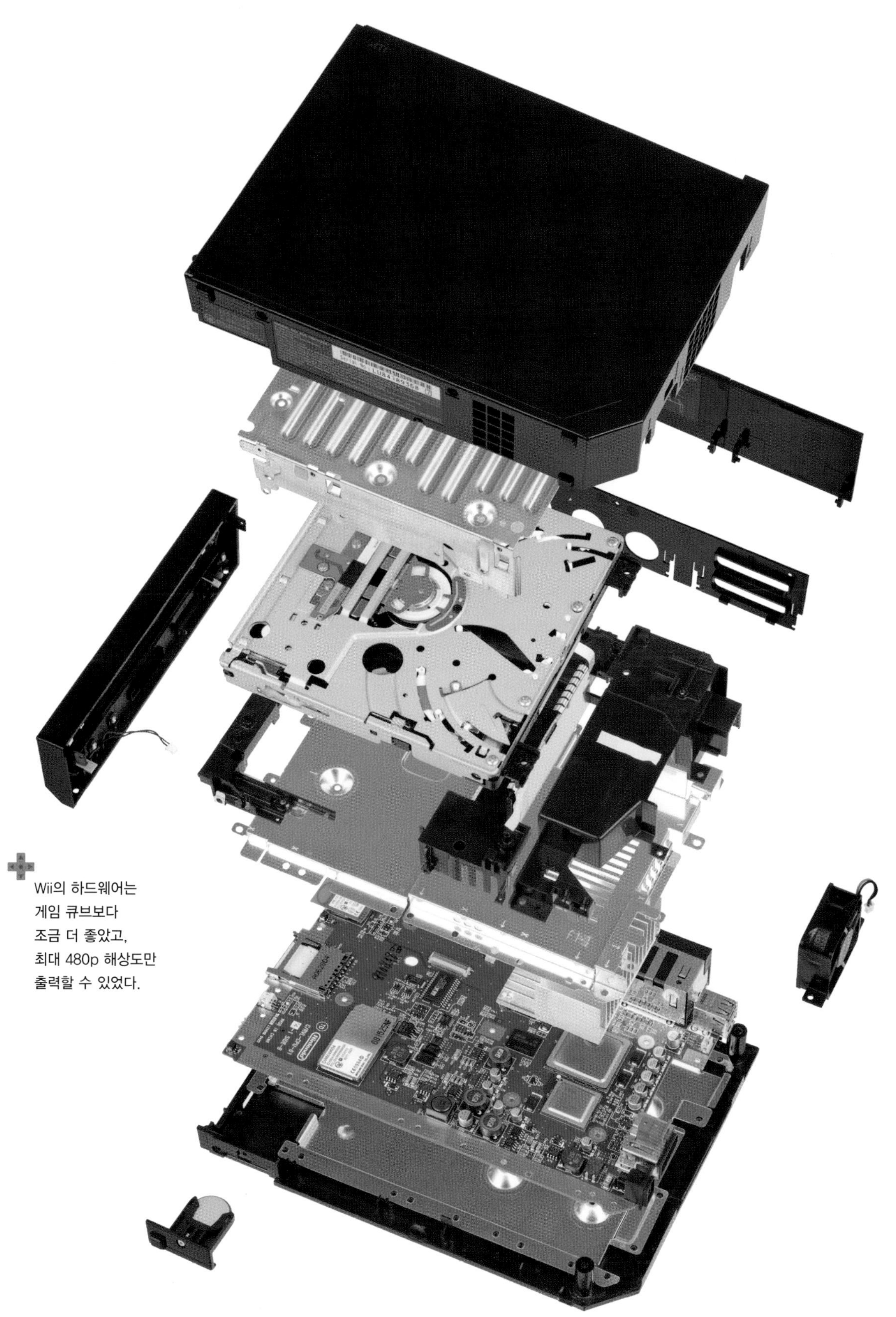

Wii의 하드웨어는
게임 큐브보다
조금 더 좋았고,
최대 480p 해상도만
출력할 수 있었다.

Wii 리모컨

Wii 리모컨의 전통적이지 않은 디자인은 다른 게임기 컨트롤러와 차별화됐으며 TV 리모컨과 비슷하게 생겨 게이머가 아닌 사람들도 게임기를 쉽게 사용해볼 수 있었다. 컨트롤러 아래의 확장 포트는 많은 게임에서 사용한 '눈차크nunchuck' 컨트롤러(아래)나 버추얼 콘솔 게임에서 필요로 했던 전통적인 컨트롤러와 연결할 수 있었다.

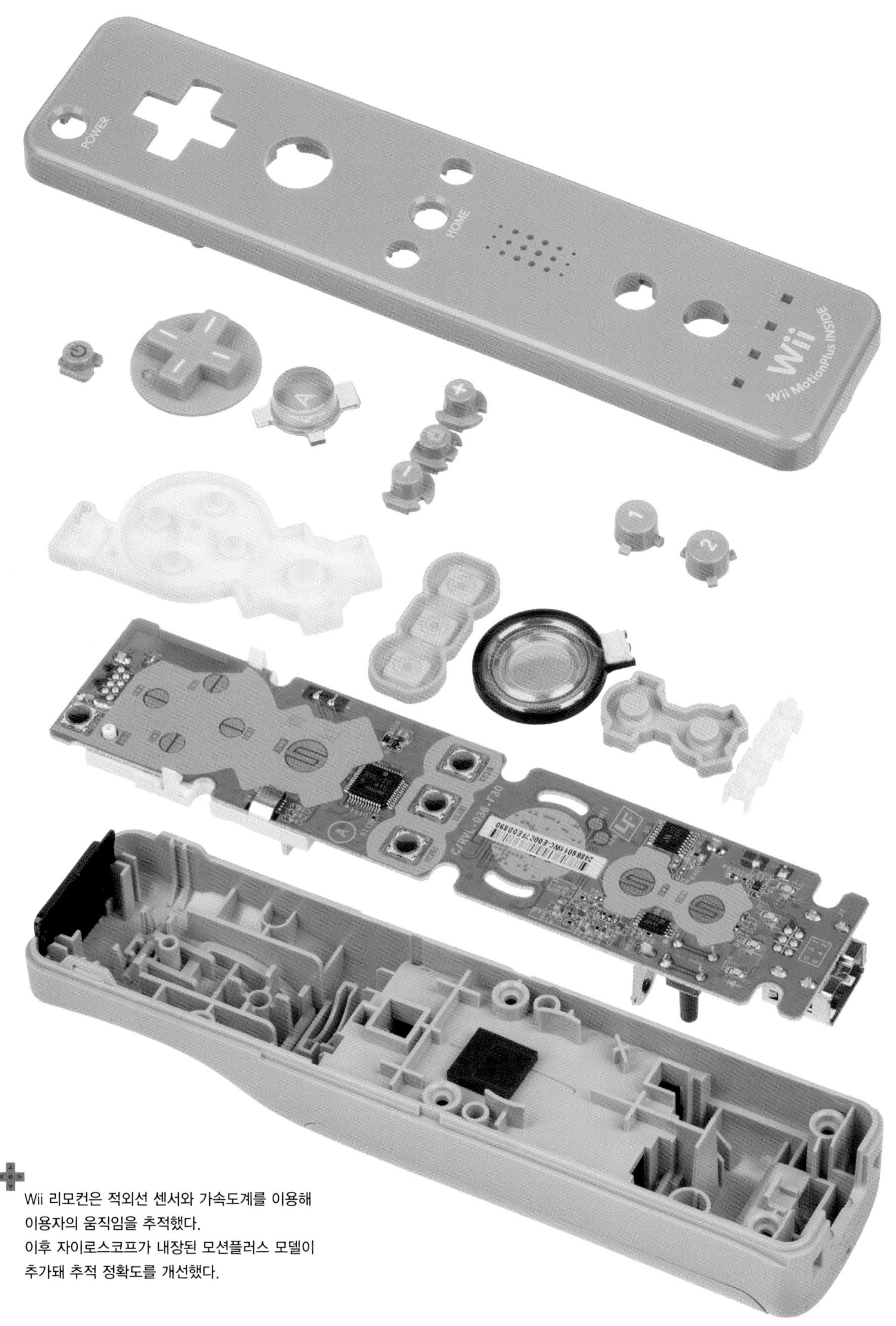

Wii 리모컨은 적외선 센서와 가속도계를 이용해
이용자의 움직임을 추적했다.
이후 자이로스코프가 내장된 모션플러스 모델이
추가돼 추적 정확도를 개선했다.

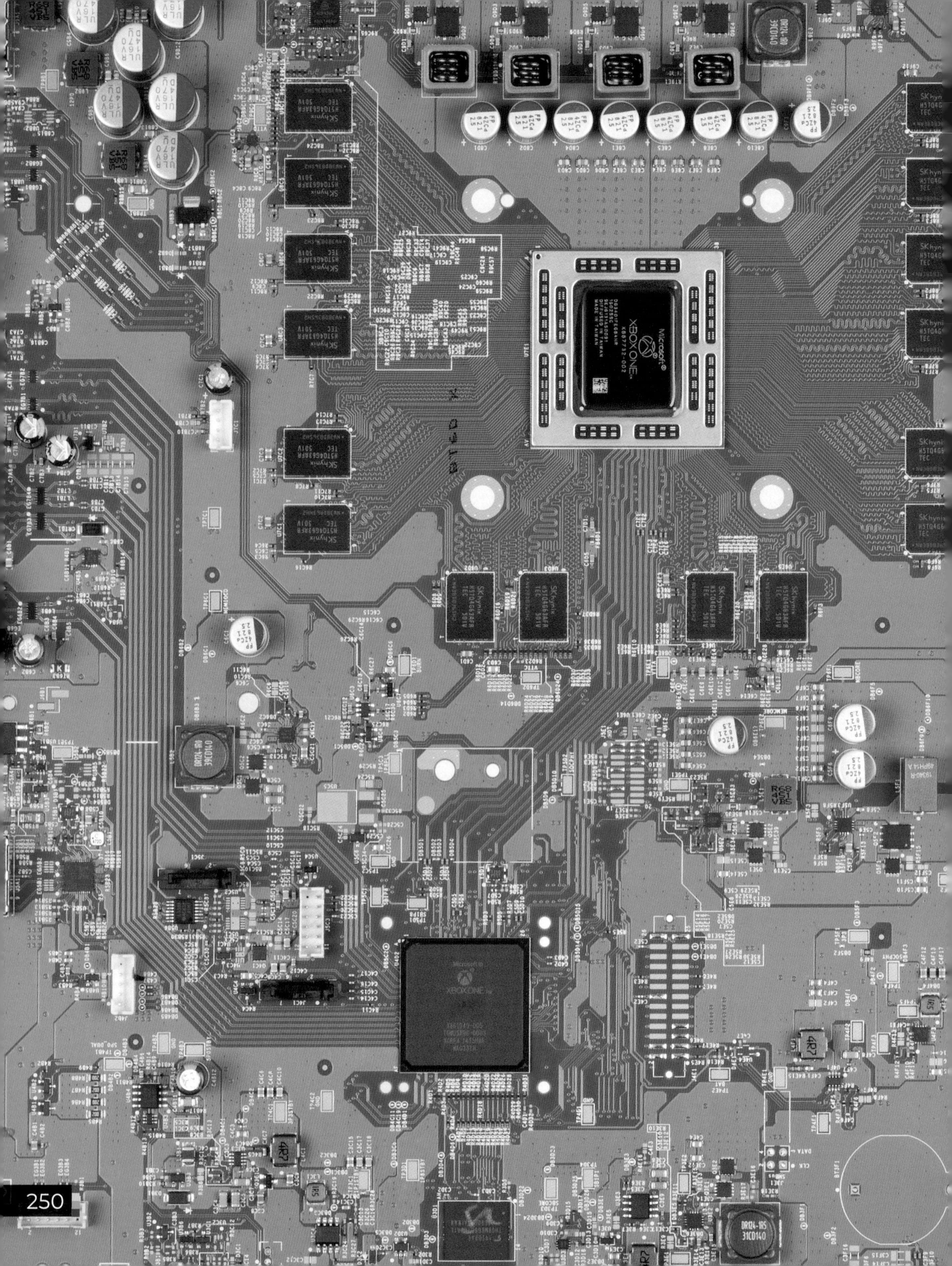

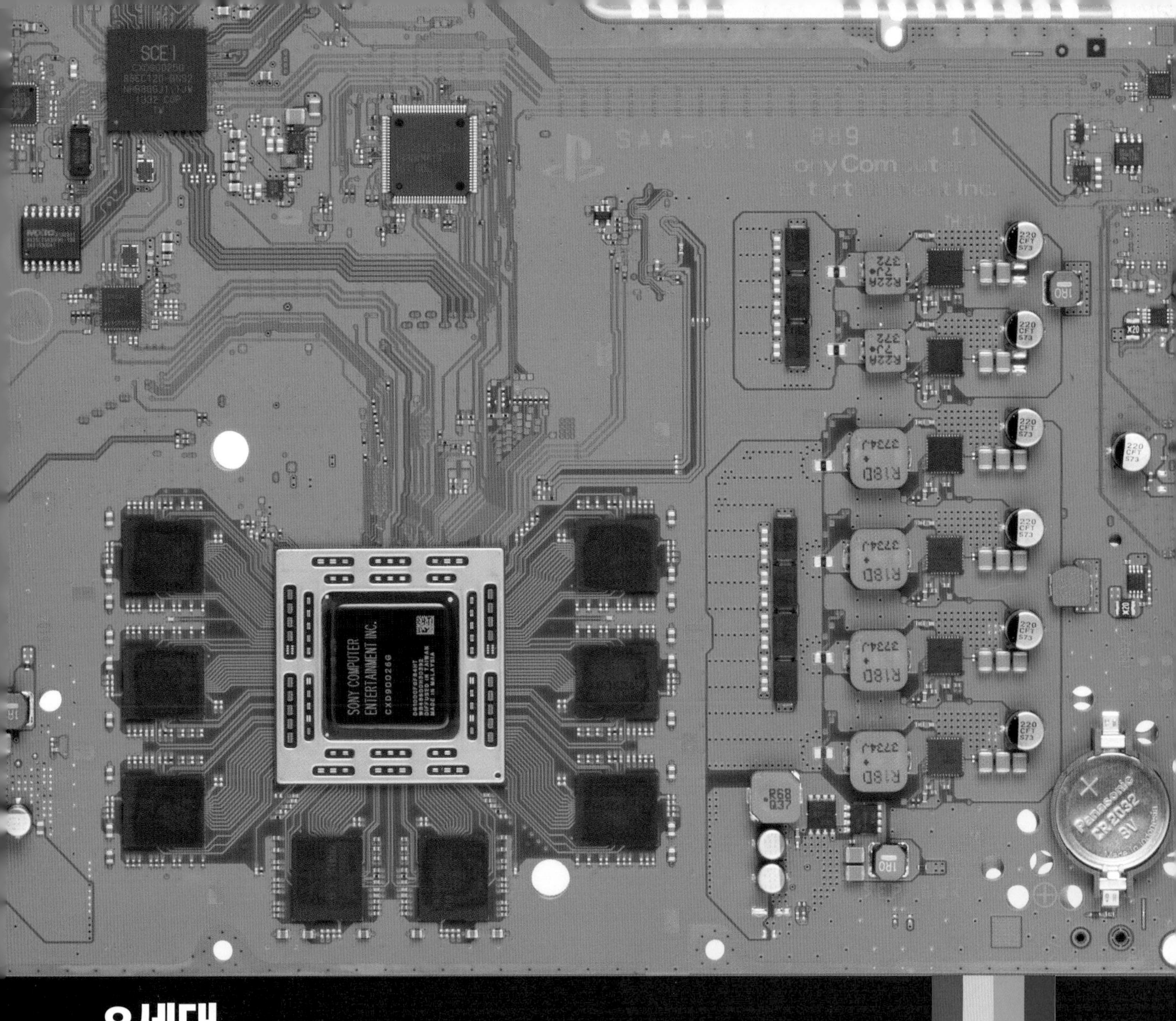

8세대

오랫동안 번영했던 게임기 7세대가 지나고, 8세대에 들어섰다. 8세대에서는 여러 회사가 새로운 게임기를 소개했으며 또한 중대한 오류들을 일으켜 큰 변화를 겪어야 했다. 마이크로소프트는 Xbox One의 사전 출시가 실패하면서 시작부터 비틀거렸고, 360으로 올렸던 기세가 멈춰버렸다. Wii의 성공으로 기세가 오른 닌텐도는 Wii U의 판매 부진으로 시장 점유율이 급락했다. 닌텐도의 3DS 역시 힘들게 시작했지만 가격을 인하하고 다양한 새 모델을 내놓으면서 휴대용 게임기에서의 닌텐도의 점유율을 성공적으로 재건했다. 소니는 인기있었던 플레이스테이션 4로 시장 선두주자의 자리를 되찾았지만 새로운 휴대용 게임기 비타Vita는 실패했다. 마지막으로 스마트폰 기술은 실패한 마이크로 콘솔을 탄생시켰다. 이 작은 TV 박스들은 모바일 게임을 텔레비전으로 가지고 오는 데 실패했다.

플레이스테이션 4 마더보드(아래), Xbox One 마더보드(맞은편)

애플 iOS

2007

아이폰 출시가격: $499(4GB), $599(8GB)	**아이폰 이용자 수:** 10억 이상
프로세서: 전용 애플 ARM SoC(최근)	**출시된 iOS앱:** 3400만 종 이상(추정)
앱 스토어 런칭: 2008년 7월 10일	**출시된 iOS게임:** 90만 종 이상(추정)

애플Apple은 2007년 새로운 아이폰iPhone OS(이후 iOS) 휴대폰 운영체제로 무장한 혁명적인 터치스크린 기반의 스마트폰인 첫 번째 아이폰을 공개했다. 다음 해에 애플은 아이폰을 서드파티 게임과 애플리케이션에게 공개한 앱 스토어를 도입했다. 새로운 플랫폼은 캐주얼한 터치 기반의 모바일 게임의 시대를 열며 큰 주목을 받았다. 모바일 게임의 숫자는 짧은 시간 동안 기하급수적으로 증가했고 누구나 스마트폰을 가지고 다니게 되면서 게임기의 보급 숫자가 왜소해 보일 만큼 많은 대수가 보급됐다. 이 시장은 지금도 성장하고 있으며 PC와 게임기 시장의 모든 수익을 넘어섰다.

애플은 다양한 블루투스 컨트롤러를 기본 지원하는 iOS13으로 게임에 크게 힘을 쏟았다.

애플 아케이드

모바일 게임이 발전함에 따라 시장은 가격이 고정된 게임에서 인앱 구매와 광고를 통해서 수익을 창출하는 무료 게임이 지배하는 시장으로 이동했다. 2019년 말 애플은 모바일 게임에서 부정적으로 보이는 많은 요소들을 제거한 애플 아케이드Apple Arcade라 불리는 게임 구독 서비스를 출시했다. 구독자는 월 정액 요금을 내면 아이폰, 애플 TV, 맥 컴퓨터를 포함하는 다양한 애플 기기를 건너다니며 부분유료화와 팝업 광고 없는 완전한 게임을 무료로 즐길 수 있었다. 이 플랫폼은 50종 이상의 게임들로 시작했으며 그 중 다수는 애플이 투자한 독점 게임이었고 다른 것들은 게임기나 PC 게임을 이식한 것이었다.

구글 안드로이드

2008

첫 번째 구글 기기: T-Mobile G1	**안드로이드 이용자 수:** 25억 이상
안드로이드 플래그십 기기: 구글 픽셀폰	**출시된 구글 플레이 앱:** 300만 개
안드로이드 앱 스토어 런칭: 2008년 10월 22일	**출시된 구글 플레이 게임:** 35만 개 이상

안드로이드Android는 구글에서 개발한 운영체제로, 주로 태블릿이나 스마트폰 같은 휴대용 기기에서 사용했다. 개방형 표준으로 만들어진 안드로이드 운영체제는 그대로 실행되거나 폐쇄된 기기를 위해 크게 개조돼 실행됐다. 이러한 융통성은 제조업체를 끌어들여 안드로이드가 세계에서 가장 인기있는 전화 운영체제가 되는 데 도움이 됐으며 스마트 TV, 셋탑박스 및 마이크로콘솔 같은 장치에도 채택됐다. 플랫폼의 앱 스토어인 구글 플레이Google Play는 (대부분 터치스크린 기반의) 수많은 게임뿐만 아니라 레트로 게임을 구동하는 에뮬레이터를 제공했다. 이는 안드로이드가 실행되는 기기에게 엄청난 게임기의 잠재력을 부여했다.

T-모바일 G1은 최초의 안드로이드 기반 기기였다.
이 스마트폰은 2년 약정 요금제로 179달러에 판매됐다.

넥서스 플레이어는 마지막 넥서스 브랜드 기기였다. 2016년 구글은 픽셀 브랜딩으로 대표 안드로이드 제품을 출시했다.

넥서스 플레이어

구글의 넥서스 제품군은 안드로이드 운영체제의 주요 업데이트 출시를 위해 사용된 주력 제품들이었다. 2015년 후반 구글은 새로운 안드로이드 TV 플랫폼에 사용할 첫 번째 제품인 TV 미디어 플레이어인 넥서스 플레이어를 출시했다. 넥서스 플레이어는 넷플릭스, 유튜브, 플루토 TV, 훌루 같은 다양한 스트리밍 앱을 통해 미디어 재생을 지원했다. 구글 플레이스토어를 통해 게임도 가능했으나 많은 게임이 컨트롤러 지원이 되지 않아 선택할 수 있는 게임이 매우 적었다. 모바일 게임을 위한 컨트롤러 지원은 오늘날까지도 문제가 되고 있는데, 많은 게임들이 터치스크린 기반으로 기획되거나 제작되기 때문이다.

지보

2009

출시 가격: R$499	**판매량:** 3만
CPU: 528MHz 속도의 퀄컴 ARM11/QDSP-5	**RAM:** 128MB
GPU: 퀄컴 아드레노 130	**출시된 게임:** 55종 이상

지보Zeebo는 브라질 장난감과 전자 제품 제조업체인 텍토이Tectoy에서 남미 및 멕시코 시장을 위해 만든 게임기다. 퀄컴에서 개발한 모바일 프로세서 칩을 기반으로 개발된 지보는 3G 휴대폰 안테나가 장착된 스마트폰과 매우 흡사했다. 게임기는 다운로드 게임을 살 유일한 방법인 디지털 마켓플레이스를 위해 무선 이동통신 연결을 사용했다. 게임기는 출시 당시 남미 게임 시장에서 성공을 거두기 위해 분투했지만 판매량이 낮아 텍토이에 재정적 손실을 안겼고, 텍토이는 2년 후 지보를 단종시켰다.

텍토이는 세가의 마스터 시스템과 제네시스 게임기를 생산하고 유통하는 것으로 브라질에서 매우 유명했다.

온라이브

2010

출시 가격: 매달 \$14.95(이후 무료화)	**동시접속자(최대):** 1600
서버 CPU: 알려져 있지 않음	**서버 RAM:** 알려져 있지 않음
서버 GPU: 알려져 있지 않음	**출시된 게임:** 200종 이상

온라이브OnLive는 2010년부터 2015년까지 서비스된 클라우드 게임 서비스로, 이용자가 PC 게임을 다양한 기기에서 플레이할 수 있었다. 게임들은 데이터 센터 컴퓨터에 저장되고 실행됐으며 게임 플레이는 인터넷을 통해 비디오로 스트리밍됐다. 플레이어는 자신들의 컴퓨터, 휴대폰, 태블릿의 앱을 통해 온라이브에 접속하거나 공식 미니게임기 스트리밍 박스를 TV에 연결해 게임을 즐길 수 있었다. 온라이브 게임은 인터넷 지연에 매우 취약했으며, 고속 인터넷 연결이 필수였다. 하지만 사용자가 몇 초 만에 게임 플레이를 시작할 수 있었고 성능이 낮은 모바일 기기에서도 PS3 및 Xbox 360 수준의 게임을 할 수 있었다.

온라이브의 클립 공유 기능은 공유를 위해 짧은 게임 플레이 영상을 캡처했으며 나중에 PS4, Xbox One, 닌텐도 스위치에 채택됐다.

닌텐도 3DS

2011

출시 가격: $249	**판매량:** 7,500만 대 이상
CPU: 268MHz 속도의 듀얼 ARM11	**RAM:** 128MB
해상도: 400×240(상단), 320×240(하단)	**출시된 게임:** 1,200종 이상

닌텐도의 DS 휴대용 게임기 제품군의 후속작인 3DS는 3D 안경 없이 스테레오 스코픽 3D를 보여줄 수 있는 새로운 게임기였다. DS가 이전에 성공했음에도 3DS는 출시 당시 휴대용 게임기 치고는 비싼 가격과 게임기의 3D 기능이 관심을 받지 못해 판매량이 좋지 못했다. 닌텐도는 불과 몇 달 후 가격을 80달러 인하해 대응했으며 3DS의 대표적인 게임인 〈슈퍼마리오〉와 〈포켓몬스터〉를 출시했다. 그에 따라 3DS는 새롭게 관심을 받고 매출이 증가했다. DS의 엄청난 판매량과 비교할 수는 없었지만 3DS는 현대 휴대용 게임 시장에서 전통적인 휴대용 게임이 여전히 성공할 수 있다는 것을 증명했다.

닌텐도 3DS는 이전 DS의 게임들이 하위 호환됐다.

X
Y
A
B
START
SELECT

닌텐도 3DS 모델들과 그 변형

닌텐도는 3DS를 판매하는 동안 여러 모델을 출시했다. 이전 DS와 마찬가지로 더 큰 화면을 가진 XL 버전을 제공했으며 새로운 3DS 제품군들은 여러 하드웨어 개선을 이뤘다. 첫 번째로 나온 두 개의 새로운 모델들인 첫 번째 버전(이전 페이지)과 XL(위, 맨위)는 두 번째 아날로그 스틱과 추가된 숄더 버튼들, 향상된 스테레오 스코픽 3D와 더 빠른 프로세서가 특징이었다. 적은 수의 3DS 게임들만 추가 성능이 필요했다. 그러나 플레이하기 위해 새로운 모델이 필요한 게임은 10개 미만이었다. 가장 독특한 변형판은 2DS(맞은편)으로, 아이들을 대상으로 3D 기능을 제거한 정사각형의 고정된 화면 모델이었다.

PWB/CPU/AU-C/FTR-01
Nintendo

플레이스테이션 비타

2011

출시 가격: $249(Wi-Fi 모델), $299(3G/Wi-Fi 모델)	판매량: 1,500만 대 이상(추정)
CPU: 쿼드코어 ARM 코텍스 A9	RAM: 512MB VRAM: 128MB
GPU: 쿼드코어 파워VR SGX543MP4+	출시된 게임: 1,200종 이상

플레이스테이션 비타PlayStation Vita는 PSP의 계승자인 소니의 최신 기능들이 가득한 휴대용 게임기였다. 그러나 비타는 휴대용 기기와의 치열한 경쟁으로 캐주얼과 일반 게이머들을 뺏기면서 남겨진 게이머들에게 한정해서 인기를 끌었기 때문에 PSP만큼 성공하지 못했다. 시스템 출시 이후 판매가 둔화되며 소니 자체 게임과 AAA게임들의 지원이 줄어들었다. 비타는 일본 RPG, 비주얼노벨, 미국 인디 게임을 좋아하는 헌신적인 이용자 기반을 유지하며 그럭저럭 버티는 틈새 시장 게임기가 됐다. 판매량이 낮았기에 소니는 후속 제품에 대한 계획이 없다고 밝혔다.

첫 번째 비타 모델은 높은 대비와
선명한 색을 가진 OLED 화면을 사용했다.

비타 2000(위)는 전 모델의 OLED 화면을 일반적인 LCD로 교체해 2013년에 더 얇고 가볍게 재설계됐다.

PS TV(아래)는 2013년에 나온 TV 박스 비타 변형판으로 컨트롤러로 텔레비전에서 비타와 PSP, PS1 게임 중 일부를 실행할 수 있었다.

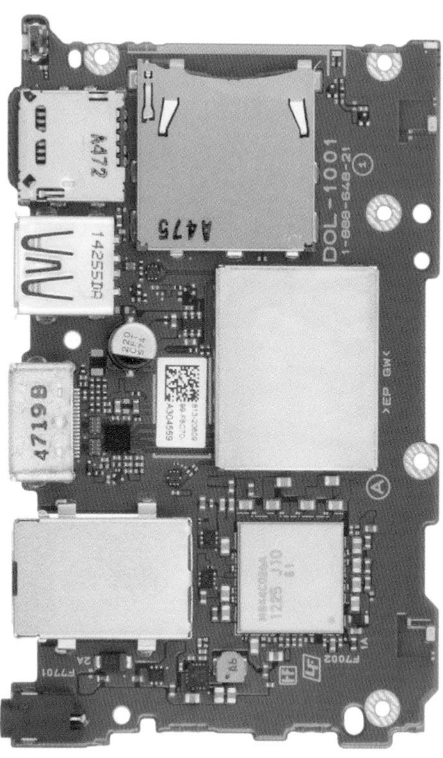

Wii U

2012

출시 가격: $299(8GB), $349(32GB)	**판매량:** 900만 이상
CPU: 1.24GHz 속도의 전용 IBM 트라이코어 '에스프레소'	**RAM:** 2GB
GPU: 550MHz 속도의 전용 AMD 라데온 '라떼'	**출시된 게임:** 800개 이상

Wii U는 닌텐도의 첫 번째 HD 게임기이자 매우 인기 있던 Wii의 후속 제품이다. 화면이 내장된 태블릿과 흡사한 대형 컨트롤러를 중심으로 구성된 Wii U는 텔레비전 유무와 관계없이 게임을 플레이할 수 있었으며 혁신적인 듀얼 스크린 게임 플레이의 가능성을 보여줬다. 그러나 Wii를 즐기던 캐주얼 게이머들은 Wii U를 무시하고 모바일 게임으로 이동했다. 게임기의 비싼 가격, 열악한 온라인 생태계, 서드파티 지원의 부족으로 몇 달 동안 할 게임이 부족해 게이머들은 구매를 보류했다. 넓은 고객층에게 인기를 끌지 못하며 정체된 판매량은 회복되지 않았고 Wii U는 1300만 대만 판매된 채 2017년 지원이 종료됐다.

부실한 마케팅으로 많은 고객은 Wii U의 컨트롤러가 이전 Wii의 추가 부품이라고 믿었다.

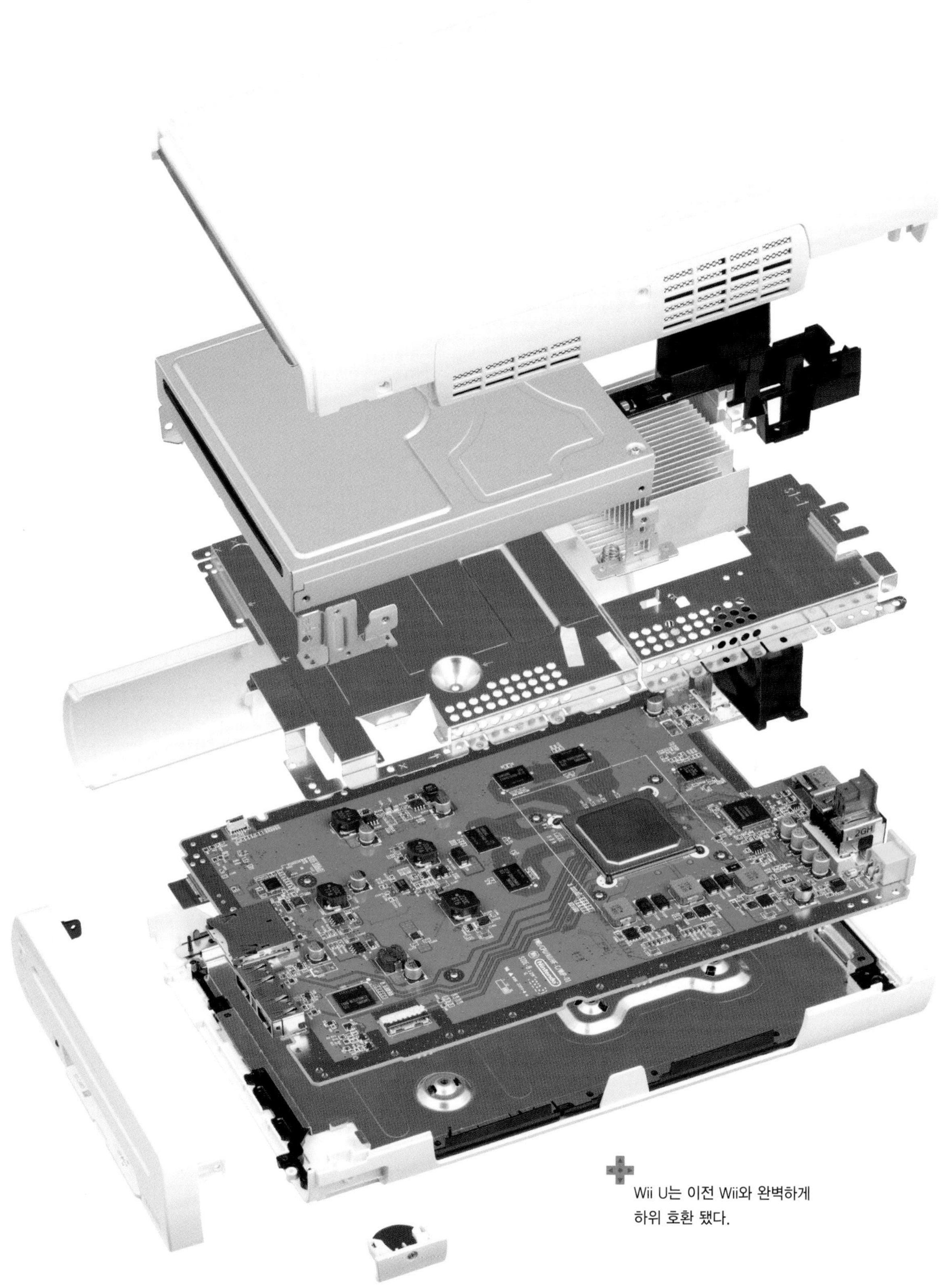

Wii U는 이전 Wii와 완벽하게
하위 호환 됐다.

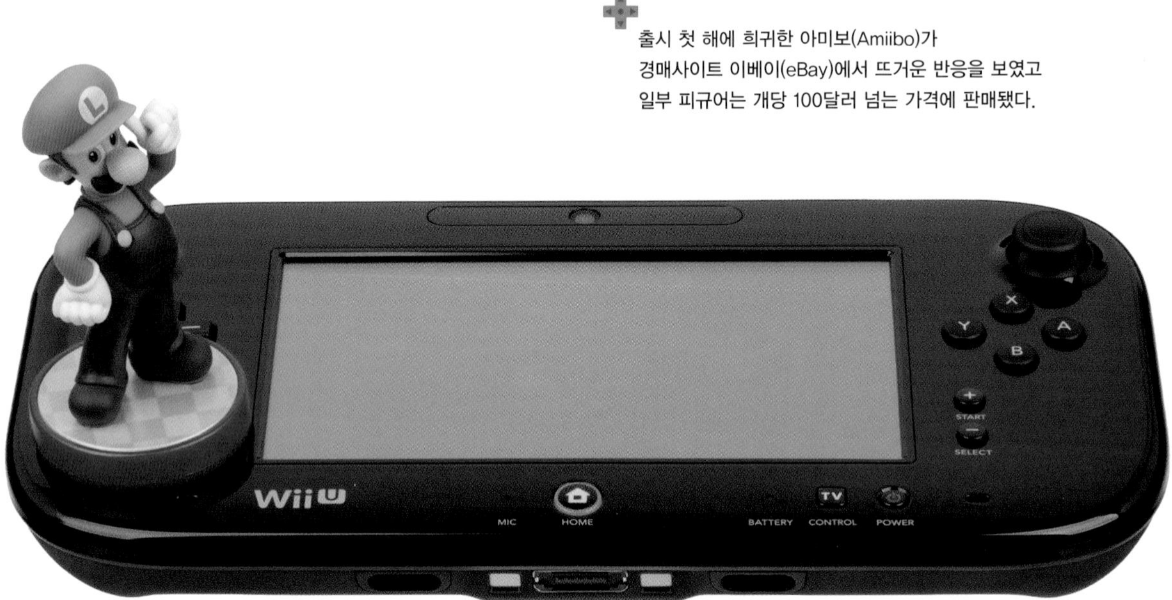

출시 첫 해에 희귀한 아미보(Amiibo)가 경매사이트 이베이(eBay)에서 뜨거운 반응을 보였고 일부 피규어는 개당 100달러 넘는 가격에 판매됐다.

아미보

닌텐도는 2014년, 닌텐도와 다른 여러 프랜차이즈 주요 캐릭터의 작은 피규어 제품군인 아미보Amiibo를 소개했다. 가격은 13~16달러 정도였다. 각각의 아미보의 받침대는 Wii U 게임 패드 컨트롤러에 내장된 무선 센서에 갖다 댔을 때 스캔할 수 있는 특수한 칩이 들어 있었다. 호환되는 게임으로 스캔하면 피규어는 아이템이나 복장 같은 추가 콘텐츠의 잠금을 해제해줬다. 아미보 플랫폼은 3DS와 닌텐도 스위치 기기에서도 사용할 수 있었다.

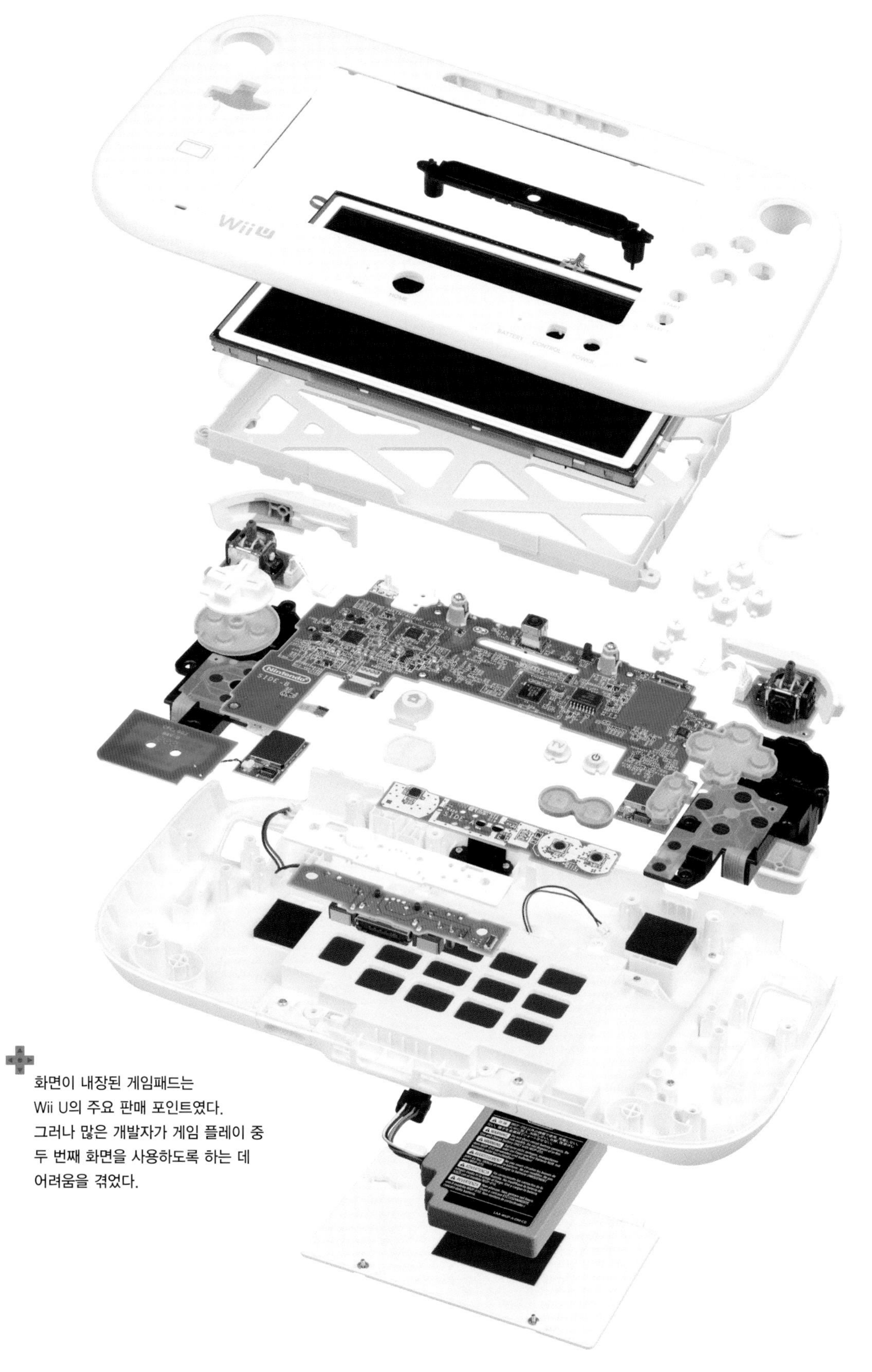

화면이 내장된 게임패드는
Wii U의 주요 판매 포인트였다.
그러나 많은 개발자가 게임 플레이 중
두 번째 화면을 사용하도록 하는 데
어려움을 겪었다.

우야

출시 가격: $99	**판매량:** 20만 대
CPU: 1.7GHz 속도의 ARM 코텍스-A9	**RAM:** 1GB DDR3
GPU: 520MHz 속도의 엔비디아 지포스	**출시된 게임:** 100종 이상

우야OUYA는 킥스타터 크라우드 펀딩 캠페인에서 850만 달러를 모아 다시 생명을 얻은 안드로이드 기반의 마이크로콘솔이다. 태블릿과 휴대폰 부품으로 만들어진 우야는 이식된 모바일 게임을 주로 즐길 수 있었고, 전용 온라인 상점을 통해 적은 수의 독점 게임을 플레이할 수 있었다. 출시 당시 게임기는 하드웨어와 소프트웨어 문제로 어려움을 겪었고 부정적인 나쁜 리뷰와 부정적인 언론의 평가에 시달렸다. 우야는 소매점에서는 잘 팔리지 않았으며 이 게임기를 구매한 사람들 중 대부분은 게임을 구매하지 않고 대신 에뮬레이터와 미디어 재생을 위해 우야를 사용했다. 우야의 실패 이후 우야의 자산들은 레이저Razer사에 판매됐으며 이 게임기는 2015년 판매 중단됐다.

우야는 개발 기기로도 동작해서 자신만의 게임을 만들 수 있었다.

게임스틱

2013

출시 가격: $79	**판매량:** 2만~3만 대(추정)
CPU: 1.5GHz 속도의 ARM 코텍스-A9	**RAM:** 1GB DDR3
GPU: ARM 말리-400	**출시된 게임:** 60종 이상

게임스틱GameStick은 우야와 마찬가지로 킥스타터 캠페인으로 시작한 안드로이드 기반 게임용 마이크로콘솔이었다. 플레이잼PlayJam사는 2013년 초 성공적으로 65만 달러를 모금했으며 그해 말 게임기를 출시했다. 출시 당시 게임스틱의 온라인 스토어는 제한적이고 막혀있었으며, 대부분 이식된 모바일 게임들로 이루어져 있어 미지근한 리뷰를 받았다. 게임스틱의 하드웨어는 비슷한 다른 안드로이드 기반 기기에 비해 성능이 떨어졌고 이는 앞으로의 게임에 대한 호환성을 불확실하게 만들었다. 판매 부진 후 소매 재고는 2014년에 청산됐고, 2017년 초 게임스틱의 온라인 게임 스토어는 완전히 문을 닫았다.

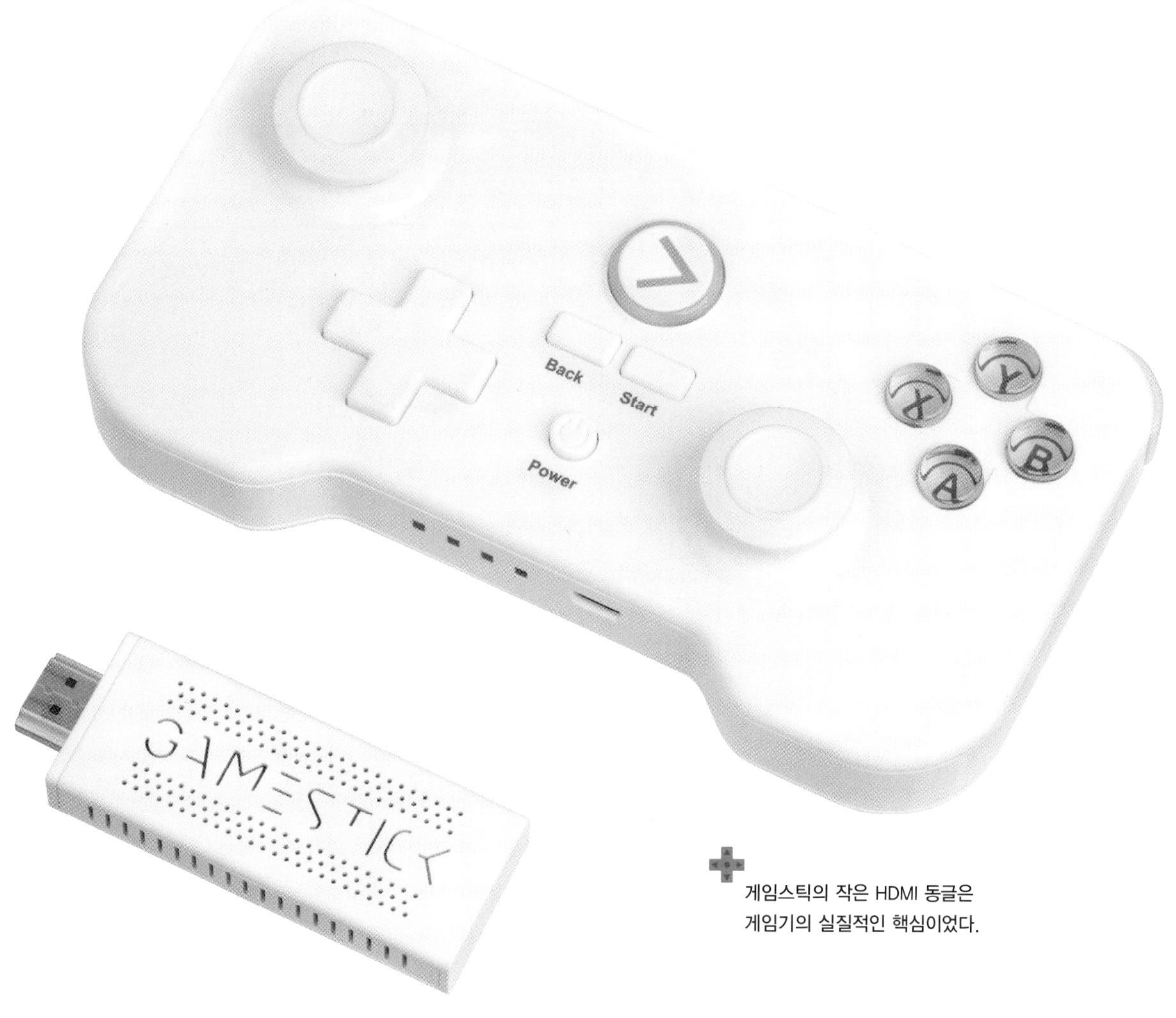

게임스틱의 작은 HDMI 동글은 게임기의 실질적인 핵심이었다.

플레이스테이션 4

2013

출시 가격: $399(500GB)	**판매량:** 1억 500만 대 이상
CPU: 1.6GHz 속도의 전용 8코어 AMD '재규어'	**RAM:** 8GB GDDR5
GPU: 800MHz 속도의 전용 AMD 라데온 GCN	**출시된 게임:** 3,000종 이상

플레이스테이션 4^PS4, Playstation 4^는 소니가 오랫동안 기다려왔던 2006년의 PS3의 후계자이다. PS3는 복잡한 아키텍처와 비싼 가격으로 판매의 시작이 순조롭지 않았었다. 이에 소니는 PS4를 강력한 그래픽 프로세서와 빠른 메모리를 결합해 직관적이고 간단하게 디자인했고, 납득할 만한 가격대로 내놓았으며, 개발자 친화적으로 만들었다. PS4는 Xbox One과 함께 출시됐으며 마이크로소프트의 게임기에 비해 100달러 저렴했다. 또한 대부분의 게임에서 더 나은 퍼포먼스를 보였다. PS4는 출시하자마자 게이머와 개발자들이 몰려들면서 크게 성공했다. 플레이스테이션 4는 이후로도 Xbox One과 Wii U보다 훨씬 많이 팔려 8세대 게임기 중 가장 많이 팔린 게임기가 됐다.

PS2와 PS3와는 달리 PS4는 하위 호환이 되지 않았다.

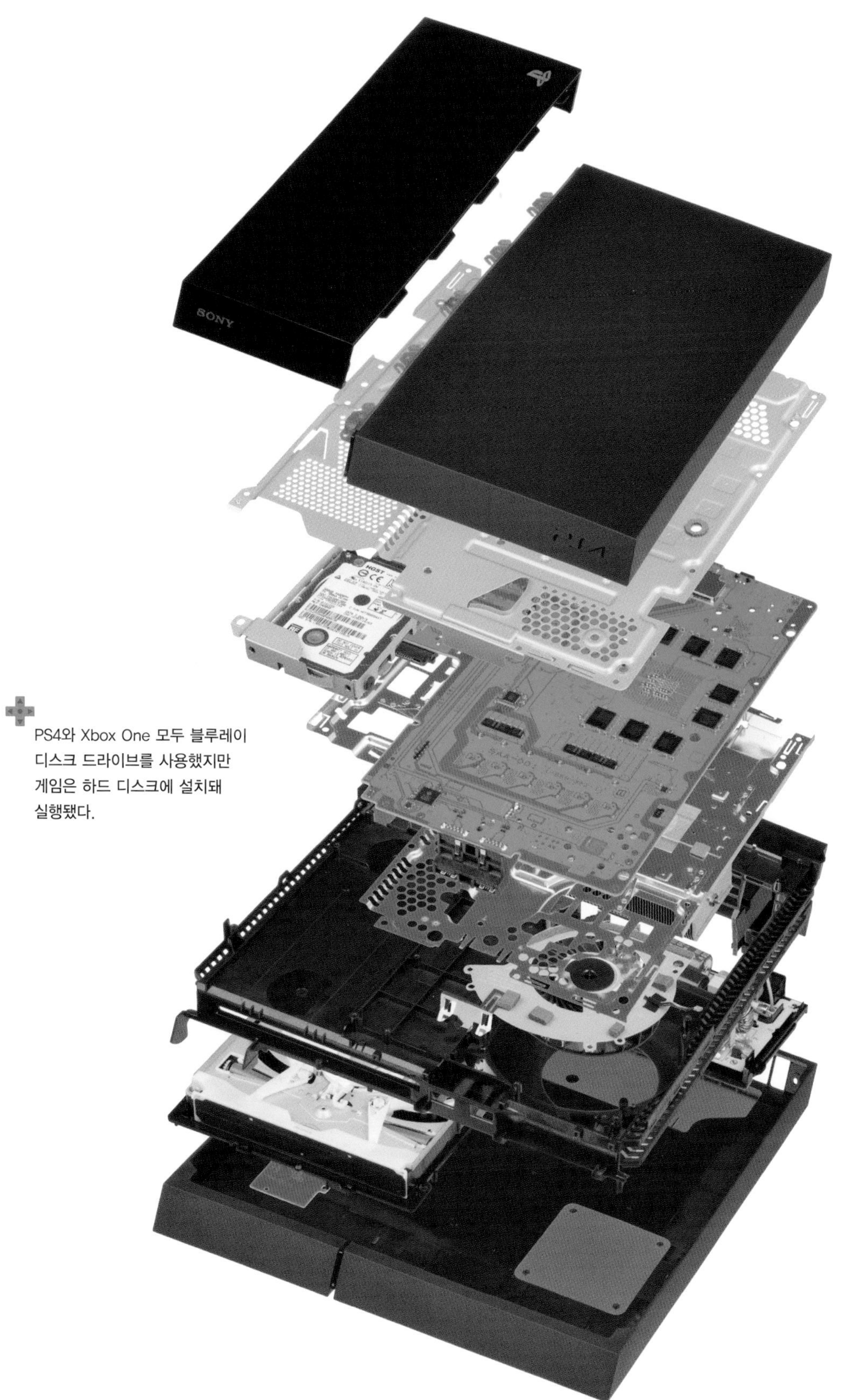

PS4와 Xbox One 모두 블루레이 디스크 드라이브를 사용했지만 게임은 하드 디스크에 설치돼 실행됐다.

플레이스테이션 4 Pro

2016년 소니는 향상된 게임 성능을 제공하는 마니아 PS4 모델을 399달러에 출시했다. PS4 Pro라고 불린 이 제품은 오버클럭된 CPU와 더 빠른 램과 이전 PS4 보다 두 배의 그래픽 프로세서를 갖췄다. 덕분에 지원되는 게임에서 더 부드러운 프레임레이트와 더 높은 해상도로 그래픽을 향상시켰다.

PS4의 듀얼쇼크 4
컨트롤러는 라이트바, 터치패드,
내장스피커가 추가됐다.

Xbox One

2013

출시 가격: $499(키넥트가 포함된 500GB 모델)	**판매량:** 4,600만 대(추정)
CPU: 1.75GHz 속도의 전용 8코어 AMD '재규어'	**RAM:** 8GB DDR3, 32MB ESRAM
GPU: 853MHz 속도의 전용 AMD GCN	**출시된 게임:** 2,600종 이상

Xbox One은 마이크로소프트가 만든, 성공했던 Xbox 360의 후속작이다. 마이크로소프트는 Xbox One을 게임 뿐만 아니라 라이브 TV, 미디어 스트리밍, 소셜미디어에 초점을 둔 올인원 엔터테인먼트 기기로 소개했다. 이 새로운 방향성은 (출시 전에 취소된 중고 게임 차단 같은) 소비자 적대적인 정책과 결합돼 게이머를 소외시키고 Xbox 브랜드의 인기에 큰 타격을 입혔다. Xbox One은 게임에 다시 초점을 맞췄으며, 공격적으로 가격을 인하해 마침내 미국에서 잃어버린 입지를 되찾았지만, 플레이스테이션 4가 훨씬 많이 팔린 해외에서는 회복할 수 없었다.

PS4처럼 Xbox One은 AMD x86 프로세서와 GPU를 사용했지만 PS4와 날리 32MB의 초고속 ESRAM이 포함돼 있었다.

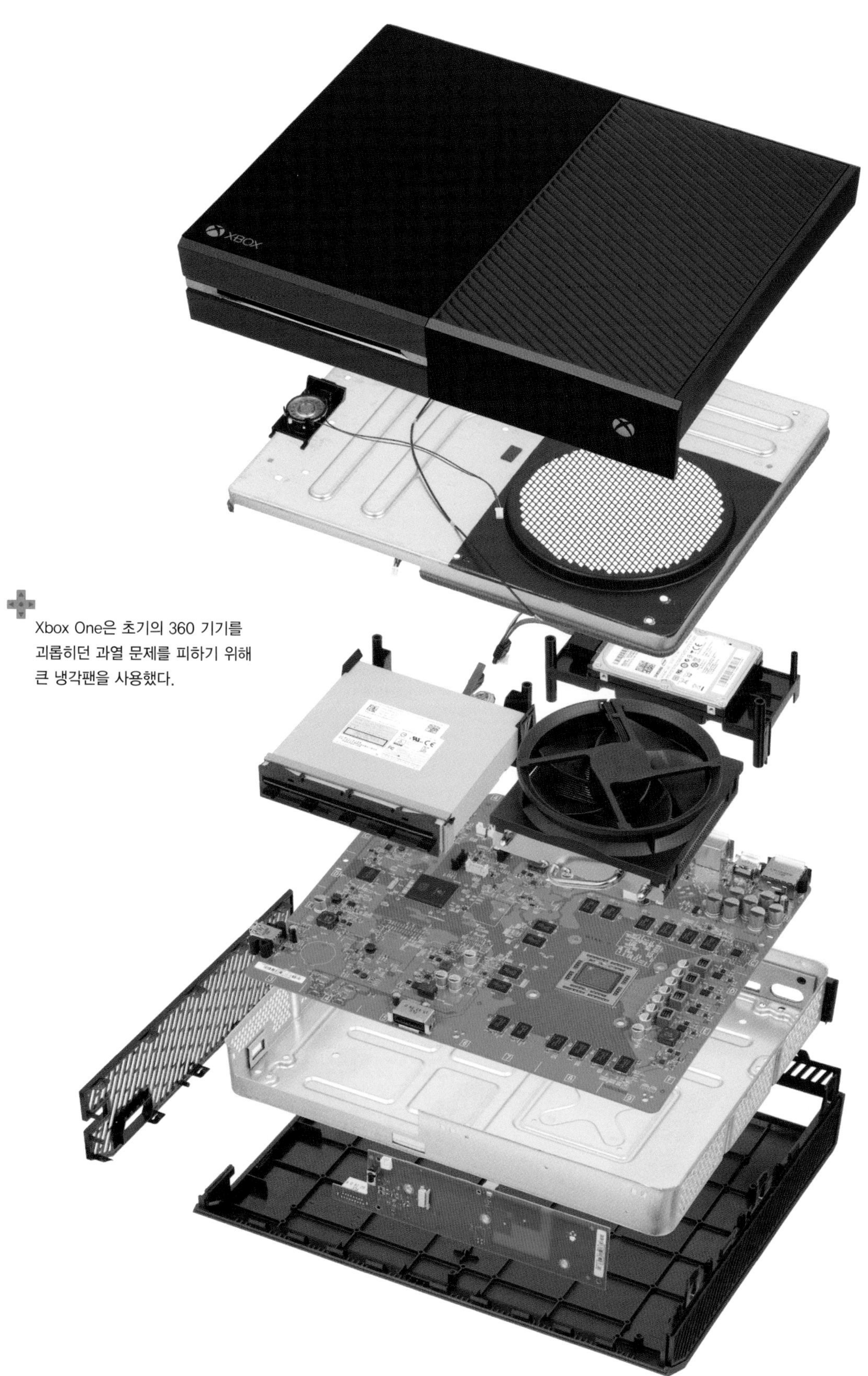

Xbox One은 초기의 360 기기를
괴롭히던 과열 문제를 피하기 위해
큰 냉각팬을 사용했다.

Xbox One S

2016년 마이크로소프트는 기본 Xbox One을 새로운 S모델로 교체했다. 이전 Xbox One보다 크기가 40% 작은 S는 전원장치의 내장과 다른 전자기기를 제어하기 위한 내장 IR블래스터 같은 몇 가지 업데이트와 개선사항이 특징이었다. 또한 온라인 스트리밍이나 새롭게 업그레이드된 전용 4K UHD 블루레이 드라이브를 통한 4K 및 HDR 비디오 지원이 포함됐다.

마이크로소프트는
Xbox One 컨트롤러 설계에
1억 달러 이상을 투자했다.

매드 캣츠 모조

2013

출시 가격: $249	**판매량:** 3만~5만 대(추정)
CPU: 1.8GHz 속도의 쿼드코어 ARM 코텍스-A15	**RAM:** 2GB
GPU: 672MHz 속도의 엔비디아 지포스	**사용 가능한 게임:** 구글플레이, 우야, 온라이브

모조MOJO는 서드파티 게임기 컨트롤러로 잘 알려진 전자 제품 제조업체인 매드 캣츠Mad Catz가 만든 안드로이드 마이크로콘솔이다. 모조는 출시 당시 강력한 테그라 4Tegra 4 프로세서를 갖췄으며 경쟁 제품 가격의 두 배인 100달러에 판매되는 고급 마이크로콘솔이었다. 전용 게임들은 없었지만 다양한 고전게임기 에뮬레이터가 포함된 구글 플레이 스토어의 안드로이드 게임에 제한적으로 접근할 수 있었다. 2014년 매드 캣츠는 우야 플랫폼 및 온라이브 게임 스트리밍과 완전히 호환되도록 해 모조의 게임들을 확장했다.

모조 컨트롤러의 마우스모드 토글을 통해 TV에서 모바일 터치스크린 게임들을 플레이할 수 있었지만, 많은 터치스크린 게임들이 모조에서 다운로드할 수 없었다.

아마존 파이어 TV **2014**

출시 가격: $99(컨트롤러 별매)	**판매량:** 3,500만 대 이상(전체 파이어 제품 기준)
CPU: 1.7GHz 속도의 쿼드코어 스냅드래곤 600	**RAM:** 2GB
GPU: 퀄컴 아드레노 320	**출시된 게임:** 1,000종 이상(파이어 TV 만)

파이어 TV[Fire TV]는 온라인 유통업체인 아마존의 미디어 스트리밍, 게임 플레이, 앱 실행이 가능한 안드로이드 기반 TV 박스 제품군이다. 출시 당시 아마존은 파이어 TV 제품을 다양한 모바일 게임들과 컨트롤러를 사용할 수 있으며, 자체 제작 독점 게임들을 플레이할 수 있는 게임 플랫폼으로 홍보했다. 그러나 아마존이 더 인기 있는 파이어 태블릿 시리즈에 힘을 모아주면서 컨트롤러 기반의 게임들은 빠르게 지원이 중단됐다. 터치스크린 기반 게임을 실행할 수 없는 파이어 TV 제품군은 주로 미디어 스트리밍 장치가 됐으며 2017년 파이어 TV의 온라인 제품 페이지에서 게임에 대한 언급이 삭제됐다.

파이어 TV 제품군은 미디어 스트리밍에 중점을 둔 성능이 좀 더 낮고 저렴한 아마존 파이어 스틱 플랫폼으로 대체됐다.

엔비디아 쉴드 TV

출시 가격: $199(16GB), $299(500GB)	판매량: 3,500만 대 이상(전체 파이어 제품 기준)
CPU: 8코어 ARM 코텍스-A57+코텍스-A53	RAM: 3GB
GPU: 256 엔비디아 맥스웰 기반 CUDA 코어	사용 가능한 게임: 구글 플레이, 지포스 NOW

쉴드 TV[Shield TV]는 주요 그래픽카드 프로세서 제조업체인 엔비디아가 제작한 고성능 안드로이드 기반 마이크로콘솔이다. 쉴드 TV는 2013년 (모바일 하드웨어와 접을수 있는 스크린이 들어간 무선 컨트롤러인) 쉴드 포터블 출시 후 2014년 쉴드 태블릿을 출시했다. 2015년 엔비디아는 강력한 안드로이드 TV 셋탑박스이자 당시 나오던 다른 셋탑박스보다 좀 더 게임에 포커스를 둔 마이크로콘솔인 쉴드 TV를 출시했다. 엔비디아의 자체 X1칩 덕분에 쉴드 TV는 4K 비디오를 출력했으며 컴퓨터에서 게임을 스트리밍하고 쉴드 TV를 위해 포팅된 가정용 게임기용 게임을 돌릴 수 있었다.

엔비디아 쉴드 TV의 테그라X1 칩은 이후 닌텐도 스위치에 들어갔다.

스팀 링크

출시 가격: $49(컨트롤러 별매)	판매량: 200만 대 이상(추정)
CPU: 마벨 DE3005	RAM: 512MB
GPU: 비반테 GC1000	사용 가능한 게임: 구글 플레이, 지포스 NOW

스팀 링크Steam Link는 자신의 컴퓨터에 있는 스팀 게임들을 TV로 게임을 스트리밍할 수 있게 해주는 기기이다. 컴퓨터 게임의 디지털 유통 플랫폼인 스팀은 2003년 게임 개발사인 밸브Valve가 만들었으며 세계에서 가장 큰 컴퓨터 게임 거래시장이다. 밸브는 스팀 링크로 소파에서 게임기의 게임을 하는 경험을 PC에서도 가능하게 하려고 했으며 여러 유선, 무선 컨트롤러 뿐만 아니라 밸브의 자체 스팀 컨트롤러로도 동작했다. 독특하고 사용자가 고도로 설정을 바꿀 수 있는 컨트롤러는 두 개의 터치패드와 자이로스코프 조준 기능을 사용해 PC의 마우스와 키보드가 거실의 소파 위와 맞지 않는 부분을 컨트롤러에 적용할 수 있도록 했다.

〈하프라이프〉 시리즈의 개발사인 밸브는 원래는 자체 PC 게임을 판매하기 위해 스팀을 만들었지만 서비스는 계속 성장해 최고의 디지털 게임 거래 시장이 됐다.

PROJECT SCARLETT
SERIES S
MADE IN CHINA
DIFFUSED IN TAIWAN
XBOX ONE
Microsoft
ENET
USB3 REAR P0
USB3 REAR P1
HDMI
DEBUG HDT
CFX
V_FUSE
V_SOCPHY
V_MEMPHY
V_BAT
GND
R15
Q20B

9세대

9세대 게임기들이 전개되는 동안 코로나바이러스감염증-19 대유행이 전 세계 인류에 도전했다. 사회적 거리두기와 격리로 인해 많은 사람들이 집에 갇히게 됐다. 이들은 지루함으로부터 도피하고 시간을 보내고자 했으므로 비디오 게임의 인기가 폭발적으로 늘어났다. 닌텐도의 스위치는 전염병 이전에 성공적으로 자리잡았으며, 소니와 마이크로소프트의 게임기는 봉쇄 기간 동안 출시됐고 그와 동시에 필수 구매 게임기가 됐다. 공장 폐쇄로 인해 게임 하드웨어의 생산이 제한돼 수요를 따라갈 수가 없었고 9세대 게임기들은 되파는 사람들의 목표가 됐다. 새로운 게임기를 소매가에 살 수 없었던 많은 게이머들은 세상이 정상으로 돌아올 때까지 이전 세대의 하드웨어에 머물렀다.

닌텐도 스위치 마더보드(위), Xbox Series S 마더보드(맞은편)

닌텐도 스위치

출시 가격: $299(32GB)

판매량: 8000만 대

CPU: 8코어 ARM 코텍스-A57+코텍스-A53

RAM: 4GB LPDDR4

GPU: 256 엔비디아 맥스웰 기반 CUDA 코어

출시된 게임: 5,000종 이상

닌텐도 스위치Switch는 Wii U와 3DS의 후속작으로 휴대용과 가정용 게임기의 혼합으로 볼 수 있다. 기본적으로 분리 가능한 컨트롤러를 가진 태블릿인 스위치는 가정용 게임기 수준의 성능을 내는 휴대용 기기, 그리고 TV에 연결해 즐길 수 있는 전통적인 가정용 게임기의 기능 모두를 지닌 게임기였다. 이 독특하고 유연한 디자인은 소비자의 관심을 사로잡았으며 효과적인 광고 캠페인과 합쳐져 출시 전부터 큰 인기를 끌었다. 출시 당시 이 게임기는 빠르게 품절됐고 몇 달 동안 재고가 수요를 따라가지 못했다. 스위치는 닌텐도 역사상 빠르게 판매된 게임기 중 하나가 됐으며 1년도 되지 않아 Wii U의 전체 판매량을 넘어섰다.

스위치는 TV에 연결해 즐길 때는 휴대용 모드보다 더 높은 해상도와 프레임속도를 내는 고성능 모드에서 실행됐다.

Joy-Con(조이콘)은 배터리가 들어 있는 작고 분리 가능한 컨트롤러이다.

Pro 컨트롤러는 보다 전통적인 컨트롤러를 찾는 플레이어가 추가 구매할 수 있는 물품이었다.

스위치 라이트

스위치는 2019년에 새로운 모델인 스위치 라이트Switch Lite를 제품군에 추가했고 기존 스위치 기기는 수명 연장을 위한 개선을 했다. 새로운 Lite 모델은 더 작지만 기능이 줄인 휴대용으로만 사용할 수 있게 만들어진 파생 모델이다. 스위치 라이트(스위치의 아래에 있는 노란색 기기)는 탈착 가능한 진동기능이 있는 컨트롤러를 없앴고 텔레비전으로 출력할 수 있는 기능이 빠진 대신 가격이 100달러 싸졌으며 들고 다니기 좀 더 편해졌다. 스위치 라이트의 출시는 이전 버전과 외관이 비슷하지만 더 효율적인 프로세서를 장착해 배터리 수명이 늘어난 기본 스위치의 개선과 동시에 이루어졌다. 개선된 모델은 완전히 충전할 경우 5~9시간 동안 사용할 수 있었다.

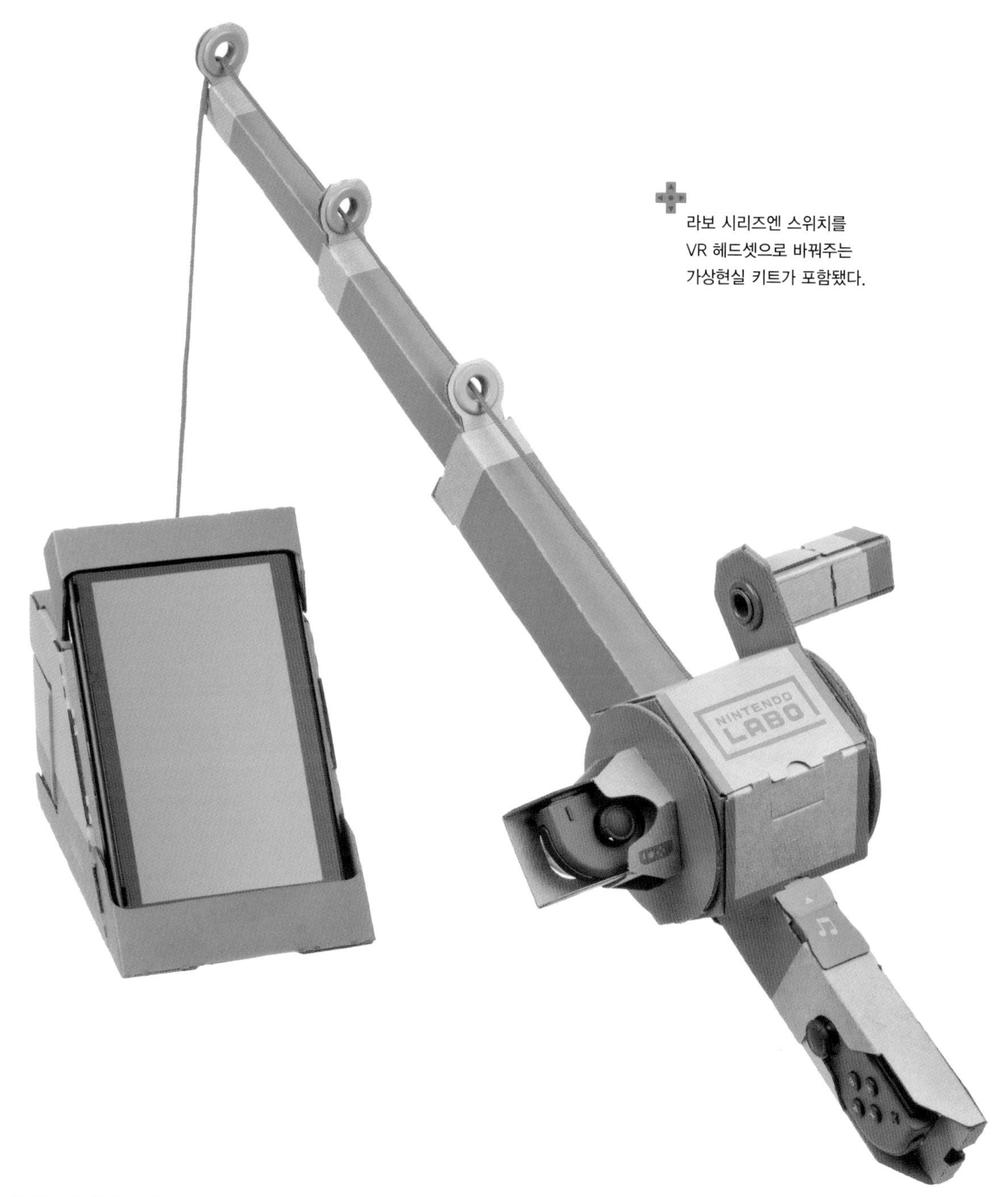

라보 시리즈엔 스위치를
VR 헤드셋으로 바꿔주는
가상현실 키트가 포함됐다.

닌텐도 라보

닌텐도 라보Nintendo Labo는 스위치와 조이콘 컨트롤러를 중심으로 제작된 판지 조립 세트이다. 각각의 세트에는 구멍을 뚫고 접을 수 있도록 패턴이 그려진 크고 판판한 판지가 들어 있었다. 이용자는 이 조각들로 피아노, 낚싯대, 운전대, 로봇 수트 같은 다양한 용품들을 만들었다. 조립한 용품은 슬롯에 집어넣은 조이콘과 함께 동작했으며, 컨트롤러의 적외선 카메라, 가속도센서, 자이로스코프를 크게 활용해 실행됐다. 각각의 라보 세트에는 게임 카트리지가 함께 들어 있었고, 각 판지 조립식마다 독특한 체험 혹은 게임이 있었다.

구글 스테디아

2019

출시 가격: $129(프리미어 에디션)	**이용자 계정 수:** 1,800만 대(추정)
서버 CPU: 2.7GHz 속도의 전용 x86	**서버 RAM:** 16GB
서버 GPU: 전용 AMD 그래픽 프로세서	**출시된 게임:** 150종 이상

스테디아Stadia는 2019년 말에 시작된 구글이 개발한 클라우드 게임 플랫폼으로 이용자는 스테디아로 여러 기기를 통해 게임을 즐길 수 있었다. 온라이브와 마찬가지로 이용자는 모바일 앱이나 웹브라우저를 통해서만 스테디아에 접근할 수 있었으며 데이타 센터의 컴퓨터에서 실행된 게임의 비디오 스트림을 받았다. TV에서 즐기기 위해서는 프리미어 에디션 번들에 공식 컨트롤러와 함께 들어 있는 크롬캐스트 울트라 스트리밍 동글이 필요했다. 이용자는 스테디아 전용 상점에서 게임을 구매해야 했다. 다만 스테디아는 적은 게임들과 함께 많은 게임들을 할인받을 수 있는 월간 '프로' 구독 서비스를 제공했다.

2021년 2월, 구글은 스테디아 독점 콘텐츠 개발을 위해 만든 게임 스튜디오를 폐쇄해 스테디아의 미래를 심각하게 불투명하게 만들었다.[1]

1 2022년 9월 29일 구글은 공식적으로 스테디아 서비스 중단을 밝혔다. - 옮긴이

오큘러스 퀘스트

출시 가격: $399(64GB), $499(128GB)	판매량: 300만 대 이상(퀘스트 1, 2 합쳐서, 추정)
CPU: 스냅드래곤 835(퀘스트 1), XR2(퀘스트 2)	**RAM:** 4GB(퀘스트 1), 6GB(퀘스트 2)
GPU: 아드레노 540(퀘스트 1), 650(퀘스트 2)	**출시된 게임:** 200종 이상

오큘러스Oculus[2]는 소셜미디어 회사인 페이스북이 소유한 가상현실 플랫폼이며, 여러 VR 헤드셋이 포함돼 있다. 오큘러스의 첫 번째 상업용 헤드셋인 리프트(310페이지)는 강력한 PC와 외부에 위치한 센서가 필요했다. 2019년 오큘러스는 프로세서와 배터리, 밖에서 안 대신 안에서 밖을 추적하고 전용 게임 스토어를 가진 완전한 독립 헤드셋인 퀘스트Quest를 출시했다. 퀘스트 헤드셋에 내장된 여러 개의 카메라는 플레이어의 주변 공간을 스캔하고 (컨트롤러를 통해) 플레이어의 손과 3D 공간의 헤드셋의 위치를 추적했다. 2020년에 더 나은 사양, 100달러 저렴해진 가격의 퀘스트 2로 대체됐다.

USB-C 케이블로 PC에 연결하면 이용자가 퀘스트로 PC VR 게임을 즐길 수 있었다.[3]

2 페이스북은 사명을 메타(Meta)로 바꿨으며, 오큘러스 퀘스트 역시 메타 퀘스트로 리브랜딩했다. – 옮긴이

3 2021년 에어링크 기능이 배포되면서 현재는 5Ghz Wifi를 이용해 무선으로도 PC와 연결할 수 있다. – 옮긴이

Xbox Series X|S

출시 가격: \$499(X, 1TB), \$299(S, 512GB)	**판매량:** 600만 대(추정)
CPU: 3.8GHz 속도의 전용 8코어 AMD Zen 2	**RAM:** 16GB GDDR6(X), 10 GB GDDR6(S)
GPU: 1.825GHz 속도의 전용 8코어 AMD RDNA 2	**출시된 게임:** 2,600종 이상(Xbox One 호환)

9세대 게임기에서 마이크로소프트는 다른 모습을 보여주는 대신 8세대 가정용 게임기였던 Xbox One을 기반으로 새로운 세대의 게임기를 구축했다. 새로운 Series X|S 플랫폼은 Xbox One의 진화였으며 더 강력한 프로세서와 더 빠른 SSD 스토리지를 갖췄다. Series X|S는 하드웨어 가속 레이 트레이싱이 포함된, 새롭게 맞춤형으로 만들어진 AMD 단일 칩 시스템SoC을 사용했다. Series X(하단)는 성능을 위해 타협 없이 만들어진 게임기이며 (4 테라플롭 등급의 Series S에 비해) 12 테라플롭 등급으로 평가되는 강력한 프로세서를 가지고 있다. 또한 Series S는 증기 챔버 방열판과 한 개의 대형 팬을 중심으로 만들어진 효율적인 케이스 디자인 덕분에 소음이 적었다.

Series X|S는 Xbox One과 하위 호환되며 많은 이전 세대 게임들을 향상된 성능과 줄어든 로딩 시간으로 즐길 수 있다.

Series S의 사용 가능 용량인 364GB로도 충분하지 않다면 219달러 시게이트 1TB SSD 카드로 Xbox 용량을 확장할 수 있다.

Xbox Series S

Xbox Series S는 Series X와 함께 출시된 저렴한 디지털 전용 모델이다. 마이크로소프트는 광학드라이브를 없애고 성능이 낮은 GPU를 적은 램과 SSD 용량으로 단가를 줄여 Series S의 가격을 낮추어서 299달러에 판매됐다. 그럼에도 CPU는 거의 동일해서 Series S에서도 해상도를 줄이면 Series X 수준에 가깝게 플레이할 수 있었다. 광학 드라이브가 없다는 것이 소비자에게는 단점이었지만, 디지털 전용 장치는 (물리 매체에 비해) 디지털 게임의 판매 수익이 늘어나 일반적으로 기기 판매에서 나오는 손실을 메꿀 수 있어 게임기 제조사에게는 매력있어 보였다.

플레이스테이션 5

2020

출시 가격: $499(디스크 포함), $399(디지털 전용)	판매량: 800만 대(추정)
CPU: 3.5GHz 속도까지 올라가는 전용 8코어 AMD Zen 2	RAM: 16GB GDDR6
GPU: 2.23GHz 속도까지 올라가는 전용 AMD RDNA 2	출시된 게임: 3,600종 이상(PS4 호환)

플레이스테이션 5[PS5, PlayStation 5]는 소니의 9세대 게임기이다. PS5는 4K 게이밍을 제공하고 825GB의 고속 SSD 저장 공간이 포함됐다. 플레이스테이션 5는 가정용 게임기 중 꽤나 큰 편에 속하는데, 이는 PS4에 비해 훨씬 소음이 적게끔 설계된 냉각 시스템 때문이다. 하드웨어 가속 레이트트레이싱 지원 10 테라플롭 AMD 단일 칩 시스템이 게임기를 강력하게 (그리고 뜨겁게) 만들어줬다. 플레이스테이션 5의 단일 칩 시스템은 PS4와 동일한 x86 아키텍처를 사용해 제작돼서 플레이스테이션 4와 거의 완벽한 하위 호환성을 제공했으며 대부분의 8세대 게임들을 더 향상된 성능으로 플레이할 수 있다.

플레이스테이션 5는 UHD 블루레이 드라이브가 포함된 버전과 더 싸고 디스크 없이 모두 디지털 다운로드로 돼 있는 버전이 판매됐다.

듀얼센스 컨트롤러

PS5의 듀얼센스DualSense 컨트롤러는 새로운 기능과 개선사항을 추가한 듀얼쇼크 4의 개선판으로 듀얼 쇼크 4의 터치패드와 스피커는 유지했지만 터치패드 주변의 LED 라이트링으로 교체되면서 라이트바는 생략됐다. 내장 마이크, USB-C 충전, 적응형 반응을 제공하는 내장형 소형 모터가 있는 개선된 트리거들이 새로운 기능이었다. PS5 컨트롤러의 진동 모터 또한 개선돼 정확한 햅틱 피드백을 제공했다. 마지막으로 모든 플레이스테이션 5에는 컨트롤러의 잠재력을 보여주고 듀얼센스의 새로운 기능들을 보여주기 위한 기능으로 만들어진 작은 어드벤처 게임 〈아스트로 플레이룸ASTRO's PLAYROOM〉이 미리 설치돼 있었다.

SUPER NINTENDO
ENTERTAINMENT SYSTEM
SELECT
START
PROFESSIONAL
Videocade
3002 FOOTBALL
SPORTS SERIES
Bally
XBOX ONE
G.O.T.Y.
Fallout 4
GAME OF THE YEAR EDITION
Over 150 Brainteasers
ENTERTAINMENT SYSTEM
FAIRCHILD
GENESIS
Aladdin
SEGA
ATARI 2600
POLE POSITION
NINTENDO 3DS
Nintendo
Nintendo ENTERTAINMENT SYSTEM
The Legend of
ZELDA
Experience the challenge of endless adventure
Made in Japan
ICE HOCKEY
NINTENDO
SONY
PlayStation
SELECT
START
BIOWARE
ATARI 5200
PAC-MAN
ONLY ON XBOX ONE • UNIQUEMENT
XBOX
HALO
THE MASTER CHIEF COLLECTION
FOR THE FIRST TIME EVER THE MASTER CHIEF'S ENTIRE SAGA ON ONE CONSOLE
POUR LA PREMIÈRE FOIS, L'INTÉGRALE DE LA SAGA MASTER CHIEF SUR UNE MÊME CONSOLE
DONKEY KONG COUNTRY
Residen

오늘날 고전 게임을 즐기기

기술이 발전하고 시간이 지남에 따라 빈티지 컴퓨터와 게임기들은 뒤에 남겨질 위험이 크다. 수십 년의 노후화와 마모로 인해 일부 레트로 게임기들은 상당한 손상을 입었고 이는 부품 고장으로 이어져 게임기를 플레이할 수 없게 만든다. 디지털 평면 TV의 보급과 같은 오래된 가정용 게임기를 실행하기 어렵게 하는 다른 문제도 있다. 이러한 TV는 오래된 기기의 아날로그 저해상도 신호로 잘 동작하지 않는다. 운 좋게도 작은 기업이나 열정적인 개인, 그리고 팬 커뮤니티들은 이런 오래된 가정용 게임기들을 계속 사용할 수 있는 해결책들을 만들고 있다. 오래된 기기로 게임을 즐기는 레트로 마니아이든, 에뮬레이터를 사용해 고전 게임을 즐기길 원하는 호기심 많은 초보자이든 게임의 과거와 현재를 경험할 수 있는 방법은 어느 때보다도 다양하다.

기기 고장

가정용 게임기와 컴퓨터가 노후화되면서 장기적인 관리와 보존이 중요해졌다. 마이크로프로세서나 롬칩 같은 부품은 수십 년을 버틸수 있지만 다른 부품들은 고장날 위험이 높다. 고무, 내장 베터리, 축전기, LCD 화면 및 모터는 빈티지 게임기에서 고장나기 시작한 부품 중 일부일 뿐이다. 고장난 부품은 교체할 수 있지만 오래되고 알려지지 않은 게임기를 수리하기 위해 희귀한 부품을 찾는 것이 점점 더 어려워지고 있다. 이러한 게임기를 유지할 책임은 레트로 팬과 동호인들에게 맡겨져서, 이들 중 일부는 고장난 게임기를 수리하거나 대체하기 위해 필요한 부품들을 판매하거나 생산하는 자체 사업을 시작했다.

부풀어서 맞지 않거나 동작하지 않는 PSP의 리튬 전지(왼쪽). 부풀어 오른 리튬 전지는 발화하거나 폭발할 수 있어 매우 위험하다.

고장난 파이어니어 레이저 액티브용 세가 제네시스 PAC(맞은편). 레이저액티브 PAC는 고장 및 산 누출로 악명 높은 표면 실장 축전기를 사용했다. 이로 인한 손상(갈색 반점으로 보이는 부분)은 보드를 대규모로 수리하지 않으면 동작하지 못하게 한다.

미니와 클래식 버전의 게임기들

미니와 클래식 버전의 게임기는 HDMI를 통해 신형 TV에서 플레이할 수 있는 구형 게임기들의 작은 크기의 공식 복각 품이다. 이러한 게임기는 그 게임기의 원래 하드웨어를 다시 생산한 것이 아니라 대신 싼 ARM 프로세서를 사용해 소프트웨어와 함께 게임기를 모방했다. USB 전력으로 구동되는 게임기 안에 포함된 게임들은 (공식적인 방법으로는) 추가하거나 원래 게임기의 카트리지나 CD를 사용해 플레이할 수 있는 방법이 없었다. 미니 게임기는 2016년 30개 게임이 내장된 59달러 가격의 축소모형 NES인 닌텐도의 NES 클래식이 엄청나게 성공한 2016년에 유행이 시작됐다. 제네시스, 아타리 2600, 플레이스테이션, 터보그래픽스-16, 네오지오 AES, 코모도어 64, 슈퍼 NES가 모두 공식 출시되며 여러 가지 미니 혹은 클래식 게임기가 뒤를 이었다.

FPGA 하드웨어 에뮬레이션

FPGA Field Programmable Gate Array는 하드웨어 수준에서 여러개의 칩과 회로를 에뮬레이트 하도록 프로그램을 넣을 수 있는 칩이다. FPGA가 저렴해지고 강력해지면서 게임기 보존의 도구가 됐으며 광학 드라이브 에뮬레이터, 에버드라이브, 심지어 게임기 에뮬레이터 같은 기기에 사용됐다. Mega Sg(아래 사진)은 아날로그에서 제작한 FPGA 기반의 게임기 에뮬레이터로 오리지널 세가 제네시스 카트리지와 컨트롤러를 사용할 수 있다. HDMI를 통해 평면 TV로 픽셀 퍼펙트한 이미지를 출력하는 이러한 새로운 FPGA 게임기는 신형 TV에서 원본 게임 카트리지를 플레이할 수 있는 가장 쉬운 방법 중 하나다.

광학 드라이브 에뮬레이터

광학 미디어는 비디오 게임의 저장 용량을 늘리고 생산단가를 낮췄다. 하지만 이 포맷은 시간이 지나면서 신뢰성에 대한 문제를 드러냈다. 구형 게임기의 광학 드라이브는 주로 고장나는 부품이 됐으며 다른 부분은 동작하는 게임기를 못 쓰게 만든다. 초기의 디스크는 부식부터 박리까지 다양한 문제가 관찰돼 보존이 중요한 상황이다. 최근의 하드웨어 애호가들은 이러한 오래된 게임기들을 위해 게임 디스크를 립핑해 SD 카드나 하드 드라이브로부터 실행할 수 있는 새로운 FPGA 기반의 광학 드라이브 에뮬레이터ODE를 개발했다. Terraonion의 MODE(아래, 오른쪽 위)는 새턴, 드림캐스트, 첫 번째 플레이스테이션에서 사용할 수 있는 광학 드라이브의 교체용 호환부품이다.

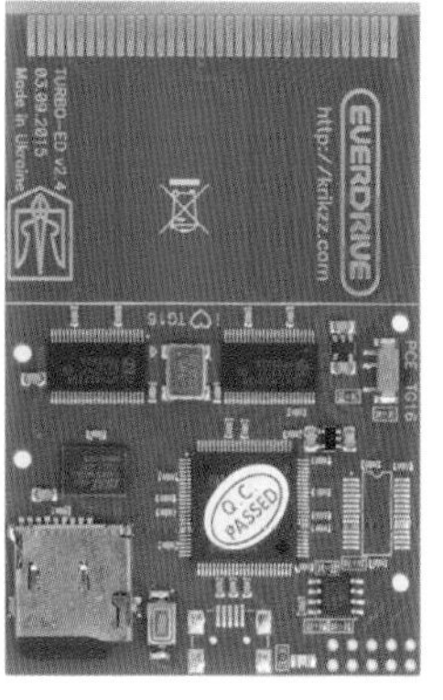

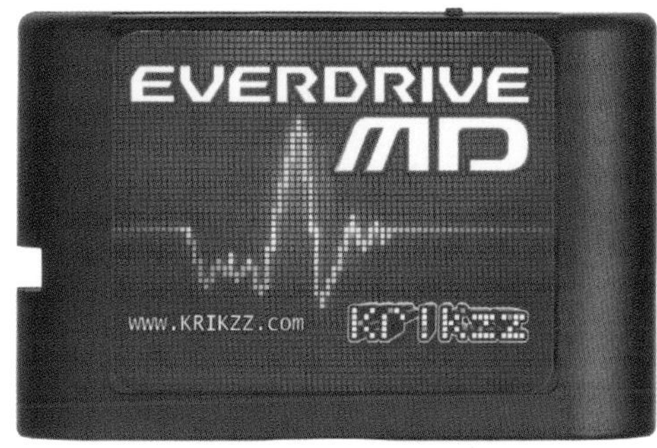

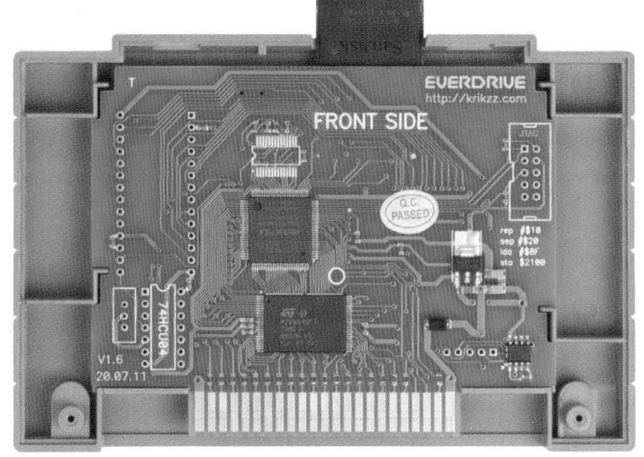

에버드라이브

에버드라이브EverDrive는 하나의 게임 카트리지에서 여러 게임의 롬을 저장하고 구동할수 있는 레트로 게임기용 장치이다. 게임 롬은 SD나 마이크로SD 카드에 저장돼 구형 게임기의 모든 게임들을 쉽게 담을 수 있다. 에버드라이브는 실제 기기에서 게임을 하는 것을 좋아하며 점점 가격이 올라가고 있는 중고 레트로 게임 시장을 피하고 싶어하는 레트로 애호가들에게 인기 있다. 우크라이나의 하드웨어 엔지니어 이고르 고르봅스키Igor Golubovskiy(KRIKzz로 알려짐)가 개인적인 프로젝트로 시작한 에버드라이브 제품군은 여러 고전 가정용 게임기들을 지원하도록 성장했다. 일부 고급형 에버드라이브는 상태 저장과 광학 드라이브 에뮬레이션을 지원하는 FPGA 기능이 있다.

RGB, SCART, 업스케일러

오래된 가정용 게임기는 여러 가지 방법으로 전송되는 아날로그 신호를 통해 영상을 표시한다. 대부분의 미국인은 전체 비디오 신호를 압축해 하나의 노란색 플러그가 달린 케이블을 통해 전송하는 컴포지트 비디오에 익숙하다. 고전 게임기의 경우 이미지를 적색, 녹색, 청색신호로 나눈 RGB가 가장 좋은 품질을 제공한다. 많은 오래된 가정용 게임기가 RGB 비디오 출력을 가지고 있지만 이를 지원하는 미국 TV는 거의 없었다. 유럽에선 다양한 비디오 형식을 한 케이블에 담는 표준인 SCART를 통해 RGB 출력을 지원했다. 위 사진의 오픈소스 스캔 컨버터[OSSC] 같은 SCART를 통해 RGB를 받아들이고 신형 TV에 맞게 이미지 해상도를 올려주는 외부 비디오 스케일러가 나오면서 SCART는 레트로 애호가들로부터 새로운 삶을 얻었다. 그 결과 컴포지트에 비해 크게 향상된 결과를 얻을 수 있었으며, 최신 평면 TV에서 실제 기기를 사용하는 누구나 그 가치를 알아볼 것이다.

CRT TV와 PVM

최신 LCD와 OLED 평면 TV가 일반적으로 보급되기 전에는 모든 가정용 게임기는 브라운관 텔레비전에서 구동하도록 설계됐다. 이러한 오래된 TV는 응답시간, 블랙레벨, 아날로그, 저해상도 신호 처리 면에서 평균적인 LCD TV에 비해 장점을 가지고 있다. 많은 레트로 애호가들이 CRT TV로 자신의 오래된 가정용 게임기를 즐기는 것을 선호하며, 최고의 CRT TV 경험으로는 전문가용 비디오 모니터PVM[1]를 꼽는다. 방송사나 의료 전문가가 보통 사용하는 대부분의 (아래 사진의 소니 모델 같은) CRT PVM은 RGB 비디오 신호를 직접 수신할 수 있어서 이를 지원하는 고전 게임기에서 최고의 비디오 품질을 제공했다.

1 한국에선 주로 방송용 모니터–방모라고 지칭 – 옮긴이

빠진 가정용 게임기

이 책은 다양한 게임기와 게임에 초점을 둔 컴퓨터들을 다루지만, 이러한 게임기들의 완벽한 모음은 아니다. 여전히 빠진 부분이 있지만 2판에서는 많은 공백을 채웠다. 누락된 품목의 대부분은 빈티지 컴퓨터, 외국에서 출시된 게임기나 컴퓨터들로 이를 구입하거나 대여하는 데 매우 어렵거나 많은 비용이 든다. 아래 가정용 게임기, 휴대용 게임기, 빈티지 컴퓨터들은 이 책에 포함될 가치가 있지만 구할 수 없었거나 혹은 너무 짧거나, 지면 제한으로 인해 포함되지 못했다.

- 에이콘 아르키메데스Acorn Archimedes
- 아마존 루나Amazon Luna
- 암스트라드 CPCAmstrad CPC
- 애플 2Apple II
- 애플 매킨토시Apple Macintosh
- 아타리 STAtari ST
- 반다이 슈퍼 비전 8000Bandai Super Vision 8000
- BBC 마이크로BBC Micro
- 코모도어 128Commodore 128
- 코모도어 아미가Commodore Amiga
- 디자인마스터 전자만화학원(덴시망가주쿠)Design Master Denshi Mangajuku
- 엔터프라이즈 컴퓨터Enterprise computer
- 후지츠 FM-7, FM-77Fujitsu FM-7, FM-77
- 학연(Gakken-학습연구사) 컴팩트 비전 TV 보이Gakken Compact Vision TV Boy
- 게임킹Game King
- 표준 IBM-PCIBM PC Standard
- 마텔 시앤세이/반다이 테레비코Mattel See 'n Say/Bandai Terebikko
- NEC PC-8001
- NEC PC-8801
- NEC PC-98
- 일본물산 마이비전Nichibutsu My Vision
- 오리크 컴퓨터Oric computer
- 파나소닉 3DO M2 Panasonic 3DO M2
- 필립스 비디오팩 G7400Philips Videopac G7400
- 코나미 피쿠노Picno
- 플레이데이트Playdate
- 레이저 포지TVRazer Forge TV
- 세가 피코Sega Pico
- 샤프 MZSharp MZ
- 샤프 X1Sharp X1
- 샤프 X68000Sharp X68000
- 싱클레어 QLSinclair QL
- 싱클레어 ZX81Sinclair ZX81
- 스펙트라 비디오Spectravideo
- 스팀 머신Steam Machines
- 타카라 비디오 챌린저Takara Video Challenger
- 탠디 TRS-80Tandy TRS-80
- 탠디 TRS-80 컬러 컴퓨터Tandy TRS-80 Color Computer
- 텍사스 인스트루먼트 TI-99/4ATexas Instruments TI-99/4A
- 비디오 버디Video Buddy
- 비디오 챌린저Video Challenger
- 비디오 드라이버Video Driver

주변기기와 변형판

많은 가정용 게임기 주변기기와 변형판은 지면 제한, 중복, 편집 등으로 인해 이 책에서 다루지 않았다. 다음 페이지에서는 누락된 것들 중 유명하거나 의미 있던 기기의 일부를 간단하게 다뤘다.

아타리 400

아타리 400은 1979년 아타리 800과 함께 발매된 아타리의 8비트 컴퓨터이다. 아타리 400은 비용절감을 위해 기능을 줄인 보급형 모델로 만들어졌다. 800에 비해 400은 메모리가 적고 저렴한 멤브레인 키보드를 사용했으며 두 번째 카트리지 슬롯이 없고 RF 비디오 출력만 있었다.

콜레코 확장 모듈 2번

콜레코 비전의 두 번째 확장 모듈은 게임기의 컨트롤러 포트에 꽂는 운전대 컨트롤러와 가스 페달 세트였다. 레이싱 게임인 〈터보Turbo〉와 함께 패키지로 제공됐으며, 다섯 개의 다른 카트리지에서만 사용할 수 있었다.

콜레코 제미니

콜레코 비전용 아타리2600 확장 모듈이 출시된 후 콜레코는 제미니Gemini라는 단독 실행 가능한 버전을 출시했다. 이 하드웨어 복제는 패들과 조이스틱이 합쳐져 있는 간결한 컨트롤러가 포함돼 있었으며 아타리 2600 게임만 플레이할 수 있었다.

세가 마크 III

마크 III는 세가의 세 번째 SG-1000 버전으로 향상된 그래픽 하드웨어와 더 많은 RAM, 데이터 카드 게임에 쓰는 새로운 슬롯이 특징이다. 게임기는 전 세계에 팔린 마스터 시스템의 기초가 됐으며 일본에서도 이후 마스터 시스템으로 브랜드가 변경됐다.

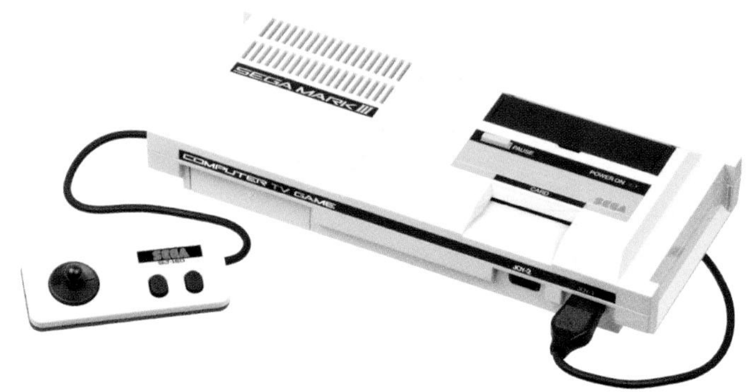

닌텐도 패밀리 베이직 키보드

패밀리 베이직 키보드는 일본에서만 출시된 닌텐도 패미컴의 주변기기이다. 이 추가 키보드는 아이들에게 타자와 컴퓨터 기초를 가르치기 위해 설계됐다. 이 키보드는 베이직 프로그래밍, 내장 게임, 메모장, 계산기, 작곡프로그램과 함께 제공했다.

파워 글로브

파워 글로브는 1989년 마텔이 출시한 희귀한 NES용 컨트롤러이다. 이 장갑은 움직임을 계산해 장갑의 위치를 삼각 층량으로 알아낼 수 있도록 텔레비전 화면 주변에 배치하는 센서와 짝을 이뤘다. 장갑의 움직임과 손가락이 굽힌 정도로 화면 위의 동작을 조종할 수 있도록 배치됐다.

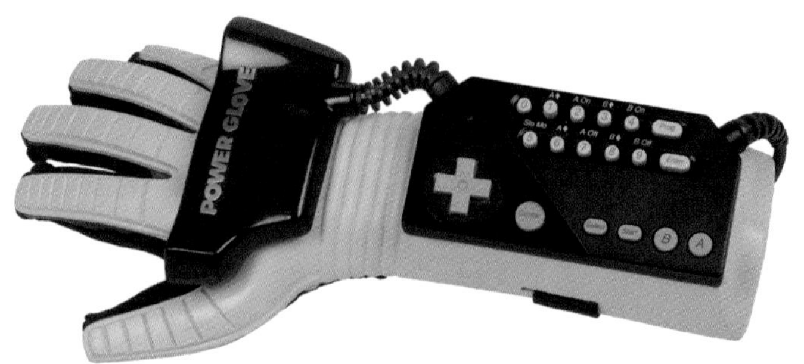

NES 탑 로더

탑 로더로 알려진 NES-101은 1993년 49달러에 판매한 개선된 NES이다. 더 작고 개선된 게임기는 더 튼튼한 게임 카트리지 커넥터와 둥글게 마무리된 뼈다귀 모양 컨트롤러가 특징이다. 게임기가 RF 오디오/비디오 출력만 있었기 때문에 비디오 품질은 NES에 비해 나빴다.

NEC 인터페이스 유닛

NEC 인터페이스 유닛은 NEC의 PC 엔진 및 코어 그래픽스 게임기 제품군에 CD-ROM 기능을 추가한 제품으로, 1988년에 출시됐다. 게임기를 끼울 수 있는 도크와 휴대용 CD 음악 플레이어로 사용할 수 있는 분리형 CD 드라이브로 구성돼 있다.

NEC 슈퍼그래픽스

슈퍼그래픽스SuperGrafx는 1989년에 출시된, 수명이 짧았던 NEC PC 엔진 게임기의 변형판이다. 더 많은 RAM과 추가 그래픽 하드웨어를 갖췄다. 게임기의 고유한 성능을 활용한 게임은 6개만 만들어졌다.

JVC X' EYE

X'EYE는 세가 제네시스와 세가 CD를 하나의 게임기로 합친 일본의 전자회사 JVC가 제작했다. 일본에서는 원더메가로 출시된 이 프리미엄 일체형 기기는 마이크 입력이 포함돼 있어서 노래방 기계로 사용할 수 있었다.

세가 CDX

CDX는 제네시스와 세가 CD를 하나로 합친 가정용 게임기이다. 게임을 하려면 외부 전원과 TV가 필요하지만 단독으로 휴대용 CD 음악 플레이어로 사용할 수 있었다.

세가 노마드

노마드Nomad는 LCD 화면으로 게임을 하거나 비디오를 TV로 출력할 수 있는 휴대용 세가 제네시스이다. 내장 배터리가 없어서 노마드를 작동시키려면 직결 AC 전원이나 큰 외장 배터리 팩이 필요했다.

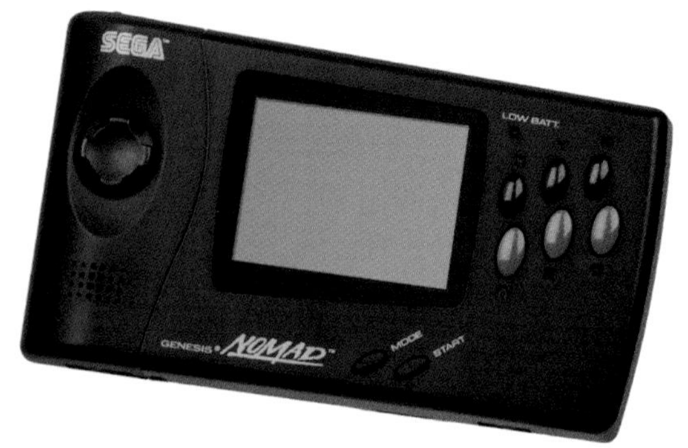

슈퍼 NES 101

슈퍼 NES 101은 게임기의 수명이 끝나갈 무렵 나온 슈퍼 닌텐도의 비용 절감 버전이다. 게임기의 구성은 내부 RF 부품, 전원 표시등, 사용하지 않는 하단 확장 포트 같은 기능을 생략해 이전 버전보다 단순해졌다.

네오지오 CDZ

CDZ는 네오지오 CD 하드웨어의 변형판으로, SNK가 출시한 마지막 가정용 게임기이다. CDZ는 2배속 CD 드라이브가 추가돼 오리지날 네오지오 CD의 1배속 드라이브에 비해 로딩이 빨라졌다.

Wii 미니

Wii 미니는 2013년 미국에서 99달러에 출시된 닌텐도 Wii의 저가 모델이다. 온라인 기능, 디지털 eShop 게임, 컴포넌트 비디오 출력, 게임큐브 하위 호환 등 원래 Wii의 많은 기능들을 제거했다.

오큘러스 리프트

리프트Rift는 2016년 599달러에 출시된 오큘러스의 첫 번째 상업용 가상현실 헤드셋이다. 이 헤드셋은 동작하는 데 PC와 외부 센서와 오큘러스 소프트웨어가 필요했다. 리프트는 2019년 고해상도와 위치추적 센서가 내장된 리프트 S로 교체되면서 단종됐다.

New 닌텐도 2DS XL

New 닌텐도 2DS XL은 2017년 149달러에 출시된 3DS 휴대용 게임기 제품군의 마지막 모델이다. New 3DS의 높은 스펙과 C 스틱은 유지했지만 입체 3D 이미지를 표시하는 기능은 없앴다.

플레이스테이션 4 슬림

플레이스테이션 4 슬림PlayStation 4 Slim은 2016년 299달러에 출시된 PS4의 더 작고 전력 소모가 효율적인 제품이다. 제조 기술이 발전하면서 더 작은 SoC를 사용한 PS4 슬림은 플레이스테이션 4보다 발열이 적고 조용했다.

플레이스테이션 VR

플레이스테이션 VR은 소니의 PS4 플랫폼용 가상 현실 헤드셋이다. 위치 추적을 위해 외부 카메라와 상호 작용을 위한 듀얼쇼크 4 혹은 PS Move 모션 컨트롤러가 필요했다. 2016년 출시됐으며 헤드셋만 399달러에 판매되거나 PS Move 컨트롤러가 포함된 번들로 499달러에 판매됐다.

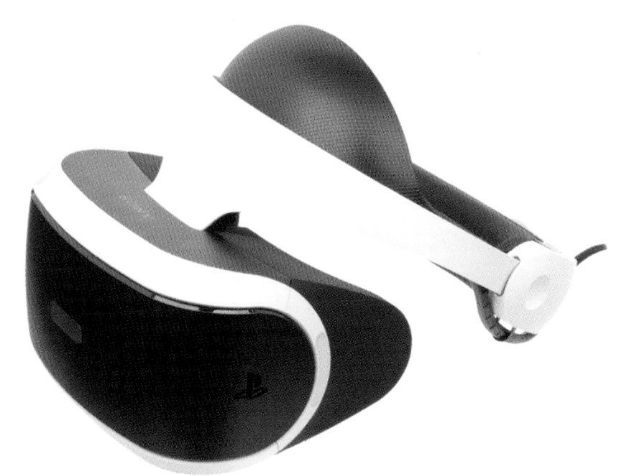

Xbox One Kinect

2세대 Kinect는 처음엔 모든 Xbox One에 포함된 짧은 수명을 가진 주변기기였다. 이후 Xbox One을 플레이스테이션 4와 같은 가격으로 만들기 위해 따로 판매됐다. 마이크로소프트는 Kinect에 관여하지 않고 점차 거리를 두다 단종시켰다. Xbox One Kinect를 사용한 게임은 50개도 안 됐다.

Xbox One X

Xbox One X는 2017년 499달러에 출시된 기본 Xbox One 하드웨어의 중간 세대의 개선판이다. 프리미엄 게임기인 X는 6테라플롭 등급의 향상된 GPU와 빨라진 12GB GDDR5 RAM이 특징이다. 이러한 성능 향상은 성능을 향상시키고 많은 오래된 게임과 새로운 게임들의 해상도를 높였다.

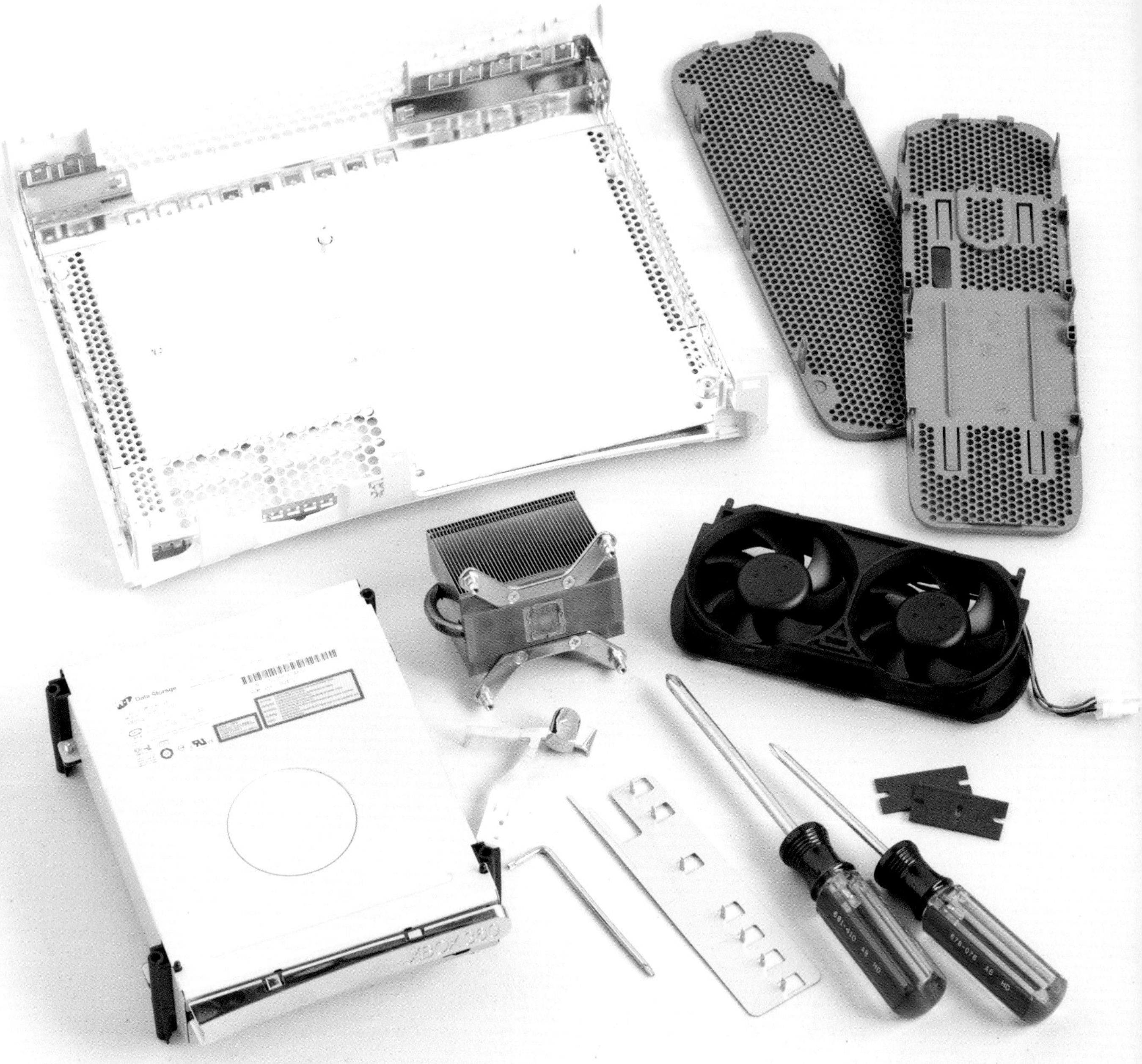

지은이 소개

에반 아모스(Evan Amos)는 독학으로 사진을 배웠으며 위키피디아 덕분에 아카이비스트 겸 게임역사가가 됐다. 미국 미주리주에서 태어나고 자랐으며 지금은 게임기와 하드웨어로 가득한 브루클린의 아파트에서 살고 있다.

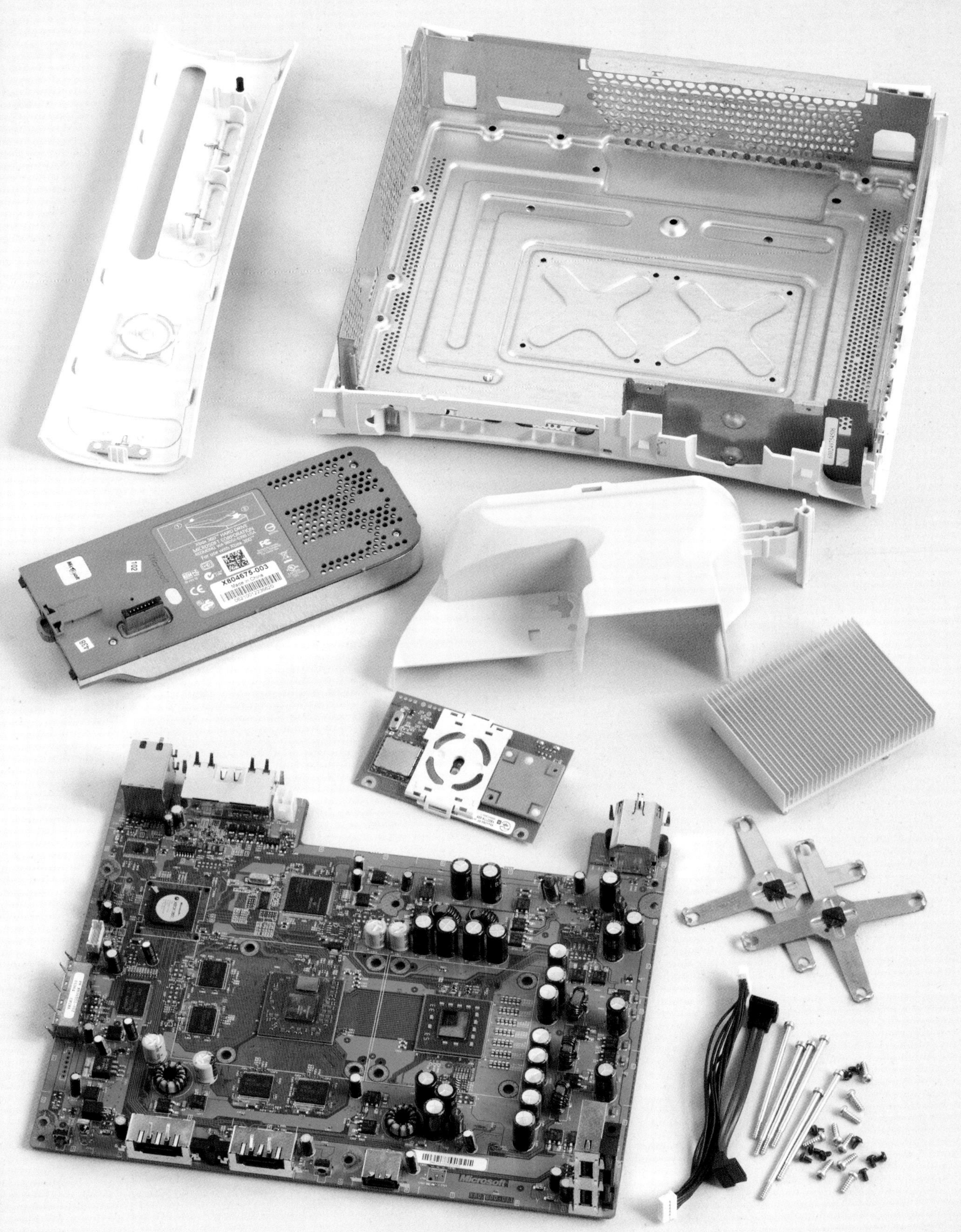

X804675-003
Microsoft

Nintendo®
SELECT START
B
A

옮긴이 소개

오영욱

게임 프로그래머로 경력을 쌓기 시작해서 온라인 게임, 소셜 게임, 모바일 게임 등의 개발에 참여했다. 국내 게임 관련 자료의 아카이빙에 관심이 많아 자료를 모으던 중 『한국 게임의 역사』(북코리아, 2012), 『81년생 마리오』(요다, 2017) 등의 저술에 참여했다. 현재도 아카이빙을 지속하며 다른 연구자와 협업하고 있으며 웹진 게임제너레이션에서 편집위원으로 활동하고 있다. 지금은 게임 회사에서 나와 대학원에서 게임 개발을 공부하고 있다.

옮긴이의 말

한국은 전 세계 게임 산업에서 상당한 크기의 규모를 자랑하고 있습니다. 미국과 일본이 게임 종주국이고, 중국이 많은 인구를 가진 시장인 것을 감안하면 한국의 게임 산업은 종주국을 제외한 나라 중에서는 가장 크게 발전한 것이 아닐까 생각이 들 때가 있습니다. 하지만 한국에서 게임 산업을 이야기할 때는 대부분 온라인 게임에 치우쳐져 있고 90년대 게임 경험을 한 게이머는 IBM-PC나 오락실 중심의 경험들이 많습니다. 가정용 게임기는 몇차례 국내에서 정식으로 시장에 자리잡으려는 시도가 있었습니다. 본격적으로 자리잡기 시작한 것은 역시 2000년대로 이 책에서 6세대로 분류되는 플레이스테이션 2나 7세대로 분류되는 닌텐도 DS, Wii의 적극적인 마케팅 덕분에 마니아가 아닌 사람들도 게임기에 대해 인지할 수 있었던 것 같습니다.

그렇다고 앞선 세대의 게임기들이 국내에 판매되지 않은 것은 아닙니다. 90년대 중반에는 PC 게임 중심의 게임 잡지들이 중심을 이루긴 했지만 그에 앞서 나온 것은 가정용 게임기를 다룬 잡지들이었고, 국내에 정식으로 유통되지 않은 게임들은 이러한 지면을 통해 국내에 소개됐습니다.

한편으로 우리에게는 익숙하지 않은 게임기들이 금성이나 삼성 같은 제조사에서 만들어져 해외에 판매되기도 했습니다. 빠르게는 복제 퐁 기기부터 3DO나 MSX 같은 기기까지 국내 제조사들의 이름이 해외의 마니아들에 의해 정리돼 있는 것을 볼 때면 신기한 기분이 들기도 합니다.

책에서 소개된 게임기들이 익숙한 독자들도 있고 처음 보는 독자들도 있을 것입니다. 미국의 관점에서 전 세계의 가정용 게임기를 다루고 있기 때문에 한국의 독자 입장에서는 부족함을 느낄 수도 있다고 생각합니다. 하지만 반대로 미국의 가정용 게임기 중심의 문화와 경험들을 이해하는데 이 책이 도움이 되지 않을까 하는 기대도 있습니다.

최근엔 레트로 게임을 즐기는 사람들이 늘어나 예전처럼 옛날 게임기를 쉽게 구하기는 힘들어졌습니다. 희귀한 게임기일수록 더욱 그렇습니다. 국내에서도 정식 발매된 고전 게임기들은 동작이 되지 않더라도 비싼 가격에 거래가 되고는 합니다. 그렇다 보니 깔끔한 기기 실물을 보는 것조차 쉽지 않습니다. 그래서 게임기를 사진으로 남긴 저자의 시도가 대단하다고 생각합니다. 이런 책이 국내에 소개돼 기쁩니다.

여러분들도 옛날 게임기를 보며 즐거운 시간을 보내셨으면 좋겠습니다.

게임 콘솔 2.0

사진으로 보는 가정용 게임기의 역사

발　행 | 2023년 1월 3일

옮긴이 | 오 영 욱
지은이 | 에반 아모스

펴낸이 | 권 성 준
편집장 | 황 영 주
편　집 | 김 다 예
김 진 아
임 지 원
디자인 | 윤 서 빈

에이콘출판주식회사
서울특별시 양천구 국회대로 287 (목동)
전화 02-2653-7600, 팩스 02-2653-0433
www.acornpub.co.kr / editor@acornpub.co.kr

한국어판 ⓒ 에이콘출판주식회사, 2023, Printed in Korea.

ISBN 979-11-6175-705-6
http://www.acornpub.co.kr/book/game-console

책값은 뒤표지에 있습니다.

ONATUSCREATIVEDOWNWARDVIRALXELYSEWUHAO
HADHARELSONFRANKNORABRIANPARKEROVERAND
IKEMARSHALLCASPERJENSENSTEFANVOSWINKEL
ANIELTATRORYANLINDSEYCHRNOXIIIERICROWE
AYNEMYERSJOELCUSIMANOBENTRIPPLUKESOLIS
ATHANALTICEERICECKSTEINJUSTINBUSCHAGEN
REDERICKKURNIADIROBERTZOLLOANTONYELLIS
ARRELLGREJDUSJORGEPOBLETEFACUNDOMOUNES
OBERTBEEMANRYANWELLINGGAELENHAMERAJAMI
OSEPHCHIUJOHNJACKSONHOLDENLINKJENCHENG
ANWINCKLERDALTONGARRISONANDREWANDERSON
ICOLASNAJMMARTINHAYNESCHADDERRENBACKER
ANHENDERSONTYLERCHARLESBENJAMINZIEBERT
ENNYHYDEJORDANFISHMINZAWMRAROBYNMONSEN
RITTONPEELEJERODMACKERTFIMBULALANRALPH
ANIELLEONARDOCHRISTOPHERHANSONGREG2600
RTHURDEPADUACARSTENRUHRTOMRICKERTERWIN
NDREASANDREJOSHKRAMERFREDCREEDONCALLEN
ARLADESATBRIANSMITHGAVINLANEAMIRGROZKI
UKASFOLDYNAALEXNELSONATLURSARAHTEUGELS
IKEDYMONDMATTITUUNANENOWENGROVELEOPOLD
AVIERURBINATOBYAHEARNPERAXMARKAWESOMER
OHNSTROUTMANJOHNGILLOTTEANGELODELPRETE
ARRONBATEMANMIKHAILSUDAKOVTOMHELLSTROM
HRISCANNONDANIELSCHULTZXBRIANUGOROWSKI
OAOSOUSAMICHEALKOHNERAHULAREFINPRITHUX
ATHANIELWEINMANMIKEDANYLCHUKSIMONSIMON
RENTOSBORNEMARIELCARTWRIGHTDANIELKLEIN
ICHAELDIAZLINUSJOSEPHSONJOHANHWBASBERG
REGFIUMARAHENDRIKLESSERDANIELCXJUSTINM
ATRICKGREENAALARSENNATHANIELSCOTTYOUNG
AVIDROBERTDOMKEMARCRJ&BETHHUFFBRIANRAK
ONSCOTTSMITHANTHONYMUNOZMALEMOCYNTJAKE
ORENZJUGELRYANMARDELLMATTHEWLEEVENNERX
EBASTIAANDECONINCKJUSSIPOLKKIWAKASASHE
OBCROWTHERCHRISSEMPLEDANIELGORNEYHUNTY
WINGSWINGSUBMARINELITTLEMONSTAXSANDERR
ILLIAMMILLERETIENNEMINEURREMYSTIEGLITZ
AMERONTODBRANDONMARCUSBAILEYDAVIDPERRY
IABLODISTROLOWPOLYCOUNTJEDIAARONATAKER
AVENWORKSRUBBERFLUNKIEALEXMEIJAXMAJOGU
LEXARBITDIGITALEXCESSNIGHTPUEONITRORAD
ROGDORTHEBURNINATORNIGHTFORGEDEZROZACH
ICKMCKENZIESNOWCASTLEGAMESWALTERMULLER
OLLOWTEARSGEKKOPOWERBROTHERBRAINBRIANS
AVIDROPKEDRIESSENIMPERATOR3733XLOTIERX
LINTTORREYANTONEFATCATGAMINGBRIANSMITH
YLEBOSMANBOBNEALJOETARTAGLIA8-BITANDUP
IDEOGAMESNEWYORKGIULIOOWENJEREMYPARIS

GREGORYHILLCHADNAVILLESTEVEWHITTAKER2R
JASONWELLSPHILIPRWILSONEDVINAGHANIANMA
ERICSCHAETZLEINSTEVENKROSSNERBRIANSMIT
ICOPARTNERSFRANKRANALLOARTHURLEEHAOTRA
BENJAMINGOLIGHTLYVERONIQUEMERCIERSOPYE
BUDIANTOTANDIANUSMARKANDERSSONADAMBURN
NICOLASWARTELLEBLINKYALWAYSWINSGLUEFIR
ROBERTSAMEHJIMMYHOOKERJANSTRANGETEYUND
SCOTTMANUELARGYLEBOLIVARXCOLELOUDERMIL
LIMKUANKEATPIRIYASAMBANDARAKSAALEXPRIC
JOSHUAMOBIJOHNBENMAGARGEEDANIELWESSLEN
MARKSCHIERBECKERREMIDFINJORDGILMEGIDIS
EDUARDOLUNAORIONMCCAWGREGORYSHEFLERDRE
FABIOSANTANACHUCKNILSENMAXSYMMERSSIQIL
JASONSCOTTANDREWROSSMATTHEWSILVERMANXI
CHRISGUERINJOHNHANOLDODDBJORNUBAKKEJOH
JEREMYBUTLERTOMPHILLIPSRYANDUNNISONLAR
GUILLAUMEROUXGIRARDJOSHLOWEANDREWVESTA
DAVIDSHROSENTHALDOMINICARSENAULTMATTIJ
BERNARDPERRONVAUGHANYABSLEYGEORGEVOSPE
MARTINZIMMERROBERTSCHMUCKSTEPHENABARRO
LOUISSEMENTAADAMAUSTINANDREWERICHASKIN
ANDREWSMITHSIMONROBYHANSWUERFLEINJESTO
HARUSAKAIDYLANVANHECKARIARADDAVIDABRAM
ALANNADUTRAJELLEVANMERRIENBOERPAULFURI
EDDIEKPANYALIZENGLANDIANPRIUTTASHAUNOP
CRAIGHARRISARPADKOROSSYNICKHILDENBRAND
SEANTASKERAUSTINDONNELLJIMCRAFTALANPLU
MARKBARLOWPHILIPMINCHINSOLIPPARKKICKLI
STEVENLORDAMANDAHARLINRORYSTARKSAJOSEP
JUSTINPARKYANOVITCHCHRISBUTCHERSUBOTRO
CLAUDIUFLORINFILIMONTIMREILLYDAVIDGREE
TIPATATCHENNAVASINSCOTTBJOHNSCHULENBUR
TOMFORSYTHKATYMCODYDAVIDGREENWALTERSAN
GEOFFREYLEEMICHAELLUGARANDYSMITHVROCKE
JAMESMCGREGORDANIILGUSSEVMICHAELJHUDSO
JOHNSIRACUSAJESSEHARLINSTEVEMCCOYZABUN
TONYBURKHARTRICHARDELLIOTTSTEVENZAKULE
VITORIOMILIANOSVENWIDMERROBBIEMORRISSE
FRITZNEUMANNJIMMYDURBOROWMATTHEWSVOBOD
HEATHANDERSONKEVINBACHUSGILLESGUILLAUM
RAYMECVINSONHARDMEYERCHRISTIANMIKECHAN
MICHAELFURTHEDGRUNYONZACKJONESJOHNBLAI
JAVIERTOMEALVAREZADRIIDZWANMANSORTVLUK
SKAZZIOUSCHRISTIANNUTTGABRIELDECOSTAKI
OEGREATHEADJOSHUACANTARASERGIOELISOND
HRISTIANWILHELMXKIMSWIFTXJOHNRICCIARD
JEDWARDSCOURYCARLSONSUPERGREATFRIEN
CDUDDLESONIGORGOLUBOVSKIYWESDESANTI